绿色审计视角下

环境治理绩效测度及绿色发展研究
——以河北省为例

LÜSE SHENJI SHIJIAO XIA
HUANJING ZHILI JIXIAO CEDU
JI LÜSE FAZHAN YANJIU
— YI HEBEISHENG WEILI

韦彩霞 刘虹雨 翟路萍 丁 波 / 著

四川大学出版社
SICHUAN UNIVERSITY PRESS

项目策划：梁　平
责任编辑：傅　奕
责任校对：陈克坚
封面设计：璞信文化
责任印制：王　炜

图书在版编目（CIP）数据

绿色审计视角下环境治理绩效测度及绿色发展研究：以河北省为例 / 韦彩霞等著. — 成都：四川大学出版社，2021.9
ISBN 978-7-5690-3747-0

Ⅰ. ①绿… Ⅱ. ①韦… Ⅲ. ①环境管理－审计－研究－河北 Ⅳ. ①F239.6

中国版本图书馆CIP数据核字（2020）第097290号

书　名	绿色审计视角下环境治理绩效测度及绿色发展研究——以河北省为例
著　者	韦彩霞　刘虹雨　翟路萍　丁　波
出　版	四川大学出版社
地　址	成都市一环路南一段24号（610065）
发　行	四川大学出版社
书　号	ISBN 978-7-5690-3747-0
印前制作	四川胜翔数码印务设计有限公司
印　刷	郫县犀浦印刷厂
成品尺寸	170mm×240mm
印　张	13.75
字　数	260千字
版　次	2021年9月第1版
印　次	2021年9月第1次印刷
定　价	68.00元

版权所有　侵权必究

◆ 读者邮购本书，请与本社发行科联系。
　电话：(028)85408408/(028)85401670/
　　(028)86408023　邮政编码：610065
◆ 本社图书如有印装质量问题，请寄回出版社调换。
◆ 网址：http://press.scu.edu.cn

四川大学出版社
微信公众号

目 录

绪 论 ··· (001)
 第一节 研究基础 ·· (001)
 第二节 文献综述 ·· (006)
 第三节 研究内容 ·· (014)

第一篇 绿色审计基础篇 ··· (017)
 第一章 绿色审计的理论框架 ····································· (019)
  第一节 新时代的绿色审计 ···································· (019)
  第二节 绿色审计的相关研究 ·································· (025)
  第三节 绿色审计理论体系构建 ································ (034)

 第二章 绿色审计的实施框架 ····································· (046)
  第一节 国内外相关研究 ······································ (046)
  第二节 实施框架的构建 ······································ (053)
  第三节 绿色审计具体实施 ···································· (057)

第二篇 环境治理绿色审计评价篇 ···································· (069)
 第三章 河北省环境治理情况 ····································· (071)
  第一节 河北省生态环境治理现状 ······························ (071)
  第二节 河北省生态环境治理的措施与行动 ······················ (086)
  第三节 河北省生态环境治理的不足 ···························· (091)
  第四节 雄安新区生态环境治理现状及问题分析 ·················· (093)

 第四章 河北省环境治理审计绩效评价 ····························· (097)
  第一节 环境治理审计绩效评价体系的必要性 ···················· (097)

第二节　环境治理审计绩效评价指标体系建设的原则……………(098)
　　第三节　以风险为导向的环境治理审计绩效评价指标体系的
　　　　　　思路和步骤……………………………………………(099)
　　第四节　以风险为导向的环境治理审计绩效评价指标体系建设
　　　　　　的内容……………………………………………………(100)
　　第五节　环境治理审计绩效评价指标体系的构建………………(102)

第三篇　绿色发展审计评价篇…………………………………………(113)
　第五章　河北省绿色发展状况…………………………………………(115)
　　第一节　河北省基本情况…………………………………………(115)
　　第二节　经济发展情况……………………………………………(118)
　　第三节　生态资源环境情况………………………………………(123)
　　第四节　绿色发展整体情况及问题………………………………(128)
　第六章　绿色审计视角下河北省绿色发展评价………………………(132)
　　第一节　绿色发展审计评价的意义………………………………(132)
　　第二节　河北省绿色发展审计评价体系…………………………(135)
　　第三节　雄安新区绿色发展审计评价……………………………(147)

第四篇　对策篇……………………………………………………………(155)
　第七章　国际经验借鉴及对我国的启示………………………………(157)
　　第一节　丹麦环境治理和绿色发展的经验………………………(157)
　　第二节　澳大利亚环境治理和绿色发展的经验…………………(181)
　　第三节　对我国环境治理和绿色发展的启示……………………(195)

参考文献……………………………………………………………………(201)
后　　记……………………………………………………………………(213)

绪　论

可持续发展是当今世界发展的主题,其缘起于人们对日益恶化的环境问题的反思。针对如何实现可持续发展,专家学者以及各国相关机构提出了"循环经济""生态经济""协同发展""绿色经济""绿色增长""低碳经济"等发展思路,究其根本就是为了解决经济发展和自然资源、生态环境之间的矛盾。2008年之后,"绿色发展"成为各国应对自然资源环境变化的共识方案(郑红霞等,2013),绿色发展恰逢其时地满足了人们应对气候变化、资源危机等环境问题的需求。绿色发展背景下,绿色审计如何对环境资源、生态环境、污染防治等问题进行监督、评价和鉴证,以保障绿色发展路径的稳步前进,是该阶段研究的重点内容。

第一节　研究基础

一、绿色发展背景下绿色审计的发展

(一)绿色发展对绿色审计的需求

经济规模以及人口的增长给日益脆弱的生态环境带来了严重影响,在此背景下,"绿色经济""绿色增长""低碳经济"等概念被相继提出,"绿色发展"这一概念也应运而生。纵观世界各国的发展,无论从中国经济目前所处的发展阶段、工业技术水平还是从自然资源、生态环境问题考量,"绿色发展"无疑是必然选择。

但同时,与绿色发展相适应的各项配套制度是否能够紧随步伐,保障绿色发展能够顺利启动、运行是亟待解决的首要问题,而监督体系作为经济发展保驾护航的工具,理应承担这一责任。要保障绿色发展的稳步推进,绿色监督体系的建立和不断完善是重中之重。作为国家重要的监督体系的一员,绿色审计制度的建立和完善能够对经济发展过程进行有效的监督,使经济发展向着节

约、经济、环境友好、低碳的方向最终实现"绿色"的发展。绿色审计是绿色管理系统中的子系统,其目的是通过审计监督、评价和鉴证,促进经济建设、人口增长与资源利用、生态环境保护的相互协调,最终实现社会的可持续发展目标(罗杰,2008)。绿色审计应突破原有环境审计的研究范畴,赋予更广泛、更深层次的研究广度和深度、更多元的研究角度,从而承担更多的责任,促进经济、环境和社会的有序、和谐发展。在绿色发展背景下实施绿色审计,既是绿色审计发展的必然趋势,又是绿色发展对绿色审计的需求,其健全和发展能够补充审计理论、环境管理理论,指导具体环保工作的开展,为绿色发展战略的实施保驾护航。因此,绿色发展需要绿色审计。

(二)绿色审计的演进适应了绿色发展

我国学者对绿色审计的研究,大都与环境审计、资源环境审计一致,在此讨论时不做区分。绿色审计的研究经历了从无到有、从单元到多元的发展过程,但纵观其发展脉络,不难发现绿色审计的发展过程跟人们对自然资源的认知和态度紧密相连的。此处主要按照时间顺序对绿色审计的发展进行阐述分析,具体分为一元化发展、三元化发展和多元化发展等三个阶段。

第一,一元化发展阶段,20世纪80年代末90年代初,我国的绿色审计研究初见端倪,王光金一篇名为《要重视城建环保审计》拉开了研究的序幕。该阶段限于绿色审计研究的局限性,内容多为对国外理论的引进和探讨,主要阐述绿色审计的重要性、可行性等问题。在审计实务方面,集中在环保资金的财务审计,对环保资金的使用情况进行评价。在该阶段,我国经济正面临着对"粗放型"经济的反思,人们意识到环境问题如不能妥善处理,必将反作用于经济发展,导致经济发展最终是以损害后代子孙的利益为后果的。因此,在该阶段,"可持续发展"作为一个重要的理论被提出,绿色审计主要目的就是对经济活动的环境影响进行鉴证、监督和评价,使其可持续发展。

第二,三元化发展阶段,20世纪90年代末到21世纪初,绿色审计的研究主要集中在财务审计、合规审计和绩效审计,形成了"三元化"发展的局面。学者们越来越多的结合环境保护的实际情况来探索绿色审计实务的开展。以审计署发布的《审计署2008至2012年审计工作发展规划》为标志,资源环境审计、绩效审计被重视起来,学术界对其研究也迅速增长。在该阶段,可持续发展的理念已经深入人心,党的十六届五中全会和十七大上分别提出了建设环境节约和环境友好型社会的战略以及生态文明的指导思想。绿色审计作为一种绿色监督、评价制度,成为绿色经济管理的重要组成内容。

第三,多元化发展阶段,2009年以后,绿色审计的研究开始出现多元化发展趋势，研究内容扩展到环境管理体系、经济责任等方面，研究的对象也从原来的环保制度、环保资金运用、环境绩效扩展到碳审计、水资源、雾霾等具体内容。在该阶段，党的十七届五中全会上树立了低碳、绿色发展的理念，十八大上将生态文明建设提高到了"五位一体"的总体布局，而十八大五中全会上正式提出将"绿色发展"作为五大发展理念之一，可见国家对于绿色发展的重视程度。因此，绿色审计应拓展其研究的广度和深度，为绿色发展战略的顺利实施尽其应有责任。

二、绿色审计研究的理论基础

综合相关文献的研究结果，一般认为可持续发展理论、外部性理论、资源价值理论、产权理论、大循环成本理论、受托责任等理论是绿色审计研究的理论基础。

（一）可持续发展理论

可持续发展理论是人们在对经济发展与自然环境认知的不断深化过程中形成的，尤其是从 18 世纪后期开始，工业革命的兴起使得人类对自然界的改造能力大大提升，产生了严重的环境污染以及资源枯竭的问题，人们开始反思环境问题，可持续发展思想开始萌芽，在整个 19 世纪一直处于激烈的争论。一直到 20 世纪 80 年代，国际上一些组织机构提出了"发展和环境协调"的论述，如 1980 年联合国环境规划署、开发计划署、世界银行等组织提出经济、社会发展的同时应避免造成环境污染或尽量减少污染；国际自然保护联盟（International Union for Conservation of Nature，IUCN）发布了《世界自然保护大纲（World Conservation Strategy)》，该报告中首次提出"可持续发展"，明确要求各国政府将自然环境的开发和保护联系起来。自此"可持续发展"的理论与实务研究迅速在学术研究者和各国政府、相关机构展开。

对于可持续发展的内涵，学者们从不同的角度进行了阐述，但总体来看可以从三个方面来考虑：（1）可持续发展是一种什么样的发展？是一种以经济和生态环境协调的模式发展，不以牺牲生态环境换取经济增长的发展。（2）可持续发展是一种怎样的发展？是一种更节约、更清洁、更有效的发展，利用各种技术尽可能减少能源、资源的消耗的发展。（3）可持续发展是什么时候需要的发展？是一种无论何时何地均遵循的一种发展模式，做出任何经济决策时应将环境、资源、生态问题考虑在内。绿色审计（环境审计）就是应这种经济模式而生的（陈汉文等，1997），因此，应监督这种经济模式运行是否达到其发展目标。

(二)外部性理论

外部性理论产生的最初是用来解决经济组织与社会相互影响从而导致的资源配置不佳问题,经历了马歇尔(Marshall)时期的萌芽、庇古(Pigou)时期的正式形成以及阿文·杨格(A. Young)、鲍莫尔(Baumol)、科斯(Coase)、道格拉斯·C. 诺斯(Douglas C. North)等学者的研究得以发展,到现在已经成为比较成熟的理论。对于外部性的解释,一般认为是经济组织的活动对他人或者社会产生的影响,这种影响有好坏之分、利弊之别,因此外部性又分为"正外部性"和"负外部性"。正是因为如此,外部性理论往往用来解决企业产生的各类污染,如水污染、大气污染、土壤污染、噪声污染等对社会、环境造成的"负外部性",环境经济学将其作为理论基础,其他环境管理问题的研究也往往以其为基础。

对于环境问题的解决主要有两条途径:按照新古典经济学理论,将外部成本内部化,即由企业来负担所产生的环境问题的成本;按照产权理论的观点,将污染权的协商处理作为解决环境问题的途径。但无论是哪条途径,最终的问题都是使资源达到最优化配置。绿色审计正是这样一种机制或者说是制度,在资源优化配置的事前、事中、事后均能发挥监督、鉴证的作用。在事前,绿色审计通过对各种方案、设计进行评价,选择出最优的方案执行;在事中,能够持续进行追踪,保障计划有条不紊的进行,及时纠偏;在事后,能够设计一套因地制宜的评价指标,对执行结果的经济性、效率性、效果性、环保性、合规性等等内容进行评价,以进行整改、后续的追责处理。

(三)资源价值理论

资源价值理论或者环境资源价值理论产生于人们对于自然资源和经济发展之间关系的不断探索和发现。随着经济的不断发展,引发的一系列环境问题逐渐将人们对自然环境资源的认知度提高,意识到了环境资源的不可再生或再生速度慢、资源的稀缺性等问题,于是可持续发展理论诞生,进而"绿色经济"理论的发展让"绿色GDP"核算成为经济发展的重要评价标准。正是由于环境资源的外部性、稀缺性、产权属性,环境资源被赋予价值,成为资源合理利用和优化配置的重要量化指标。

绿色会计(环境会计)、绿色审计的对环境资源的核算、评价均源于资源价值理论,绿色会计对各种资源包括水资源、大气资源、土地资源、森林资源甚至污染成本进行确认、计量、记录和报告,而绿色审计则对其进行评价,对其在社会经济运行中的利用和配置过程进行评估,从而客观的给出评价结论,评价环境资源与经济是否协调发展,为企业组织、经济和社会可持续发展提供准确的信息。

(四) 产权理论

科斯作为产权理论的奠基人认为，企业的出现是由于企业的交易费用低于市场的交易费用，企业的边界是内部行政管理费用与市场费用权衡比较的结果，只要交易费用为零，同时能够自由交易，则产权的初始安排对效率没有影响。也就是说交易费用的存在对产权的界定是十分必要的，只要交易界限清晰，资源配置就有效。

在环境保护方面，环境产权的界定能够对保护环境产生一定的作用。从经济学角度来分析，环境资源多是公共资源，如空气、水、土壤等，由于公共资源的"公共性"而非"排他性"，没有清晰的产权界定，任何人、任何企业均能对其不加保护的使用，引发了"公地悲剧"，造成严重的环境问题。因此，防止环境污染、肆意破坏、过度使用的有效方法就是确定环境产权，将公共资源的外部性内在化，通过交易费用和契约来约束企业、组织或者个人的行为。

产权理论作为重要的经济学基础，能够为绿色审计提供理论支持，加之2007年《物权法》的正式实施，产权制度逐步完善，从产权角度分析绿色审计存在的问题是可行的。同时，赋予环境产权的法律地位，保证了绿色审计主题的责权统一，从而为绿色审计独立性提供了基础条件。在此背景下，在经济学产权理论和审计学相关理论的基础上，将绿色审计的本质界定为对环境产权分配、核算的监督、保护、追责，进而探讨绿色审计的理论和实务有重要意义。

(五) 大循环成本理论

传统的成本理论是从人类经济活动的角度来定义、认识和研究成本的，在成本补偿时则只考虑了经济成本的补偿，忽略了自然环境因素。而大循环成本理论则拓展了成本的广度和深度，从人与自然相统一的角度考虑，既包含经济活动过程也包含了自然资源的运动过程，在成本补偿方面，将对自然资源、环境资源的消耗、破坏的补偿考虑在内。传统的成本理论在对自然环境资源进行计量时侧重于开发、流转、使用等环节，而大循环成本理论下，计量时则从资源的生产、更新、恢复的全过程来计量确定成本 (翟新生，1993)。大循环成本刷新了人们对于成本的认知，树立起自然环境资源消耗的新消费观，让人们更加理性的去进行经济、社会活动，让可持续发展观念更加深入人心。

以大循环成本理论为基础建立绿色会计、绿色审计的基本理论有着重要意义。在该理论下，自然界中的物质资源如空气、水、土壤、森林等纳入核算范围，对其拥有的权利、破坏环境的成本均能在报表当中以资产、负债、权益、收益或费用反映，使其反映企业真实的财务状况、经营成果和现金流量情况。绿色审计的实施以此为基础，能更准确地反映环境责任问题，对自然环境资源的保护起到监督作用，从而真正遏制自然环境的恶化问题。

（六）受托责任理论

受托责任理论产生于两权分离，即经营权和所有权分离，企业中的经营者和所有者分属于不同群体，于是受托－代理关系形成。传统的委托代理关系是企业所有者股东将企业委托给职业经理人去经营，而股东对企业内的情况不可能完全了解，因此需要一个独立的第三方对企业的经营情况进行评价和监督，于是产生了各种审计制度，也就是说，审计产生的直接原因是两权分离。

针对自然环境资源，受托责任关系指的是自然环境资源的拥有者将资源交给使用者去使用，从而形成自然资源的委托方和受托方。既然存在委托方和受托方，则需要独立的审计第三方来对受托方履责情况进行审计，在此则需要专门针对自然环境资源进行监督、评价的绿色审计，绿色审计能够对受托自然资源责任的履行情况进行监督、评价和控制。

第二节 文献综述

一、绿色审计研究文献

纵观国内外相关文献，对于绿色审计的研究往往与"环境审计""资源环境审计""生态审计"等研究内容一致，因此本节在对梳理文献时，将这些内容均包括在内。

（一）国外绿色审计（环境审计）的产生与发展

环境审计自20世纪60年代产生以来，对环境保护起到了非常重要的监督促进作用。从全世界范围来看，美国是最早实施环境审计实务的国家，早在1969年审计总署（GAO）便开展了水污染控制项目审计。为了更好地应对污染问题，1970年12月2日，成立了环保署（EPA，Environment Protection Agency）负责环境法律以及规章的发布（见表0-1），处罚环境污染行为，以保护人类健康进行环境监管。在这些法律发布以后，一些企业为了免于环保处罚，开始了内部环境审计工作。除了EPA从法律监管的角度开展的环境审计项目外，GAO更是从审计的角度，对EPA环境执法行为进行监督，对自然资源以及空气、水、固体废弃物等等内容展开审计，1978年，GAO为了能够较好地实施环境审计工作,专门设置了自然资源利用与环境保护司、环境资金审计处和环境绩效审计处三个审计部门,发布了多项环境审计报告。

而环境审计报告除了定期向国会报告外,还要向社会公众披露,接受政府和社会的双重监督。20世纪90年代以后,GAO日益关注对环境法律法规以及政策执行效果的审查,对环境绩效进行评价,进入环境绩效审计时代。

表0-1 美国EPA发布的环境保护法律

年份	法案名称	备注
1969年	《国家环境政策法》(NEPA)	是为保护环境建立了广泛的国家框架的最早成文法律之一
1970年	《清洁空气法》	1977年,1990年进行了修订
1972年	《清洁水法》	确定了向美国水域排放污染物和地表水质量标准监管的基本结构。
1980年	《综合环境反应、补偿和责任法案》	提供一个联邦"超级基金"来清理不受控制的或废弃的危险废物场所,以及事故、溢出物和其他紧急情况下向环境释放的污染物和污染物
1990年	《石油污染法》	精简并加强了EPA预防和应对灾难性石油泄漏的能力
1990年	《污染防治法》	将工业、政府和公众的注意力集中在通过生产、经营和原材料使用的成本效益变化来减少污染
1996年	《联邦杀虫剂、杀菌剂和灭鼠剂法》(FIFRA)	规定了联邦对杀虫剂的分配、销售和使用的监管,所有在美国销售的农药都必须经过EPA的注册(许可)
1996年	《食品质量保护法》	对FIFRA和FFDCA的修订
1999年	《化学品安全信息、现场安全和燃料监管救济法》	修订了《清洁空气法》第112(r)条关于报告和传播信息的规定
2000年	《海滩环境评估和海岸健康(海滩)法》对《清洁水法》的修订	旨在降低国家沿海休闲水域使用者的疾病风险。
2002年	《联邦食品、药品和化妆品法》(FFDCA)	授权EPA对食品中的农药残留设定容忍值或最高残留限量

资料来源:美国环保署(EPA)

加拿大环境审计工作虽然开始的较晚,但其成效以及成果居于世界领先地位。在加拿大审计长公署(OAG)成立以前,由环境部负责环境管理工作,

1878年OAG成立以后，便着手开始对环境法律遵守情况进行评价，并展开了多个环境专项审计。1992年在国会的要求下，OAG展开对环境规划项目展开绩效审计，环境绩效审计营运而生。1995年修订的《审计长法》规定在OAG内设立环境与可持续发展专员（Commissioner of Environment and Sustainable Development，CESD），负责监督联邦部门的可持续发展战略，监督环境请愿过程，审计联邦政府对环境和可持续发展问题的管理，并发布审计报告。尽管OAG隶属于国会，但其无权对政府部门直接进行处罚，只能将发现的问题报告给国会。通常每年秋天CESD会将环境审计报告提交国会，在提交之前会通过新闻发布会和媒体进行现场问答，接受公众监督。除此之外，环境审计报告还会提交给环境和可持续发展委员会（ENVI），举行听证会，听取相关审计建议。在提交完报告之后，对环境治理项目的跟踪审计、后续追踪也是环境审计的重要组成部分。例如，根据CESD的报告，自1990年以来，《内阁政策、计划和方案建议的环境评估指令》要求联邦组织进行战略环境评估，以便向内阁通报拟议的政策、计划和方案对环境产生的重要积极或消极影响。CESD发现，在2017年提交给内阁的政策、计划和项目提案中，联邦机构已经将内阁指令应用于其中的93%。与最初的审计相比，这是一个显著的改进（最初审计时，这个指令的遵守程度很低）。2005年，由加拿大联邦、省以、市三级审计机关和内部审计机构成立了一个非正式的审计组织——环境审计体系，共同探讨环境审计问题、分享环境审计信息、共享专家资源等。在环境审计法律规范方面，《京都议定书执行法》（2007年）、《联邦可持续发展法》（2008）以及《加拿大环境评价法》（2012）指明了OAG在可持续发展中的责任，为环境审计的执行奠定了法律基础。

随着西方国家对环境审计工作的日益重视，为了能够更好地指导以及沟通环境审计方面的工作，改进环境保护政策领域中审计任务和审计工具的使用，最高审计机关国际组织（INTOSAI）专门成立了环境审计工作组（WGEA）。之后，将"环境和可持续发展"列为第15届大会的主要议题进行讨论，并在随后发布了《开罗宣言》，旨在提高政府在环境保护中的作用。WGEA作为专门的环境审计研究与咨询机构，主要关注可持续发展目标的实现、生物多样性、气候变化、环境和自然资源管理中的欺诈和腐败问题、废弃物以及水问题。从其2005—2022年发布的6次工作计划来看，每次均有重点的针对某项环境审计内容进行广泛调研，并最终发布相关的环境审计指引（如表0-2所示），指导世界各国最高审计机关实施相关方面的环境审计。

表0-2 2005—2022年WGEA的工作计划

工作计划	内容
2005—2007	如何规划和开展生物多样性审计的指导;就环境审核的演变和趋势提供意见的文件;记录各国就可持续发展问题世界首脑会议的承诺所取得的进展和采取的行动;最高审计机关进行合作审计的提示和例子;进行废物及水质审核的网上持续指引;第五次调查的发展情况分发给整个环境审计组织
2008—2010	发布了一些环境审计指导:气候变化、森林、渔业、矿产资源和矿业、可持续能源、环境变化方面的合作、生物多样性以及不同审计组织之间的合作问题等等,在此基础上2010年发布了7项指导。进行了第六次全球调查,发布了调查结果
2011—2013	与基础设施建设相关的环境问题;环境和可持续发展报告;旅游业对野生动物保护的影响;环境数据;最高审计机构的资源和选择;更新了2004年审计指导材料《水问题:最高审计机关的经验》(USA),如何将舞弊及贪污问题纳入环境及自然资源管理的审计工作指引(挪威)等
2015—2016	能源节约;"绿化"最高审计机关;以市场为基础的环境保护和管理工具;环境影响评估;审计政府适应气候变化和海洋环境酸化的努力;如何提高环境审计的质量和影响;可再生能源
2017—2019	发布多项环境审计指引:生物多样性(更新)、环境数据的培训工具、"绿化"最高审计机关的工具、防治荒漠化土地利用和土壤质量管理、农业和粮食生产;做了关于气候变化审计、废水、城市绿化、大气污染以及提高最高审计机关透明度的多项研究
2020—2022	两个目标:增加全球环境审计的专业知识、以高质量贡献和高能见度加强环境治理;四项行动:充分利用INTOSAI的环境审计工作组的产品;推动联合国可持续发展目标的后续行动和审查,为审计环境可持续发展目标的实施提供支持;提高审计师的竞争力;与相关人员进行内部沟通

资料来源:WGEA官网

(二)国内环境审计的产生与发展

我国环境保护实践活动源于人们环境保护意识的增强,这使得政府相关部门开始加强环境管理职责的行使,1974年国务院成立了"环境保护领导小组"负责环保政策、方针的制定,审定环境保护规划以及协调和督促环境保护工作的开展。此时,并没有独立的机构行使环境保护职权,在经历了1982年机构改革、1984年改名,1988年国家环境保护局正式成立,随后在重要机构的不断完善调整以及对生态环境逐步深化认识中由环保总局(1998)、环保部(2008)成为现在的中国生态环境部(2018)。管理体制逐步完善过程中,各个层次的法律制度也随之健全,宪法中规定了环境保护基本国策,《环境保护法》作为环境保护的基本法律制度成为各项专门法颁布的基础,各专项法律包括森林、矿产资源、土地管理、水土保持、农业、煤炭、气象、渔业、海洋、水、草原、大气、土壤等法律以及多项行政法规、规章、标准等。

在环境保护工作不断向前推进的过程中，环境审计工作也经历着从无到有、从少到多、从浅到深的逐步发展和完善的过程。1983年审计署成立以后，各项审计制度开始完善，环境审计制度也逐步形成，从最初只是关注环境专项资金支出、排污费的征缴和使用情况，到1998年审计署才有了明确的目的来探索环境审计，组织开展环境审计项目。从目前开展的政府环境审计项目来看，主要是围绕环境专项资金运用、生态环境建设项、环境污染治理以及环保部门环保法律法规遵守、执行情况的审计。在2007年十七大报告提出生态文明建设以后，2008年环境审计作为六大审计类型之一被重视起来。2009年审计署出台了《关于加强资源环境审计工作的意见》，为环境审计的实施指明了发展方向。《2008—2012审计署审计工作发展规划》提出在2012年建立起资源环境审计评价体系，并着力发展绩效审计，自此环境审计开始走向绩效审计。党的十八届三中全会上提出的探索领导干部自然资源资产离任审计，在经历了2016年、2017年试点以后，2017年9月19日中共中央办公厅、国务院办公厅印发了《领导干部自然资源资产离任审计规定（试行）》，2018年逐步迈入常态化审计。

二、环境治理绩效审计文献综述

从1996年开始，很多国家环境审计由最初关注合规、财务方面转向关注经济、效率和效果的绩效审计。参考现有文献，环境绩效审计最早由美国环境质量委员会（CEQ）在其《国家环境政策法实施条例》中提出，并在其审计署下专门设置了环境绩效审计部门实施绩效审计。无独有偶，加拿大、英国、德国等发达国家纷纷发展环境审计以对其环境保护、环境治理等工作实施绩效评价，评估其环境改善的效果。如1984年，英国的《政府审计法》中提出的对资源的经济性、效率性和效果性实施审计，表明绩效审计的实施。其中比较具有代表性的是最高审计机关国际组织（INTOSAI）于2001年初发布的《从环境视角进行审计指南》中重点阐述了环境绩效审计的内容，为具体工作提供了指导。

国外鲜有学者直接对环境绩效审计进行研究，只是将其作为绩效审计或者环境审计的一个方面进行研究。如Rob Gary and David Collison（1991）指出环境审计包括的主要工作内容，包括评价环境影响的程度、设立标准、确认责任、开发环境信息系统、监控绩效和绩效评价等；Josephine Maltby（1995）

通过环境审计实践对环境审计的目标进行了分类调查，其中便包括企业环境报告的披露、对环境绩效的评价等内容。国际标准化组织（ISO）于1993年成立的207技术委员会（TC）划分了多个分委会和工作组，制定了14000系列标准来对环境管理工作进行规范，其中系列二和系列四分别指导环境审计工作和环境绩效评估工作。Christine Jasch 在14031进行了具体分析，指出其在环境绩效评价（EPE）中的不足之处，并分析了EPE的具体实施过程。联合国国际会计和报告标准政府间专家工作组在1998年2月的会议中讨论的《环境会计和报告的立场》公告中提出了用"生态效率"来作为环境绩效和财务绩效的综合评价指标。

目前国际上在环境绩效评价方面比较权威的文件是国际标准化组织发布的ISO4000系列，该系列在环境管理方面主要有五部分：14001－14009 环境管理体系（EMS）；14010－14019 环境审核（EA）；14020－14029 环境标志（EL）；14030－14039 环境绩效评价（EPE）；14040－14059 生命周期评估（LCA）。其中，14030系列是专门针对环境绩效评价的标准体系，根据ISO14301对环境绩效评价（EPE）的定义，认为环境绩效评价是一个内部过程和管理的工具，以持续的方式为管理当局提供可靠且可以验证的信息，以确定组织的环境行为是否符合管理当局制定的标准。除此之外，还有英国发布的BS7750《环境管理体系（Environment Management systems）》和欧盟制定的《生态管理和审计法案（Eco-Management and Audit Scheme，EMAS）》。这些文件的发布对环境绩效评价标准的制定起到了非常重要的作用。

除了标准制定机构对环境绩效评价的研究以外，专家学者们也将该问题视为研究的热点。Christine Jasch（1999）在对比了ISO14031和欧盟的EMAS之后，阐述了环境绩效评价的实施框架和技术路线，并结合啤酒厂的案例进行了说明。Johan Thoresen（1999）在前人的基础上，提出了环境绩效评价指标（EPIs）应包含产品生命周期绩效指标、选用技术的环境绩效指标、公司经营的环境绩效指标三类，并对每一类提出详细的评价指标。Idalina Dias-Sardinhal，Lucas Reijnders（2001）基于组织或者企业的环境战略目标的角度提出了环境可持续评估的框架，并提出了具体实施方案。Yu-Lung Hsu·Chun-Chu Liu（2009）借鉴平衡计分卡的原理设计了环境绩效评价指标。K. Nakashima（2006）借鉴了Plan-Do-Check-Act（PDCA）模型来进行环境绩效评价。综上所述，国外文献大多以欧盟的EMAS或ISO14301为研究基础，探讨如何在不同理论、不同情境下或者利用不同的模型方法来因地制宜的设计环境绩效评价的框架和指标。

从中国知网以及国内相关机构组织的文献搜集、整理中，不难发现，对于"绿色审计"的概念早从20世纪90年代便有少量文献提及，但从其定义以及研究内容来看，其与"环境审计"几乎一致，且权威学者、专家将此称为"环境审计"。相对于国外，国内对环境审计的研究较晚，绩效审计的研究也始发于经济效益审计，随着对环境问题的关注，将绩效审计的理论引入环境审计，继而形成环境绩效审计。嗣后，学者们对环境绩效审计的定义［莫国强（1999）、陈正兴（2001）、谭文化（2003）、陈希晖（2005）等］、环境绩效审计的内容［刘力云（1999）、陈正兴（2001）、李学柔和秦荣生（2002）等］、环境绩效审计的方法［邵金鹏（2004）、沈旭（2003）、王华东（2005）等］进行了广泛的研究。目前对于环境绩效的研究主要集中在对不同地区、不同行业、具体案例通过设计不同的指标体系进行评价方面。自审计署发布的《2008至2012年审计工作发展规划》中提出要将审计工作的重点放在环境绩效审计以来，环境绩效审计应用层次的研究层出不穷。任艳红等（2013）利用层次分析的原理从生态环境质量、污染控制、环境建设、资源能源利用、污染物总量减排、公众满意度等方面设计了环境绩效审计评价体系，对丽水市的生态建设资金绩效情况进行了评估。李山梅等（2011）利用PSR框架构建了环境治理项目绩效审计评级指标并结合环境优值模型对环境治理绩效进行评估。

随着"十三五"将"绿色发展"作为重要发展理念，绿色审计又逐渐被提起，并赋予其新的内涵。王松艳等（2016）认为绿色审计包括绿色法律法规制度的贯彻实施情况、地方绿色发展体系建设情况；绿色发展相关资金投入绩效评价；绿色项目建设和运营效果评价等内容。殷杰兰（2018）在讨论领导干部自然资源离任审计中提到应重点审计其绿色责任。由此，环境审计的发展方向除了绩效审计外，责任审计也是其重要的组成部分。

三、绿色发展研究文献综述

绿色发展作为经济发展工具、路径或者经济发展模式逐步受到世界各国的重视。2009年OECD会议上34个国家部长签署了《绿色增长宣言》（Green Growth Declaration），并于2011年发布了《绿色增长战略》以应对经济发展中的环境危机。除此之外，联合国环境规划署（UNEP）发布了《走向绿色经济》，欧盟的"欧盟2020"战略均将绿色发展作为重要战略目标，AASA发布了《走向可持续的亚洲——绿色转变和创新》。此后，各国家纷纷制定适合自己的绿色发展路径。目前对绿色发展的研究主要集中在两个方面，一是绿色发展路径的探索，二是绿色发展水平的测度。

关于绿色发展路径的探索方面的研究主要集中在阐述绿色发展的概念以及如何实施绿色发展。美国国家经济研究局工作文件第 17841 号《从增长到绿色增长——一个框架》，其认为绿色增长是让增长的过程资源的运用更加高效、清洁、恢复得更快，是可持续发展的重要组成部分。其中说明了"先增长，后治理"论点的缺陷，分析了绿色发展的紧迫性，并在回顾了一些支持绿色发展的政策工具后，认为仅仅靠价格并不能解决多重市场失灵和行为挑战的问题，绿色发展战略必须依靠多种混合政策的实施。Martin Janicke（2012）阐述了绿色发展已经由环保产业扩展到了经济发展的各个领域，绿色发展不是经济发展的"刹车闸"而是"引擎"，并通过多个国家包括德国、韩国、中国、日本、苏格兰等国家的案例进行分析说明，最后分析了绿色发展的驱动因素以及具体实施路径。Philippe Aghion（2009）分析说明了创新对绿色发展的作用。RS Jones，B Yoo（2011）、John A. Mathews（2012）阐述并分析了韩国绿色发展的路径。

关于绿色发展水平的测度方面，则主要是设计指标评价体系来对绿色发展进行评估。David Pearce 等（1996）提出了对可持续发展的评估指标，通过设置一些类指标利用测量模型来评价可持续发展是"强发展"还是"弱发展"。OECD（2011）在其《走向绿色增长：监控过程》文件中提出了绿色发展的测量框架、具体评价指标以及测量日程等内容，为后续其他机构的研究奠定了基础。2013 年，由全球绿色发展组织（GGGI）、OECD、UNEP 和世界银行联合组织的绿色发展知识平台（GGKP）发布的《就绿色增长指标达成共识》文件中给出了评价绿色增长/经济的五类指标：自然资源资产基础、环境和资源的生产效率以及多样性、生活环境质量与安全、绿色发展政策和经济的机会、社会经济环境，并给出了具体的评价指标。E. A. Yakovleva 等（2018）基于 OECD 提出的绿色发展指标来对 Voronezh 地区性的经济增长进行了评价。Enrico Casadio Tarabusia 等（2018）在 OECD（2002）、Tapio（2005）以及 Lu（2011）等研究的基础上，以 OECD2017 年发布的 103 个国家的 2003—2013 年的数据为基础测试了退耦指标（经济发展和环境的不可持续发展之间的退耦），并分析了其中存在的不足，然后改进了绿色发展的退耦指标。

以上阐述的各个国家或者组织机构、专家学者对环境绩效评估（测度）、绿色发展以及测度的研究不在少数，取得的成绩有目共睹，但研究成果主要关注"事后评估"，鲜有学者从绿色审计视角来对环境绩效评估及绿色发展路径进行全过程（"事前—事中—事后"）的研究。

在绿色发展研究方面，主要集中在绿色发展理论、绿色发展水平测度方面。黄茂兴、叶琪（2017）从马克思主义绿色发展观的角度论证了中国绿色发展战略的适应性和创新性问题。史丹（2018）在阐述绿色发展理论的基础上，指出工业绿色发展的关键是能源转型和低碳工业化，动力是供给侧改革。郑红霞等（2013）对国外绿色发展测度的框架、理论以及具体指标等内容进行了介绍。冯媛媛（2016）选取河北省2004年到2014年的数据对河北省工业绿色发展情况进行了分析，设计了指标体系，利用熵权法对绿色发展情况进行综合分析，结合分析结果提出了绿色发展路径。

综上所述，相对于国外，国内将环境绩效审计作为独立内容进行研究具有一定的先进性。但从现有文献来看，对于环境治理绩效指标和绿色发展水平测度指标具有很高的重合度，没有突出环境治理和绿色发展评价的重点，从审计视角，尤其是绿色审计的视角进行系统研究的文献更是少之又少。审计作为监管主体之一，对环境治理绩效评价及绿色发展战略的实施起着重要作用。本文研究的机理就是利用审计的监督职能倒逼环境治理绩效测度向全面性、系统性、动态性方向转变，建立一种环境风险预警机制，为绿色发展路径的制定提供理论和数据支撑，让我国经济建设走一条可持续的绿色发展道路。

第三节　研究内容

本书认为，在绿色发展背景下重构绿色审计理论框架和评价体系有助于加强环境评价、保护生态环境，同时有利于促进经济、社会和生态环境的协调统一，促进绿色发展战略的实施。以此为契机，本书内容分为四篇，共八章。以河北省作为研究的主要对象，并针对承担国家重大战略任务的雄安新区的环境治理情况和绿色发展情况进行了重点分析，以期助力"绿色雄安"的发展。

第一篇是绿色审计基础篇，主要介绍了在绿色发展背景下绿色审计被赋予了新的内涵，绿色审计除了原来的环境审计、资源审计、生态审计之外，更应该关注可持续发展问题，包括经济、社会、文化以及生态环境的各方面的可持续发展。因此，绿色审计的理论框架和实施框架应该重新整合，本文在已有研究的基础上构建了绿色审计的理论框架和实施框架，为后续绿色审计在绿色发展重点领域即环境治理绩效评价和绿色发展水平评价方面的开展提供理论基础。

第二篇是绿色审计环境治理审计评价篇，针对河北省环境治理现状、雄安新区环境现状进行剖析，梳理了河北省环境治理的措施和行动，分析河北省环境治理的问题，通过对环境风险的分析，将风险导向审计模式引入环境治理绿色审计评价过程中,在此过程中主要依靠绩效审计方法对环境治理进行绩效评价,设计了环境绩效指标来进行具体评价。

第三篇是绿色发展审计评价篇,在对河北省绿色发展情况、雄安新区的发展情况进行阐述后,整体分析了其中存在的问题,然后针对河北省绿色发展情况、雄安新区的绿色发展情况设计了绿色发展审计评价体系。

第四篇是国际经验介绍篇,主要通过了解国际上先进的环境治理和绿色发展经验,通过对丹麦和澳大利亚先进做法的介绍,并在此基础上对我国环境治理和绿色发展提出建议,希望能对我国绿色发展战略的实施提供借鉴。

第一篇 绿色审计基础篇

第一章　绿色审计的理论框架

"绿色发展"成为当今时代世界各国经济发展的主题。那么，什么是"绿色发展"？绿色发展究竟是一种怎样的发展模式？怎样能保障绿色发展战略的实现？一套健全、有效的生态环境保护监管体系的建立和完善是十分必要的。审计作为监督体系的一员，不可否认地对经济发展起着重要作用，绿色审计监督体系的建立和完善能够保证绿色发展向着准确的方向前进，从而达到预期效果。本章在分析绿色发展内涵的基础上，探索绿色发展和绿色审计之间的关系，进而重构绿色审计的理论框架和实施框架。

第一节　新时代的绿色审计

一、绿色发展的内涵

（一）"绿色发展"的由来

绿色发展是近年来出现的名词，由"绿色经济"和可持续发展的相互作用下产生。"可持续发展"概念提出的相对较早，早在1980年世界自然保护联盟（IUCN）便在其《世界自然资源保护大纲》（The world Conservation Strategy）便提到了可持续发展的思想，"经济发展和环境保护同样重要"，但是该文件没有成功地将经济政策和环境保护之间的相互关系阐述清楚。1987年世界环境和发展委员会（WCED）发布了《我们共同的未来》（Our Common Future）报告，认为可持续发展是未来经济发展的基础，该报告中对可持续发展的定义以及与经济、社会和生态之间关系的论断是从那以后多年人们研究的基础。1989年，Pearce等出版了《绿色经济的蓝图》这一学术著作，书中主体部分阐述了可持续发展的意义、计量环境、环境会计等内容，验证了环境保护对经济发展和经济增长的正向作用，说明了可持续发展/增长和经济政策之间的关系，继而提出应该发展一种"绿色经济"，其认为，绿色经济是一种可承受的经济，应该将对环境有害和资源消耗的活动的成本纳入国家经济平衡表，经济发展应该考虑自然生态环境的承受能力。此后，学者们掀起了对可持续发展的研究，其关注点均在如何去实现可持续发展（Elliott，J. A. 1999；Holdgate，M. W. 1996；Middleton，N. 1999；UNEP，2000）。随着对可持续发展研究的深入，"绿色经济"和"绿色增长"成为各类机构和学者们研究的热点。2001年，联合国开发计划署发布了《中国人类发展报告2002：绿色发展，必由之路》，明确提出中国应该选择绿色发展的道路，从传统的"黑色发展"转向"绿色发展"。2002年，联合国开发计划署出版了《中国人口发展报告2002：让绿色发展成为一种选择》，其中指出面对当前环境问题和经济问题，中国应做出正确的选择以实现绿色发展和可持续的未来。2005年，联合国亚太经社会（UNESCAP）第五届亚太环境与发展问题会议提出"绿色增长"的概念，将其看成是实现可持续发展的关键途径，是一种"环境可持续的经济增长"。2009年6月，来自34个国家的部长签署了一项绿色增长宣言，宣布他们将："进一步努力实施绿色增长战略，作为应对危机及更长期的政策回应，认识到环保与增长可以相辅相成。"他们同意授权OECD拟定一项绿色增长战略，提出融经济、环境、社会、技术及发展于一体的全面综合框架。在OECD发布的《迈向绿色增长》的文件中指出了"绿色增长"和"可持续发展"的关系：绿色增长并非是可持续发展的代替，而是可持续发展的子集。其范围更窄，是能在经济与环境界面实现具体可衡量进展的政策运作议程。其更注重营建创新、投资与竞争所必需的环境，催生与强健生态系统相符的经济增长新资源。2012年，联合国可持续发展大会集中讨论了两个议题：绿色经济在可持续发展和消除贫困方面作用；可持续发展的体制框架。该次大会让全世界各国达成绿色发展的共识，掀开了绿色经济多元化发展的序幕。绿色经济（各种形式的绿色经济）已被提议作为一种手段来促进国家政策的更新发展以及国际合作和对可持续发展的支持。

我国"绿色发展"战略的提出也经历了一段时间的凝练和总结。2010年，习近平在亚洲博鳌论坛上发表了《携手推进亚洲绿色发展和可持续发展》，其中指出，国际社会倡导的绿色发展和可持续发展的核心就是科学发展，后续发表了一系列言论提倡绿色发展（见表1-1）。2011年，我国《国民经济与社会发展的第十二个五年计划纲要》中明确，要积极探寻改变我国传统经济增长模式的路径和方向，实现国家经济和社会的绿色转型发展。2012年的十八大报告明确提出了包括生态文明在内的"五位一体"新布局的构想，为我国提出的绿色发展战略奠定了政策基础。2015年，中共中央、国务院印发《关于加快推进生态文明建设的意见》，首次明确"绿色化"概念，绿色发展已经成为中国实现可持续发展的战略选择。党的十八届五中全会将绿色发展作为五大发展理念之一，十九大报告上重申"绿色发展"，为未来中国的生态文明建设和绿色发展指明了方向、规划了路线。

表 1-1　绿色发展重要讲话

时间	会议名称	具体内容
2013年11月9日	中共十八届三中全会	良好的生态环境是最公平的公共产品，是最普惠的民生福祉；要正确处理经济法发展同生态环境保护的关系，牢固树立保护生态环境就是保护生产力、改善生态环境就是发展生产力的理念，更加自觉地推动绿色发展、循环发展、低碳发展，决不以牺牲环境为代价去换取一时的经济增长
2015年11月30日	气候变化巴黎大会	面向未来，中国将把生态文明建设作为"十三五"规划的重要内容，落实创新、协调、绿色、开放、共享的发展理念，通过科技创新和体制机制创新，实施优化产业机构、构建低碳能源体系、发展绿色建筑和低碳交通、建立全国碳排放交易市场等一系列政策措施，形成人和自然和谐发展现代化建设新格局
2016年9月3日	二十国集团工商峰会	我们将不动摇的实施可持续发展战略，坚持绿色低碳循环发展，坚持节约资源和保护环境的基本国策。我们推动绿色发展，也是为了主动应对气候变化和产能过剩的问题
2017年5月14日	"一带一路"国际合作高峰论坛	我们要践行绿色发展的新理念，倡导绿色、低碳、循环、可持续的生产生活方式，加强生态环保合作，建设生态文明，共同实现2030年可持续发展目标
2017年5月26日	十八届中央政治局第十一次集体学习	要加强生态文明宣传教育，强化公民环境意识，推动形成节约适度、绿色低碳、文明健康的生活方式和消费模式，形成全社会共同参与的良好风尚
2019年10月22日	太原能源低碳发展论坛	能源低碳发展关乎人类未来。中国高度重视能源低碳发展，积极推进能源消费、供给、技术、体制革命。中国愿同国际社会一道，全方位加强能源合作，维护能源安全，应对气候变化，保护生态环境，促进可持续发展，更好造福世界各国人民

综上所述,"绿色发展"源于人们对可持续发展的深入研究和分析,是可持续发展的新阶段。"绿色增长"则是对绿色发展的进一步延伸,从字面上看"绿色发展(Green Development)"和"绿色增长(Green Growth)"虽有一字之差,但内涵却有不同。以 OECD 为代表的世界性组织多讨论如何实现"绿色增长",提出了其目标是"改善资源管理、提高生产效率;鼓励在产生最大长期社会利益的地方进行经济活动;开辟新路子以达到前两个目标,如创新"。可以说"绿色增长"比"绿色发展"在经济意义和实践意义上更近了一步,是绿色发展的核心和最终目标。但参考各类文献,在进行研究分析时,并没有将绿色发展和绿色增长做严格的区分,因此本书在后续论述过程中也将两个概念统一称为"绿色发展"。

(二)绿色发展的定义

对于绿色发展的定义,目前仍没有统一的解释。国外相关机构学者对绿色发展的含义进行了研究。OECD 将"绿色增长"定义为一种模式,该模式在促进经济发展和增长的同时,避免对自然资产的质量和数量造成不可持续的压力,从而确保这些资产继续为我们的美好生活提供资源和环境服务。其认为,绿色增长能给我们带来很多好处:生产效率、创新、新的工作机会、新的市场、增强投资者信心、宏观经济的稳定。其对绿色增长的定义是:在促进经济增长及发展的同时,确保自然资产能不断提供人类福祉不可或缺的资源和环境服务。为此必须促进和扶持可持续增长及产生经济机遇的投资及创新。Olivia Bina(2013)认为"绿色经济"和"绿色增长"两个词在应对环境危机和经济危机时经常没有区分,两个词也都和低碳发占有关,其内涵从最初针对生态环保产业和环境友好的生产扩展到了国家和区域的整个经济。世界银行副主席 Rachel Kyte 认为,"实现包容性绿色增长是实现可持续发展的必由之路。必须认真设计绿色增长政策,使贫困和最弱势群体的利益最大化、成本最小化,避免产生不可逆转的负面影响。"Mark A. 等(2012)认为绿色增长需要创新支持,前沿创新提高了生产的可能性,使得在投入更少或是改变投入的情况下生产出更多、更环保的产品,因此,创新,比如开发更高效、更清洁的技术,能够消除增长和自然资源枯竭、环境污染之间的必然联系。

我国学者对绿色发展的内涵也进行了深入探讨。孔德新(2007)在对农村生态环境问题分析的基础上,提出农村的经济发展应实行绿色发展方式,来协调各个利益主体之间的利益关系,最终实现人与自然和谐相处。胡鞍钢(2012)将绿色发展界定为经济、社会、生态三位一体的新型发展道路,以合理消费、低消耗、低排放、生态资本不断增加为主要特征,以绿色创新为基本途径，以积累绿色财富和增加人类绿色福利为根本目标，以实现人与人之间和谐、人与自然之间和谐为根本宗旨。在 2014 年，提出了绿色发展的"三圈模型"，该模型是基于经济系统、社会系统和自然系统之间的互相关系而提出的，三个系统的正向作用是实现绿色发展的最终途径，并需要绿色治理的保证。王松艳等（2016）则从狭义的角度分析了绿色发展的内涵，认为绿色发展是在绿色经济、低碳经济、循环经济、绿色文化、绿色新政等概念的基础之上对于发展方式的总结和延伸，其在真正意义上体现了人、自然和社会的和谐发展。冯媛媛（2016）基于河北省工业发展的角度，探讨绿色发展路径，其认为工业绿色发展是指工业企业在生产满足人的需要的产品过程中，能够合理使用自然资源，自觉保护自然环境并实现生态平衡，实现工业、资源与环境的协调发展。周开壹（2016）在探索绿色发展本质时，认为绿色发展是一种能够兼顾发展和地球生态环境的模式。高楠楠（2017）认为，绿色发展是人们选择何种经济活动，从而维持良好的经济环境和经济发展，从环境与经济的互动视域来看，绿色发展道路概念的核心应该是内含环境视角的经济行为。

从国内外对"绿色发展"定义的研究来分析，其主要是围绕着四条思路来解释的：（1）绿色发展与可持续发展的关系，几乎所有文献在谈到绿色发展时，均是以可持续发展为出发点的，从而说明绿色发展是可持续发展理论在实践过程中不断总结、演化、升华而来；（2）绿色发展概念的拓展，绿色发展已经不仅仅局限在环境保护领域，需要多方面的共同发展，是政治、经济、文化、社会、生态等方面的全方面发展；（3）绿色发展要考虑自然资产的计量问题，从生态环境保护出发，考虑自然资产成本，从而达到环境保护的目的；（4）绿色发展要通过发展新的环保产业，采用新的技术，改变现有的经济产业结构，从而达到整个经济的发展和增长。

二、绿色发展与绿色审计的关系

绿色发展已经越来越得到人们的认可，从国家法律制度的规范、政策的制定以及各项绿色行动的开展，可以看出绿色发展的观念已经深入人心。为了确保绿色发展的目标能够实现，需要建立和完善绿色治理、绿色监管体系。

（一）绿色监管体系的建立和完善

十九大报告明确指出，要建立环境管控的长效机制，提高污染排放标准，强化排污者责任，健全环保信用评价、信息强制性披露、严惩重罚等制度。构建政府为主导、企业为主体、社会组织和公众共同参与的环境治理体系。改革生态环境的监管机制，设立自然生态监管机构。可见，十九大报告为绿色监管体系的建立提出了迫切的要求。但查阅文献后，发现对于绿色监管体系的研究相对较少，现有的研究也都停留在建议层面。李成龙（2003）构建了绿色发展的财政监督体系。谭三艳（2008）站在企业的角度，认为绿色监督体系应由外部监督和内部监督构成。白瑞（2014）认为绿色监督体系应由绿色法律监督、绿色财政监督、绿色审计监督、绿色社会监督四部分内容构成，各部分各司其职，发挥对绿色发展战略的作用。张济建等（2016）、宋垚（2018）、张梅等（2019）均通过实证方法论证了媒体、新媒体监督对绿色发展的正向作用，说明了媒体监管可以促进企业提升绿色发展的观念。孙兴华（2012）在阐述绿色经济可持续发展问题时指出，中国的绿色经济需要审计监督，而且不仅仅是单一的财经审计监督，要建立三效审计（经济性、效率性、效果性）监督体系。

从我国的八大监督体系（党内监督、人大监督、民主监督、行政监督、司法监督、审计监督、社会监督、舆论监督制度）来看，八个组成部分均应对绿色发展战略的实施承担其应有的责任，而且八项监督职能是不能割裂开来，独自履行职责的，是相互依靠、相互补充的一种关系。在八大监督体系中，审计监督有着重要作用，从十八届四中全会上将审计监督从行政监督的范围内独立出来，便能说明其重要程度。审计监督可以为党内监督、行政监督、司法监督等监督提供案件线索，可以为社会监督、舆论监督提供公开披露的信息，并且是人大监督的重要手段（唐鑫，2014）。十九大以后，为了明确各类监督机构的职能并强化各类监督机构的监督作用，先后成立了国家检查委员会、中央全面依法治国委员会、中央审计委员会等机构，这成为构建新的完善的国家治理体系和治理现代化的重要举措。其中，中央审计委员会的成立，称为审计领域重要的体制改革，这次改革是加强党对审计工作领导的重大举措，其目的是构建集中统一、全面覆盖、权威高效的审计监督体系，更好发挥审计在党和国家监督体系中的重要作用。

（二）绿色发展下的绿色审计

绿色发展已经成为时下国内外研究的热点。绿色发展理念的提出也为绿色审计工作提供了新的思路、新的要求、新的机遇与挑战。随着人们践行"绿色""可持续发展"行动的深入，环保意识已经达到前所未有的高度，推行绿色审计已经成为大势所趋。

绿色审计可以说是"绿色经济""绿色发展"理念下的产物，其内涵不同于环境审计，这一点在后面将详细阐述。开展和推行绿色审计将有利于发挥其在绿色发展中的重要作用。按照中央审计委员会工作的指导思想和工作目标，即坚持以习近平新时代中国特色社会主义思想为指导，坚持稳中求进工作总基调,坚持新发展理念,紧扣中国社会主要矛盾变化,紧紧围绕统筹推进"五位一体"(经济建设、政治建设、文化建设、社会建设、生态文明建设)总体布局和协调推进"四个全面"(全面建设社会主义现代化国家,全面深化改革、全面依法治国、全面从严治党)战略布局,依法全面履行审计监督职责,促进经济高质量发展,促进全面深化改革,促进权力规范运行,促进反腐倡廉。审计监督应依法履行其对绿色发展战略的职责,深化审计理念与审计制度创新,进行审计资源整合创新、审计技术的创新,发挥其揭示、防御、预防和促进作用。

第二节 绿色审计的相关研究

绿色发展背景下,绿色审计的研究可以从多种角度展开。从审计主体的角度,分为从政府审计、社会审计、内部审计以及公共审计;从审计内容的角度,分为环境政策执行情况、环境管理制度、环保资金使用、环境绩效、环境会计报告以及环境风险等等内容;从审计模式的角度,分为环境信息导向、问题导向、项目导向、风险导向等等。本文将结合国内外绿色审计(因国内外对于绿色审计和环境审计的研究内容基本重合,这里从环境审计的研究内容来分析)研究的理论与实务进行分析,为绿色审计框架的构建奠定基础。

一、国外绿色审计的研究

(一) WGEA

1992年10月最高审计机关国际组织(INTOSAI)在华盛顿举办的第14届会议上,成立了环境审计工作组(WGEA),该工作组主要致力于改进工作组成员和非工作组成员在环境保护政策中对审计任务和审计工具的运用。成立之初,主要围绕三个主题展开活动:淡水(2002—2004)、浪费(2005—2007)、气候变化(2008—2010)。随着组织的日渐成熟,工作组在阶段性工作计划的基础上,积极推进环境审计在全球范围内的开展,从1993年开始,每三年举行以此全球性审计工作调查,目前已经实施了9次(见表1-2),为了了解全世界最高审计机关的审计工作开展情况、审计实践动向和趋势提供了资料。在调查的基础上,其发布研究结果和指导准则(见表1-3)以指导各国环境审计工作的开展。

表1-2　WGEA 全球环境审计调查

调查时间及机构	调查的主要内容
2000 年 AFROSAI	环境审计开展领域、环境立法
2000 年 EUROSAI	环境审计负责机构、环境审计领域的合作
2000 年第三次 WGEA	政府环境政策、环境审计管理当局、环境报告、专门的环境审计网站、主要的环境问题、信息披露
2003 年第四次 WGEA	政府环境政策、环境审计授权、环境审计地位、环境审计实施、环境审计对政府政策的影响、环境审计计划、利用网络以及沟通途径
2006 年第五次 WGEA	主要针对审计报告：审计的类型、审计的目标、审计报告阐述的环境问题
2009 年第六次 WGEA	审计授权、环境审计的类型、环境审计的影响、环境审计地位、环境审计计划
2012 年第七次 WGEA	同上
2015 年第八次 WGEA	同上
2018 年第九次 WGEA	同上

资料来源：WGEA 环境审计调查 https：//www.environmental-auditing.org/publication/

表1-3　INTOSAI 发布的环境审计方面的指引

时间	指引
2001 年	从环保角度实施审计的指引
2004 年	环境审计和常规审计
2007 年	生物多样性审计；对最高审计机关的指引；可持续发展问题世界首脑会议；最高审计机构的审计指南
2010 年	森林审计：对最高审计机关的指导；审计挖掘：对最高审计机关的指导；可持续能源审计：对最高审计机关的指导；可持续渔业管理审计：对最高审计机构的指导；审计多边环境协定的执行情况：审计人员的入门
2013 年	INTOSAI GOV 9250——综合财务问责框架（IFAF）；ISSAI 5540——利用地理空间信息灾害管理和与灾害相关的援助审计；ISSAI 5530——调整审计程序，预防灾害后紧急阶段欺诈和腐败风险的增加；ISSAI 5520——灾害相关援助的审计；ISSAI 5510——减少灾害风险审计；在环境和自然资源管理审计时处理欺诈和腐败问题：对最高审计机构的指导
2016 年	废物管理审计（对 2004 年的更新）；绿色 SAIs；节约能源
2019 年	生物多样性审计：对最高审计机关的指引（更新）；防治荒漠化土地利用和土壤质量管理审计指引；农业和粮食生产审计：对最高审计机关的指引

从调查问卷的内容以及结果来看，主要呈现出以下特征：调查的内容越来越趋于规范，2003年第四次全球调查开始，对环境审计的类型有了明确的划分，划分为四种审计类型，即财务审计、合规审计、绩效审计、预先（事前）审计；从第六次调查开始，将调查按模块进行分类，后三次均按照第六次的划分进行，调查内容形成标准化调查。除此之外还有以下几点变化。

1. 环境审计概念

在第三次调查报告中，并没有给出环境审计的具体概念，只是给出了环境审计的概念框架：环境审计与传统的审计并无明显差别；环境审计可以包括财务审计、合规审计和绩效审计，绩效审计通常包括三方面：经济性、效率性和效果性（3E）。依据环境审计的地位和政府政策，还可能包括第四个"E"——Environment；可持续发展的概念可能是定义的一部分，取决于具体的审计项目。在该定义下，环境审计仅指政府审计，不包括社会审计和私营部门的内部审计。

在第四次调查报告中，认为环境审计包含所有类型的审计：具体指规则类审计（财务审计、合规审计）、绩效审计。财务审计，是指在审计财务报表时，环境问题可包括以下内容：预防、减轻或补救环境损害的措施；可再生和不可再生资源的保护；违反环境法律法规的后果；国家强加的替代责任的后果。合规审计，是指涉及确保政府活动是按照国家和（相关的）国际相关环境法律、标准和政策进行的。环境活动的绩效审计，是指确保和环境有关的业绩指标（包括在社会责任报告中的）公允的反映审计主体的绩效，确保环境保护项目以经济、有效、高效的方式进行。

第五次调查报告中，环境审计和其他审计进行比较，认为从原则上是没有差别的，但其主要是针对环境、自然资源和可持续发展的相关问题。财务方面的审计主要决定政府财务报告是否反映了其环境成本和负债。合规方面审计主要评价管理当局是否符合环境法律、标准和政策。绩效方面审计，主要决定政府是否满足了其设定的环境目标、环境结果的有效性、运营的效率和经济性。至此，对环境审计的定义问题就不再讨论，环境审计的定义已经成型。

2. 环境审计的目标

由于统计所有的指标不一致，第五次和第六次使用百分比来进行选择的，第七次和第八次则是用不同的分数：0代表不考虑，1代表很少考虑，2代表经常考虑，3代表考虑得更多，第九次则通过"是""否"来统计的结果，大部分在70%以上，因此，本文都用"是"来代表。从统计结果来看，从第七次开始关注政府谎报政策的绩效，第八次开始关注识别与环境和自然资源部门有关潜在的欺诈和腐败。以第七次到第九次的调查结果为依据进行分析（见图1-1），可以发现主要的目标是遵守国内环境保护政策、法规，政府环境保护项目的绩效和环保政策绩效是所有目标中相对重要的（见表1-4）。

表1-4　第五次到第九次环境审计目标的变化

环境审计的主要目标	2003—2005（第五次）	2006—2008（第六次）	2009—2011（第七次）	2012—2014（第八次）	2015—2017（第九次）
遵守国内环保法规	86%	67%	2.6	2.53	2.47
遵守国内环境政策	77%	54%	2.5	2.31	2.39
政府环境保护项目绩效	72%	57%	2.2	2.1	2.25
遵守国际环境协定和条约	46%	31%	2.2	1.74	1.69
财务报表和支出的公允列报	38%	34%	1.7	1.47	1.67
非环保政府项目的环境影响	28%	6%	1.2	1.1	1.31
对拟议的环境政策和方案的环境影响进行评估	28%	17%	1.2	1.14	1.24
政府环保政策的绩效	无	无	2.2	2.17	2.2
识别与环境和自然资源部门有关的潜在欺诈和腐败	无	无	无	1.26	1.39

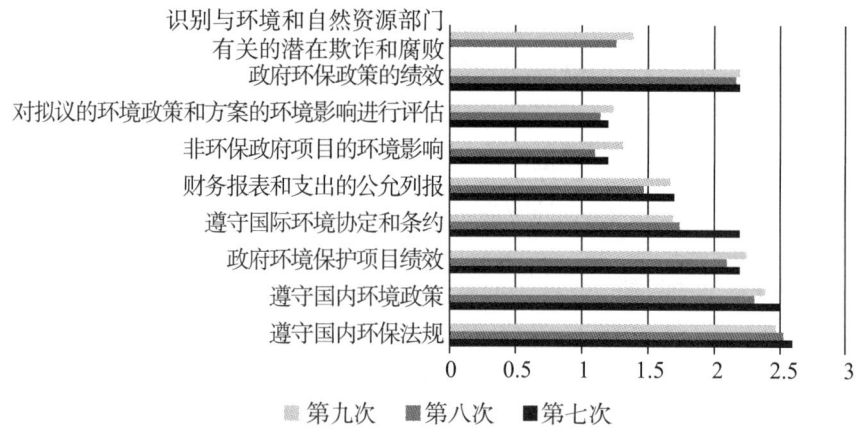

图1-1　环境审计目标分布图

3. 环境审计类型

环境审计主要包括财务审计、合规审计和绩效审计,但这些审计方式均是事后审计,而非事前审计。从统计结果来看(见表1-5),事后审计仍是审计的主要方式,事前审计没有太大变化。但在事后审计类型中,绩效审计的比重相对较大、其次是合规审计和财务审计。按照第八次调查报告的结果,绩效审计成为被执行最多的审计类型环境审计,先验审计最少。结合审计目标分布图来看,发现当今世界审计类型的主流趋势是"绩效审计"(见表1-6)。

表1-5 2012—2018年环境审计主要类型

	第七次(2012)	第八次(2015)	第九次(2018)
财务审计	88%	83%	87%
合规审计	91%	84%	88%
绩效审计	94%	88%	93%
事前审计	32%	33%	33%

表1-6 2015年和2018年环境审计数量对比

主要类型	2015年	2018年
财务审计	105	59
合规审计	238	122
绩效审计	500	458
事前审计	54	2

4. 环境审计关注的领域

从近三次调查报告结果来看,近年来环境审计重点关注的排名前三的领域分别是:渔业(淡水及海产)、林业和木材资源、饮用水:质量和供应、工业和农业用水的污染、城市、固体和非危险废物(2012—2014,后四个排名一样);可持续发展目标、水质管理和流域管理、一般废弃物(2015—2017);预测2018—2020年关注重点和前次一致。从审计关注重点领域来看,近年来对于环境的可持续发展是环境审计的主要审计领域。从其发布的2017—2019,2020—2022年的环境审计工作计划来看,加强环境审计的专业性、提高审计人员的胜任能力以及创新环境审计的方法等工作,目标均是共同可持续的未来——"a common sustainable future"。

(二)其他国家或组织的研究

1. 美国

美国环境审计的主要负责机构是环境保护署（Environment Protection Agency，EPA）和审计总署（Government Accountability Office，GAO）。但两者的职责不同，EPA 负责环境审计的实施工作（游春晖、张龙平，2014），GAO 负责对 EPA 的工作进行评价。EPA 认为环境审计和健全的环境管理可以为保护公众健康和环境提供潜在的强大工具，为了鼓励对这些工具的运用，1986 年 7 月 9 日发布了《环境审计政策》声明，该声明的主要目的是鼓励受管制工业使用环境审计，以帮助实现和保持对环境法律和条例的遵守，并帮助查明和纠正不受管制的环境危害。该政策还特别支持对联邦设施进行环境审计。1995 年 12 月 22 日，发布了《自我管理激励：发现、披露、纠正和违规预防》，该政策为实体（包括联邦机构）发现、披露和纠正环境违规行为提供了重大激励。根据该政策，如果按照美国环保署的环境政策进行了环境审计或者环境管理系统的尽职调查，并及时的披露和纠正或者有其他保证措施，美国环保署将不会对其进行处罚或者诉讼。EPA 的政策鼓励所有遵守环境法律和法规的联邦机构制定环境审计计划，以帮助确保内部系统的充分性，以实现、维持和监测对环境要求的遵守情况。该政策还指出，联邦机构审计计划的设计应确定环境问题，并制定补救措施的审计结果的时间表。随后在 2000 年对该政策进行了修订，完善了环境激励政策，延长了补救措施的时间，明确了环境保护标准。直到 2008 年对政策又进一步补充，发布了《新成立企业使用环境审计政策的临时办法》，是新注册的企业能够适应环境政策。

EPA 的任务是保护人类健康和环境。为了完成这一使命，EPA 制定并实施环境法规、奖励授予、研究环境问题等。GAO 则负责对 EPA 运作和项目的各个方面进行了审查。通过这项工作，GAO 提出了许多建议，以改进 EPA 的工作表现及其工作的效率和效果。根据 GAO 网站上披露的信息，截至 2017 年 8 月 23 日，美国环境保护署（EPA）已经执行了 GAO 自 2007 财年以来提出的 318 项建议中的 191 项。这些建议可分为六大类，与 EPA 的计划和行动有关：管理和行动；水问题；环境污染和清理；有毒、化学安全和农药；公共卫生和环境正义；空气质量、气候变化和能源效率。几乎四分之三的建议属于前三类，包括 EPA 更好地管理拨款，改善饮用水污染物的管理，更好地管理危险废物的清理。大多数尚未执行的建议涉及环境保护局的管理和运作以及水的问题。例如，在管理和运营方面，EPA 还没有执行 GAO 的建议，即将其劳动力计划与战略计划联系起来，以帮助确保 EPA 拥有一支具备适当技能的劳动力队伍，以实现其使命。同样，在水问题上，EPA 也没有完全执行 GAO 的建议，即向区域办事处提供指导，监督各州的水质项目。

2. 欧盟

欧盟生态管理和审计计划（EMAS）是欧盟委员会为公司和其他组织开发的一种高级管理工具，用于评估、报告和改善它们的环境绩效。该计划是 1993 年 7 月首次推出，作为欧洲委员会为实现共同体的可持续发展目标而制定的环境政策工具，从 1995 年开始接受机构自愿参与，范围也限定在工业部门的参与。2001 年经过修订（欧洲共同体）第 761/2001 号（"EMAS Ⅱ"），其主要内容包括将环境管理体系的范围扩展至包括地方当局在内的所有经济活动部门，以及整合国际环境管理体系标准 EN ISO14001。2009 年，EMAS 条例进行了第二次修订和修改，规条例（欧洲共同体）第 1221/2009 号（"EMAS Ⅲ"）于 2010 年 1 月 11 日生效。修订后的第三版增添了新的内容：修订审计周期，进一步提高中小型企业的适用性；公司登记，以减轻拥有多个 EMAS 注册网站的机构的行政及财务负担；环境核心指标，以充分记录环境绩效；EMAS Global 的引入，使全球的组织和站点都可以访问 EMAS。2017 年，EMAS 条例附件一、二、三进行了修订，纳入了与 ISO 14001：2015 标准修订相关的变化。自 2019 年 1 月 9 日起，EMAS 条例（欧盟委员会条例 EU 2018/2026）的修订附件四也已生效。这项修订包括更新环境管理体系的核心指标和环境声明的语言。此外，该计划亦为 EMAS 机构提供新的机会，让它们汇报环保工作的绩效，并利用 EMAS 的环保声明，履行其他的报告责任。

二、国内绿色审计的研究

我国环境审计虽然起步较晚，但研究的进展迅速。审计署负责环境审计的实施工作，1985 年，审计署与财政部、国家环保局联合组织开展了对太原、兰州、长沙、桂林四城市环境保护补助资金的审计，拉开了我国环境审计的序幕，但此时并没有独立的部门负责环境审计的具体工作。1998 年审计署农业与资源环保审计司成立，成为我国环境审计开始走向正规化和常规化的开端。2003 年 7 月环境审计协调领导小组成立，环境审计的定位得以明确，环境审计工作逐渐规范，提出环境审计计划、制定环境审计方案、完成环境审计项目、提交环境审计结果报告逐渐成为审计的常规工作。2008 年《审计署 2008 至 2012 年审计工作发展规划》的发布明确划分了财政、金融、企业、经济责任、资源环境、涉外等六种类型的审计，深化了每类审计的目标、内容和要求,同时该文件明确提出了对绩效审计和环境审计的要求:"全面推进绩效审计,促进转变经济发展方式,提高财政资金和公共资源配置、使用、利用的经济性、效率性和效果性,促进建设资源节约型和环境友好型社会,推动建立健全政府绩效管理制度,促进提高政府绩效管理水平和建立健全政府部门责任追究制。到 2012 年,每年所有的审计项目都开展绩效审计。""资源环境审计——以落实节约资源和保护环境基本国策为目标,维护资源环境安全,发挥审计在促进节能减排措施落实以及在资源管理与环境保护中的积极作用。"2009 年审计署出台《关于加强资源环境审计工作的意见》,对审计重点和审计工作方式的创新提出了要求。随着中共中央、国务院对自然资源、环境审计的重视,将环境审计从农业与资源环保司中独立出来,成立了资源环境审计司。嗣后,环境审计工作的进一步扩展,根据《开展领导干部自然资源资产离任审计试点方案》《领导干部自然资源资产离任审计规定(试行)》等连续发布的文件,领导干部自然资源离任审计制度由试点到全面展开。2019 年财政部将科教司与文化司合并为科教和文化司,新成立自然资源和生态环境司,对自然资源和生态环境审计由政府审计走向社会审计提供了依据,财政部负责管理全国会计工作,监督和规范会计行为,制定并组织实施国家统一的会计制度,指导和监督注册会计师和会计师事务所的业务,指导和管理社会审计。随着绿色发展战略的提出,审计成为绿色发展的"经济卫士",各级审计机关积极创新生态环境审计的方式方法,为审计赋予了更多的"绿色"责任。

三、绿色审计研究存在的问题

从国内和国外政府机构对绿色审计的研究结果来看,我国对于绿色审计的实施还存在严重的不足,主要问题如下所述。

(一)绿色审计的概念框架没有形成

什么是绿色审计?对于这个问题虽然我国学者试图对绿色审计的概念或者内涵进行探究,但始终没有统一的结论。国外 INTOSAI 对环境审计的概念框架进行了探讨,目前已有结论。美国 EPA、国际标准化组织的 ISO4000、欧盟的 EMAS 等机构对环境审计均有其自己的理解,我国学者多是在借鉴国外定义的基础上对绿色审计的内涵进行了分析。但结合我国实际国情来完善绿色审计的概念框架的研究相对较少,因此,确定概念框架是当务之急,唯有如此,才能为我国绿色审计的发展奠定基础。

(二)绿色审计没有具体实施准则

我国绿色审计的实施仍然没有一个统一的准则体系。INTOSAI 专门设置了环境审计工作组对环境审计展开研究，建立了完善的环境审计准则体系来指导环境审计工作的实施。美国的 EPA 作为环境审计的实施机构，也制定了一系列政策和指引来指导具体环境审计的开展，同时有 GAO 对 EPA 环境审计开展情况进行评价。而我国环境审计开展主要依据环保部门、财政部门以及其他有关机构发布的一些规章文件，环境审计相关法律法规的缺失使得审计工作不能有效开展，因此，绿色审计法律、准则、指引体系的建立健全十分必要。

（三）绿色审计实施的范围不够

我国环境审计目前主要集中在水资源、大气污染等方面，相对于国际环境审计的范围太窄。如 INTOSAI 环境审计分为空气、生态系统、治理、人类活动、自然资源以及其他方面，每个方面包含的内容非常丰富，如空气方面，包括酸性降水、气候变化、室内空气质量、当地空气质量，如雾霾、颗粒物、二氧化硫、氮氧化物、二氧化碳等；生态系统方面包括，生物多样性沿海地区、生态系统管理和生态系统变化、其他生态系统问题、保护区和自然公园、保护海洋生境、河流和湖泊等等；自然资源方面，渔业（淡水及海产）、林业和木材资源、矿物，如采矿、天然气、石油、其他自然资源问题等等。因此，我国环境审计主题事项应进一步扩展，补充环境审计的盲区，实现自然资源和生态环境的审计全覆盖。

（四）绿色审计中绩效审计的应用不足

通过对 INTOSAI 的 WGEA 第 9 次全球范围的审计调查结果来看，组织内几乎一半的国家审计最高机关（SAI）都有专门的环境审计立法，相对于第 8 次调查的四分之一，增长了一倍。而在这些环境审计类型中，美国和加拿大地区的审计在绩效审计、财务审计、合规审计以及预先审计给予了相同的重视程度，AFROSAI、ARABOSAI、ASOSAI、EUROSAI、CAROSAI 等组织对于绩效审计、财务审计、合规审计的立法授权的百分比几乎一致，OLACEFS 和 PASAI 两个审计组织的绩效审计百分比能达到 100%，远比其他类型审计的应用范围广。因此，最终全球统计结果是绩效审计在所有审计类型中处于绝对领先地位。而我国虽然在《审计署 2008 至 2012 年审计工作发展规划》中重点提出绩效审计将会在未来扩展到每个方面，但从审计署公布的审计结果公告结果来看，无论是环境审计还是环境绩效审计实施的程度远远不够。

（五）绿色审计的结果披露、运用不足

相对于国际上环境审计报告披露的常规性，以及对环境审计结果的后续追踪问题，我国环境审计报告披露的较少，审计结果的运用不足，只是注重环境审计披露的问题，而后续问题的处理、改进并没有得到关注。根据 INTOSAI

统计的结果，目前国际上绩效审计是环境审计集中精力之处，同时有些国家和地区已经开始探索预先审计。而我国环境审计目前着重在自然资源离任审计方面，以问责为主，这是我国环境审计创新之处。但是，如何在现有环境审计基础之上，强化审计结果的披露以及利用是当前自然资源离任审计的重点，也是其他审计主题有效实施的保证。

第三节　绿色审计理论体系构建

绿色发展背景下绿色审计的实施需要理论的指导，通过查阅相关文献，发现鲜有文献对绿色审计（包括环境审计）的理论体系和实施框架进行讨论，多数文献还是集中在实务的探讨。这对绿色审计的实施乃至绿色监督体系的完善是非常不利的。因此本节主要解决两个问题，首先明确什么是绿色审计，在此基础上来探讨绿色审计的理论体系，助力绿色审计实务的开展。

一、绿色发展背景下绿色审计的定义

（一）绿色审计和环境审计的关系

国内外对于绿色审计的概念至今没有一个统一的定论，这对于绿色审计的研究非常不利。查阅文献，发现国外对于绿色审计的开端多针对企业的绿色行为，在严苛的环境保护政策下，企业如何才能保证遵守政策，不被处罚，因此绿色审计最先产生于企业实践。对于绿色审计始终认为是环境审计的一个方面，如 EPA 的"Greener living"，WGEA 的"Green SAIs"。我国对于绿色审计的研究相对于国外较为广泛和深入，早在 20 世纪 90 年代便有学者对绿色审计进行研究（蔡念，1997；袁盛奇，1997；张帅等，1998；孟枫平，1999），但并没有明确提出绿色审计的定义，只是提出了对绿色审计的需求和紧迫性。随后"绿色经济"的提出推动了绿色审计进一步发展，但在谈论绿色审计时总在后面注明"绿色审计又称为环境审计"，因此主流期刊上刊登的文章多是以环境审计为题进行研究的（分别以"环境审计"和"绿色审计"作为关键字在中国知网上进行检索，发现以"环境审计"为关键词有将近 2000 篇文献，而"绿色审计"为题的有 150 篇左右）。国外也是如此，通常将环境审计作为研究的主要题目，而绿色审计仅在少数文章中出现。笔者认为，绿色审计的内容应该大于环境审计的内容，因为绿色审计有其产生的独特背景和时代内涵，往往在谈论绿色审计时与可持续发展、绿色经济等背景联系在一起，而且绿色审计又有"绿色行动"的动态，因此有其不同于环境审计的部分，两者之间的关系

如图1-2所示。

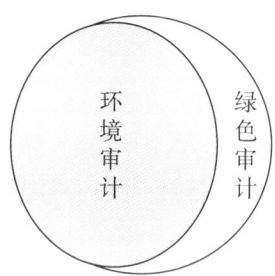

图1-2 绿色审计和环境审计关系

(二) 绿色审计的定义

国内外对于环境审计讨论的较多,因此本文在探讨环境审计定义的基础上来对绿色审计的定义进行分析。INTOSAI对环境审计进行解释时,偏重于说明环境审计是一种无异于其他审计的一种审计,可以包括财务审计、合规审计、绩效审计,在审计的范围上可以包括水、空气、生物多样性等等。EPA将环境审计定义为"对与满足环境要求有关的设施运行和实践进行系统的、有文件记录的、定期的和客观的审查",其目的是:验证是否符合环境要求;评估现有环境管理体系的有效性;评估受监管和未受监管的材料和做法的风险。国际商会(ICC)认为环境审计是"一种管理工具,包括系统的、有文件记录的、定期的和客观的评价环境组织、管理和设备的执行情况,目的是保护环境和业务/项目中的自然资源"。国际标准化组织(ISO)则是从企业对环境活动进行评价的角度来对环境审计进行定义,"环境审计是客观地获取证据并予以评价,以判定特定的环境活动是否符合审计准则的一个验证过程",目前在国际上较为认可的是第三版,主要目的是帮助组织改善环境管理绩效。

相对于国外机构对于环境审计的定义,我国相关组织机构虽然下发了一些文件指导环境审计工作的开展,如审计署于2009年下发的《关于加强资源环境审计工作的意见》,2015年环保部发布的《关于开展政府环境审计试点工作的通知》,但都没有对环境审计的具体定义进行规范。国内学者对环境审计的定义在借鉴国外的基础上,做出了一定的贡献。从目前的研究来看,对环境审计的定义主要从四个角度展开:(1) 环境审计的主体,包括国家审计、社会审计、内部审计角度,如陈思维(1998),李雪、杨智慧(2004),刘长翠(2005)等均认为环境审计开展的主体应该是国家审计、社会审计和内部审计三位一体的综合审计;(2) 环境审计的对象,从财务资金审计、合规审计、绩效审计到环境责任审计均有所涉及;(3) 环境审计的内容,是只针对水资源、空气、废弃物还是拓展到生态环境的可持续发展、资源的合理利用等；（4）环境审计的目的，确保受托责任的履行（李雪、杨智慧 2004；崔献华，2007），评价与环境管理、治理有关经济活动的真实、合法、效益，还是有更深层次的目标，如保证企业、国家和社会的可持续发展。

对于绿色审计的定义多是与环境审计相同，也有学者单独针对绿色审计的定义进行探讨。孟枫平（1999）在讨论绿色会计与绿色审计关系时，提出绿色审计的实施以政府审计为主，发挥监督以及帮促作用。付健等（2011）认为绿色审计与一般审计的最大区别是它把被审计单位环保制度、环保政策的实施情况纳入审查监督范围，并据此评估、确定其经济法律责任。在绿色发展背景下，王松艳（2016）认为绿色审计是指国家审计机关在法定职权范围内，对绿色发展政策的制定和执行过程、绿色发展的结果和实现程度进行审计或审计调查，从而评价绿色发展的合法性、科学性、经济性、效率性、效益性、回应性等，并为制定和完善绿色发展政策措施提供意见建议。

本文认为对"绿色审计"进行定义时应考虑以下问题：（1）绿色审计的实施主体，应该是政府审计、社会审计（民间审计）和内部审计，甚至包括现在所提倡的公共审计，因为绿色发展不仅仅是政府、企业的责任更是社会大众每个人的责任，只有人人参与到绿色发展的建设中来才能最终达到目的，因此仅仅靠政府审计的力量是远远不足的，需要靠其他力量共同对政府活动和企业活动进行评价和监督；（2）绿色审计的对象除了现有的环境审计的对象以外，还应拓展到生态环境的影响，是否符合绿色发展、绿色经济的发展目标进行评价；（3）绿色审计的类型，除了环保资金财务收支审计，环保法律政策的合规审计、环境绩效审计以及环境责任审计以外，还应从审计时间的角度，将事先（预先）审计、全过程审计、追踪审计等审计方式，甚至将风险导向审计的模式纳入绿色审计的体系内。因为绿色审计涉及的项目、业务种类繁多且复杂，仅靠现有的审计模式并不能实现绿色发展的目标；（4）绿色审计的目标，除了监督、评价之外，还应能够对经济活动实现绿色发展提出改进建议，从而能够促进全社会的价值增值。

二、绿色审计理论体系和概念框架

长期以来学者们往往对会计的理论体系或者概念框架研究甚多，IASB 和 FASB 也联合发布了权威的财务会计概念框架，对会计实务助力良多。而审计理论体系或者概念框架的研究始终没有形成一个权威的结论。理论通常来源于实践，但目前的状况是绿色审计实务已经非常丰富，但缺乏绿色审计理论的指导,导致绿色审计并不能有效地履行其监督职责,因此亟须对绿色审计概念框架进行探讨和分析。

(一)文献综述

同其他学科一样,审计理论的研究也有其逻辑起点,从目前来看,对审计理论逻辑起点的研究众多(如表1-7所示),而且各自有着其特定的环境适应性。除此之外,目标与假设双重起点论、审计性质与目标双重起点论、环境与目标双重起点论、生产力与生产关系起点论等"二元"起点论(刘明辉,2003),甚至包括三元或者综合起点论。

表1-7 主要审计逻辑起点总结

论点	主要内容
哲学起点论	审计理论体系包括基本哲学、假设、概念体系、适用标准和具体应用五个层次
审计目标起点论	审计目标为起点,通过规定审计的对象、性质,推导出审计原则和准则的理论体系
审计假设起点论	从审计假设出发,推导出审计原则,审计原则指导准则的制定,进而指导审计规范的确定
审计本质起点论	从审计本质出发,根据审计对象、审计职能,演绎、归纳出审计原则和审计准则
审计环境起点论	以审计环境为起点,审计理论体系由审计理论的逻辑起点、前提与导向、审计基本理论、审计规范理论、审计应用理论和审计相关理论五个层次构成
产权动因起点论	从产权动因出发,推出审计理论体系中的而其他要素包括审计本质、审计假设、审计职能、审计目标

任何理论的发展都是有其时代背景的,所处时代不同、情境不同,所展示出的对同种理论的解释也不同,审计理论也是如此,"审计理论体系随着环境的变化而变化"(张继勋,2002)。吴联生(2000)认为审计研究不能脱离动因与具体的审计环境,在此基础之上,其对审计理论进行了重构,在审计实践的基础上归纳总结上升为审计理论,审计理论可以分为基本理论和应用理论,基本理论决定应用理论,应用理论是基本理论运用的结果,进而又指导审计实践。审计的基本理论包括审计职能、审计本质、审计对象、审计假设和审计原则,应用理论包括审计法律规范、准则规范、职业到的规范以及审计制度设计、工作组织和工作程序等。环境审计是人们应对日益恶化的环境产生的,绿色审计也是适应可持续发展、绿色经济等背景而提出的。包强(1999)环境审

计的概念结构包括环境审计主体、对象以及环境审计的独立性、客观性和公正性，在此基础之上，给出了环境审计的对象。张宏亮、王秀华（2007）在INTOSAI和我国对自然资源资产审计实务的基础上，针对自然资产审计理论框架进行了研究，认为应该明确审计主体与对象、审计依据、审计方法与程序等问题。商思争等（2016）探讨海洋资源环境时，以控制活动论、系统论、风险导向审计理论为基础，以审计环境和审计目标两元论为起点，构建了海洋资源环境审计的框架，包括环境层、目标层、基本要素层、技术要素层四个层次。

除了审计理论体系的研究外，也有部分学者对审计的概念（理论）框架进行了研究。

审计概念框架的发展也是经历了从无到有的过程，莫茨和夏拉夫以系统性和整体性为基础，为审计概念框架的研究发展奠定了基础（张世兴，2006）。学者们虽然对审计概念框架进行了一系列研究，但最终没有形成统一的结论（见表1-8），究竟审计理论体系和审计概念框架有何区别，就目前的研究成果来看，两者并没有太大的区分，在审计理论体系当中包括基础理论、应用理论和管理理论（冯均科，2002），或者审计理论基础、基础理论和应用理论（陆勇、李文美，2006），还有审计基础理论、应用理论和发展理论（王会金，2002；刘静等，2005）。根据FASB发布的财务会计概念框架中对财务会计概念框架的解释"财务会计概念框架是由目标和一系列相关的基本概念组成的逻辑体系"，"目标"所指的是财务报告的目标和目的，基本概念则是帮助实现这些目标的基本概念。这些概念为选择要核算的交易、事件和情况、如何确认和衡量这些交易、事件和情况以及如何总结和报告这些交易、事件和情况提供了指导。那么审计的概念框架也应该是由审计目标和审计基本概念所构成的一个逻辑一致的理论体系，对审计准则的制定、审计实务的开展提供指导。由此来看，审计概念框架其实与审计理论体系有着非常紧密的关系，很难从纯粹定义的角度对其进行。

表1-8 审计概念框架研究对比

研究者	结论
莫茨和夏拉夫	基本哲学、假设、概念体系、适用标准和具体应用五个层次
《蒙哥马利审计学》	目标、准则、假设、技术、概念五个方面构成
阎金锷、林炳发	本质、目标、假设、原则、准则
李若山	目标、假设、准则、程序、方法

续表1-8

研究者	结论
李学柔	假设、目标、本质、准则四个内容
俞雅乖	目标、主体、对象、依据、程序、方法六个方面

(二)绿色审计的理论体系

从前文的叙述中可以发现,国外多提倡审计"工具论",把审计作为一种"工具",而且从我国政府审计的理论发展的进程来看,"政府审计已经成为国家治理的工具",这一论断也体现了"工具论"。目前这个阶段,绿色发展成为国家重要的发展战略和发展模式,绿色审计应充分发挥其揭露、预防、抵御、监督功能,满足绿色发展的需求,成为绿色发展最有力的"工具"。鉴于此,本文构建了绿色审计理论体系,如图1-3所示。绿色审计理论体系应该包含的是与绿色审计相关的一些理论基础,如第一章所阐述的可持续发展理论、外部性理论、资源价值理论、产权理论、大循环成本理论、受托责任等理论,除此之外还应该包括绿色审计的基础理论和基本应用理论,甚至包括绿色审计的一些扩展理论。

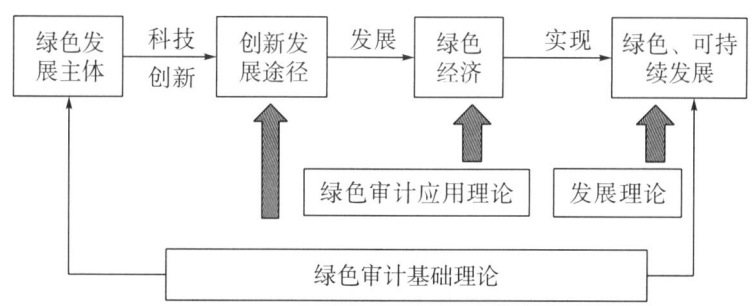

图1-3 绿色审计理论体系

1. 绿色审计基础理论

绿色审计应该利用自身的专业技术优势,为绿色发展提供监督服务,因此需要明确一些基本的理论问题,即确定绿色审计基础理论,其直接决定着绿色审计开展的程度和水平,为绿色审计的实际应用及后续发展奠定基础。具体来说绿色审计的基础理论应该包括以下内容。

(1)绿色审计的动因和本质理论。从绿色发展的框架来分析,绿色监督体系的建立是其内在需求。对绿色审计产生的动因进行分析,能够更好地理解什么是绿色审计,为绿色审计的本质分析提供一个思路。绿色审计动因和本质理论主要研究绿色审计产生的原因,包括直接原因、根本原因或者主客观原因,以及绿色审计的定义和内涵、任务以及作用。

（2）绿色审计目标理论。绿色审计作为绿色发展框架的重要组成部分，要能够满足绿色发展的诉求，监督、评价绿色发展的情况，及时纠偏，追究问责，使绿色发展按照设定的方向去发展。绿色审计目标理论主要研究总体目标、具体目标以及特定目标，以及总体目标和具体目标之间的关系的问题，而且在明确具体目标、特定目标时一定要结合实际情况，不能一概而论。

（3）绿色审计的主客体理论。绿色审计主体理论主要研究绿色审计究竟由谁来执行，是国家审计、内部审计还是民间审计，还是三者兼而有之，除此之外还要对不同审计组织的设置以及管理问题、审计人员、职业道德、审计教育等等问题进行研究。绿色审计客体主要研究绿色审计的审计对象所涉及的方面，审计对象的责任等等。

（4）绿色审计的程序和方法理论。绿色审计程序和方法主要研究绿色发展框架下绿色审计为了获取审计证据、得出审计结论、发表审计意见所用的程序和方法。

（5）绿色审计规范理论。绿色审计的规范理论主要研究的是绿色审计受什么约束、如何开展审计活动的问题，具体包括绿色审计法律、法规、准则、标准等问题。

（6）绿色审计环境理论。绿色审计环境理论研究的是绿色审计的产生、存在和发展所处的环境，包括宏观环境和微观环境。宏观环境包括经济环境、政治环境、法律环境、技术环境、文化环境、自然环境等，微观环境包括组织内部的管理环境、资源、能力和文化环境。

2. 绿色审计应用理论

绿色审计应用理论是在基础理论的基础上，研究如何实际展开绿色审计活动的理论。绿色审计的应用理论应该在绿色发展的框架下，通过实施财务审计、合规审计、绩效审计等事后审计，以及事前审计、全过程审计等类型完成审计目标。因此，绿色审计的应用理论应该包括事前审计理论、全过程审计理论、追踪审计理论、事后审计理论（财务审计理论、合规审计理论和绩效理论）等内容。

3. 绿色审计发展理论

如前文所述，绿色审计是适应环境而产生的，绿色发展作为可持续发展的升华赋予了环境审计新的内涵，使之成为绿色审计。经济、社会与自然环境之间的关系也在随着人类的科技的发展而发展。因此，绿色审计发展理论应该是动态的、发展的，随着社会的不断前进、科技技术的不断更新以及人类认知的不断提高而不断创新，不断发展。

（三）绿色审计概念框架

绿色审计概念框架则是一系列涉及绿色审计基本概念、具体应用的理论体系，概念框架的建立对绿色审计的准则、标准、绿色审计实务提供指导，为解决绿色审计实务中的复杂问题提供思路。如同理论体系的构建需要逻辑起点，概念框架同样需要逻辑起点，对于概念框架的逻辑起点，如同前文所述，有很多观点，那么哪种观点才能作为概念框架的逻辑起点呢？从绿色审计（环境审计）产生的角度来考虑，环境的日益恶劣，使得人们意识到靠环境破坏换取经济增长，最终的结果可能是经济增长的速度远远低于环境破坏的程度，而且给人带来了严重的健康问题，所以产生了对绿色审计（环境审计）的需求，需要审计作为独立的第三方来对经济活动所带来的环境问题进行评价，进而监督。从而可以发现，绿色审计（环境审计）之所以产生是现实环境的需求，同时环境又为绿色审计（环境审计）提供一系列人、财、物等资源，让审计活动能够顺利开展。总体环境和具体环境、特定环境是不同的，这些不同对环境审计的要求也不同，因此需要"目标"来区分，衍生出总体目标、具体目标和特定目标。为了完成不同目标，审计人员采用不同的审计模式、方法和程序，在这个过程中还需要遵守一系列法律、法规、规章、准则、标准等。由此可以得出，环境是第一位的，目标其次，审计环境应该作为概念框架的逻辑起点。绿色审计的概念框架可以分为四个层次：环境层、目标层、基本要素层和技术应用层。环境层主要是影响绿色审计的外部因素之和，目标层主要是实施绿色审计所要最终实现的总体目标、具体目标和特定目标，基本要素层主要是绿色审计实施的各方关系、对象、标准、证据以及报告等内容，技术应用层则是审计程序、方法和工具等内容（见表1-9）。

表1-9　绿色审计概念框架

各个层次	具体内容
环境层↓	资源→制约→需求
目标层↓	总体目标→具体目标→特定目标
基本要素层↓	三方关系、对象、标准、证据、报告
技术应用层	程序、技术、方法、工具

1. 环境层具体分析

环境层与后面三个层次之间是相互影响的。广义的环境为人们经济活动所需要的各种资源,包括土地资源、大气资源、水资源、生物资源等等,提供资源的同时也制约着经济活动的持续开展,因为资源是有限的,不可能无限制的使用而不加以保护和补偿。人们生态保护、资源运用和环境保护方面知识和意识的增长对绿色审计提出了要求,形成了审计目标。与此同时,环境也为绿色审计活动提供了各种所需资源,形成了绿色审计展开的经济、政治、文化、社会、技术环境,影响着绿色审计的各个要素。另一方面,环境的内容构成了审计的对象,继而影响着审计主体的选择、技术、标准、程序方法的运用。除此之外,生态资源环境保护方面的管理也构成了绿色审计的对象和标准的内容,一般审计技术方法、生态经济学、资源经济学和环境经济学的研究成果也进一步影响了绿色审计技术层面。

2. 目标层具体分析

审计目标应该满足信息使用者的需求,同样,绿色审计的目标要能够满足和反映信息使用者的需求,同时目标的设定应该结合实际,使得基本要素层和技术应用层面能够达到。绿色审计终点是能够在生态、资源、环境的开发利用和保护之间形成一个平衡,实现可持续发展。因此,绿色审计的总体目标是评价责任主体履行绿色责任的情况。而具体目标的确定需要考虑审计的职能,由于绿色审计可以由多个主体执行,因此绿色审计的职能可以包含鉴证、监督、评价、咨询等功能,其中鉴证职能是最基础的职能,监督职能是在对经济业务的鉴证基础上发展而来的一种职能,评价往往涉及对绩效的鉴证,而咨询功能是一种附加的职能,在某些审计活动中甚至是主要职能。特定目标应结合具体的项目而定,不同的项目的侧重点不一样,如实施合规性绿色审计,重点关注组织是否符合绿色发展相关法律、法规、制度、政策等内容;实施财务审计,重点关注组织的财务收支情况是否符合财务政策、标准;实施绩效审计,通过设置一系列指标,评价组织活动是否符合"3E"(经济性、效率性、效果性)。总体而言,绿色审计的总体目标具有指导作用,具体目标和特定目标均是针对具体、特定需求而定,总体目标直接影响了审计方向的确定、审计资源的分配以及审计范围的设定。

3. 基本要素层具体分析

如上文所述,绿色审计最基础的职能是鉴证,借鉴鉴证业务的五要素内容,基本要素层包括三方关系、审计对象、标准、审计证据以及审计报告。

(1) 三方关系。

鉴证业务三方关系主要指审计师、责任方以及预期使用者，绿色审计业务中三方关系也同样包括这三类人，但是每类关系人的内涵可能有所不同。现在主流的观点是三位一体的审计体系包括政府审计、社会审计和内部审计，每类审计各自有其不同的目标，但最终均是绿色审计的执行主体，除此之外，还有公众参与审计，即基于制度视角构建的一个多元主体积极参与、错层次的评价体系：以政府审计为核心和主导，内部审计及民间审计为支撑，公众参与审计评价为补充的"四位一体"的绩效审计评价主体模式（冯均科等，2014）。资源和环境有着天然公共物品的属性，国家代表人民通过一系列制度规定对其进行控制，将资源委托给政府机构、国有企业去经营，其作为责任方履行受托责任，但需要政府审计人员来评价受托责任的履行情况，将结果报送给人大，通过公告的方式让所有信息使用者来了解，此为政府审计的三方关系。政府审计的力量无法监督到所有企业，更多的企业资源环境受托责任的评价还需要内部审计来执行。内部信息使用者任命内部审计人员对企业内部的环境污染问题、资源浪费问题、环境保护经济效益、资金使用情况进行评价、监督和检查，但由于内部审计独立性不足，导致其三方关系之间的界限往往不太明确。正是由于政府审计以及内部审计各自存在的缺陷，同时为了应对资本市场上投资者对企业环境信息的需求，社会审计成为有利的补充，注册会计师通过本身具有的专业胜任能力和职业素养接受投资者委托对企业管理者受托环境责任的履行和被审计单位环境信息的披露进行评价并出具鉴证意见。

(2) 审计对象。

绿色审计对象需要结合具体情况分析。从审计主体来看，政府审计主体所审计的对象是审计范围内规定的所有事项，但由于政府职能的转变，很多社会活动由直接管理转变为调控和服务，很多事项已经交由社会承担。为了保证社会有关活动符合国家整体绿色发展的需要，绿色审计应该拓展其业务对象。社会审计的审计对象是接受委托人委托的事项，

内部审计主要是应组织经营管理和领导要求所要审查的事项，这些事项包括企业环境资金的运用、环境治理绩效的评价、环境责任的履行、环境政策的遵守等的内容。

(3) 标准。

绿色审计标准是执行绿色审计时的判断标准，是得出审计结论发表审计意见的基础。按其来源不同，标准可以由外部制定和内部制定，外部制定的标准既有来自国际通用的如 ISO14000 环境审计标准，也有来自国内发布的环境保

护方面的政策、准则等，内部制定的标准可以由企业根据所处行业的具体情况制定本行业、本企业的标准。按其性质不同，可以分为法律法规，既有《审计法》等审计法律，也包括《环保法》《自然资源保护法》等；规章制度、企业的预算、计划和合同；绿色经济技术标准等。

（4）审计证据。

绿色审计中的审计证据主要是为了得出审计结论，发表审计意见，所需要获取的与被审计单位、项目相关的自然资源利用、环保资金使用、环境治理费用、环境绩效评价相关的审计证据，包括会计记录、账簿、报表等财务信息，还有非财务的文件、记录、报告、视频、音频，内部环境等。

（5）审计报告。

绿色审计报告，不同于财务审计报告，绿色审计报告目前并没有统一的格式和内容，应结合不同的审计类型，如合规审计、财务审计、绩效审计、全过程审计等内容来设计报告的格式和内容。

4. 技术应用层具体分析

绿色审计技术应用层面主要包括执行审计的程序，所采用的技术、方法和一系列工具等等。

（1）绿色审计程序。不同的审计模式下审计程序可能有所不同，审计的模式经历了由账项基础审计、制度基础审计到风险导向审计的过程。目前风险导向审计模式下的审计流程是以"识别风险→应对风险"作为主线，整个审计过程包括审计计划→实施审计→完成审计，在整个过程中，每个阶段均需要采取不同的审计方法来获取审计证据。

（2）绿色审计技术和方法。无论何种类型的审计，均需要通过运用审计技术和方法来获取审计证据。一般来说可以采用询问、观察、检查、分析程序、函证、重新计算、重新执行等审计方法，但在绿色审计实施过程中，传统的审计方法应进行改进和优化。如询问对象的扩展，除了被审计单位内部人员、顾客、供应商，还应该有国家环保部门、周围居民等；观察和检查，除了平常所检查的文件记录，还应该关注环保资金流的流动情况，环境事项的真实、合法，环评报告，环保设备的数量、使用情况、运行情况、是否达标等，观察环保人员的工作等。除此之外，还可以采用目标考核对比法、实体走访查看、数据对比分析、舆情排查分析法（收集被审计和被审计对象的网络舆情和信访件，掌握环境问题，进行定向分析、重点突破）。借鉴其他科学领域的技术，如地理信息系统（GIS）、遥感（RS）、全球定位系统（GPS）、环境监测技术、环境风险分析法、费用效益分析法与环境价值评估法、计算机辅助审计技术与数据挖掘技术等。

（3）绿色审计工具。绿色审计的实施需要借助各种工具，包括计算机硬件、各类软件，在实施过程中还会运用到各种监测仪器、设备、装置，如采集空气、水、土壤等样本时所用的一些设备等，这些均是为了搜集、获取审计证据、得出结论服务的。

第二章　绿色审计的实施框架

INTOSAI 认为绿色审计和普通的审计没有什么区别，其关注的是环境、自然资源和可持续发展问题，主要包括常规审计（财务审计、合规审计）和绩效审计以及有关环境相关问题的预先审计。我国政府审计机关目前实施的绿色审计内容也主要是财务审计、合规审计和绩效审计。然而在实际执行中，往往并没有将审计类型划分的那么清晰，而是统一按照绿色审计整体来实施，关注财务、合规以及绩效方面。但是，绿色审计作为一项独立的审计，理应有其一套规范的实施框架来指导绿色审计的具体实施。

第一节　国内外相关研究

绿色审计实施框架从根本上来说是为了指导在生态环境保护、绿色发展监督中审计工作如何开展的一个行为框架。INTOSAI 作为世界范围内审计研究的权威机构，主要通过发布环境审计指导的方式来指导环境审计工作的开展，从 2001 年发布了《从环境角度实施审计活动的指引》以来，其发布了关于废物审计、可持续发展审计、生物多样性审计、气候变化审计、森林审计、矿物审计、可持续能源审计等多项具体审计工作的指导，并通过发布实际案例为具体审计工作的开展提供了大量帮助。我国学者结合审计应用实践，在借鉴国外绿色审计实施指导的基础上，提出了不同对象的审计实施框架，但没有形成一个通用的、一般的、统一的框架，以确定绿色审计的基本内容，指导不同审计主题的具体实施（郑石桥，2018）。

一、国外研究情况

从 INTOSAI 发布的环境审计指导来看，涉及的内容非常多，这里主要就 2010 年发布的《森林审计》《矿业审计》《渔业管理审计》和 2019 年发布的《防治荒漠化土地利用和土壤质量管理审计》《农业和粮食生产审计》《生物多样性审计》指导进行分析，这些准则制定的目的是各国最高审计机关提供工作指引，因此在这些指导文件中只对其审计实施部分进行分析。

2010年发布的三项审计指引中，《渔业管理审计》和《矿业管理审计》中均明确提出了审计实施的"四步法"，如表2－1所示。在《森林审计》中并未明确像其他审计中说明"四步法"如何应用在森林审计实务中，而是专门提出了风险导向审计（risk－based audit approach）模式，阐述了如何实施风险导向审计（见图2－1），该模式下如何设计审计程序（见图2－2），以及审计实施矩阵（以矿业审计为例，见表2－2）。

表2－1　渔业管理审计和矿业管理审计四步法

渔业管理审计四步法	矿业管理审计四步法
第一步，确定该国的渔业资源和主要威胁； 第二步，了解政府对这些威胁的反应和相关的参与者； 第三步，选择审计子主题和优先顺序； 第四步，决定审计方法、审计目标和查询途径	第一步，确定国家是否有任何矿产和采矿活动，以及是否有任何与这些活动有关的环境威胁； 第二步，确定政府对上述环境威胁的反应； 第三步，选择审计主题和优先顺序； 第四步，决定审计方法（界定审计范围）

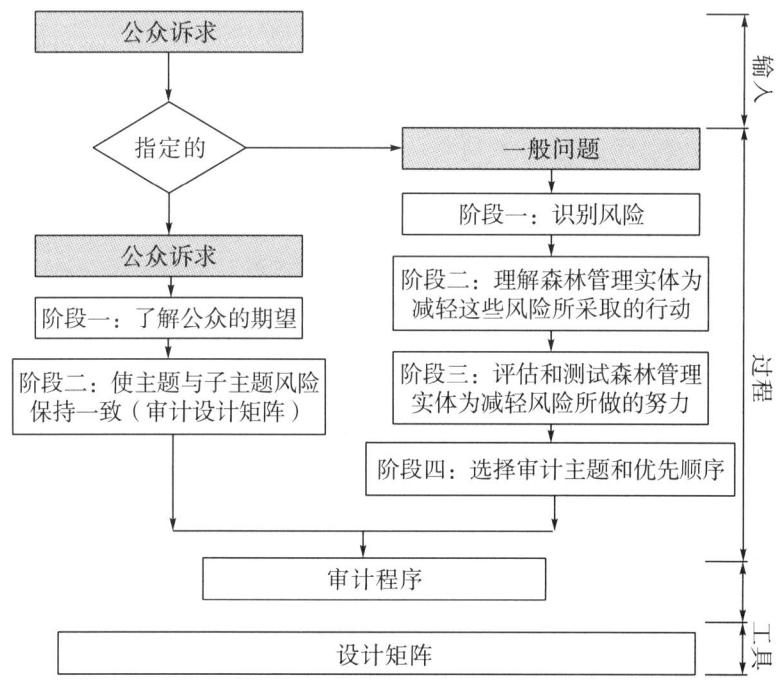

图2－1　风险导向审计实施图

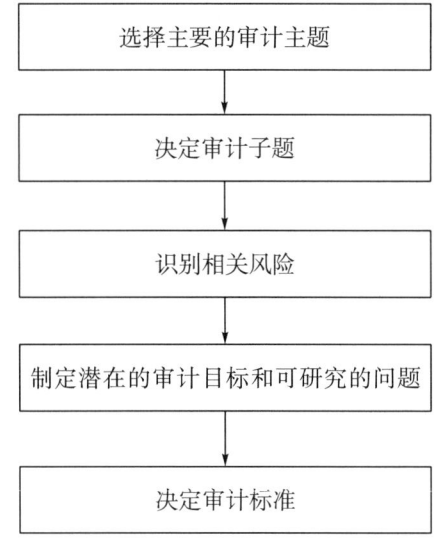

图 2-2 设计审计程序的步骤

表 2-2 审计设计矩阵

主题	风险	可研究的问题	可研究的子问题	标准
财务管理和合规	未用于环境保护的专项资金（资金错配）	用于与矿物和采矿方案有关环境保护的资金是否正确地管理？是否根据支出权限和规定？	是否有足够的财政资源分配给保护方案？资金的使用是否受到监控？根据什么标准来衡量资金的使用？政策中存在官方权衡吗？如果是这样，估计的收益如何与矿物和采矿造成的环境保护损失相平衡？	厄洛斯批准预算；战略计划；应根据战略计划对采矿活动进行预算分配；遵守环境管理计划，减少破坏和砍伐森林
协议、政策和法律的遵守	治理机制不健全，对保护采矿和矿产造成不利影响。未能履行在采矿管理和监测方面做出的环境承诺和矿物质的活动。无法建立采矿和矿物协定、从事采矿活动收取矿区使用费的法律框架	政府是否履行其在条约、法律、政策和项目中做出的承诺？	对于国内矿物加工和采矿对环境造成威胁的情况，是否有国际协定来保护？该国是否遵守其签署的国际公约所确定的规则和协定？政府是否制定法律法规以履行其国际承诺和国内政策？对于加工矿产和采矿与国家的环境法律，国家环境保护政策之间是否存在冲突或差距？环境法律法规是否得到充分执行？国家政策与国家签署的国际公约之间是否存在冲突？	国际协定管理一个国家内加工采矿和矿物所造成的环境威胁。一个国家应是有关国际公约、与采矿和矿物有关的条约的签署国

续表2-2

主题	风险	可研究的问题	可研究的子问题	标准
政策	不受控制的采矿和矿物活动	针对加工、采矿和矿物造成的威胁,是否有保护环境的政策和方案?	政府的政策是否得到遵守? 政府是否制定了政策来解决国内矿业部门造成的环境污染? 这些政策是否针对最重要的威胁? 矿物和采矿及环境保护的一般政策是否已得到处理,在法律和其他法律文件如计划和预算中规定和执行? 什么样的改变可以使国家政策取得更好的效果? 政府计划是否有效?	批准的政策
绩效评估和结果(机构和政府项目)	在处理采矿和矿物对环境造成的威胁方面,对执行情况方案没有控制。 能够确定政府计划的效率、效益和经济效益	正在对政府有关采矿和矿物活动的环境方面的方案进行评估	有关机构是否已确定其方案的预期结果? 他们是否为结果制定了指标和措施?是否对指标和措施进行了监测和跟踪? 用于测量性能的数据可靠吗? 加工矿物和采矿的环境保护政策和方案是否达到了它们的目的? 目标和预期结果? 为什么政策和方案没有达到它们的目标和预期的结果? 如何应对这些原因?	有关矿山规定的性能指标。 环境管理计划中规定的缓解措施。 ISO规定的最佳实践
公共教育	由于缺乏环保意识而造成的环境破坏	有保护环境的公众教育计划吗?	在政策的每个阶段(制定、计划实施和评估),政府是否拨出适当的资金用于公共宣传和教育? 在污染环境方面,政府是否鼓励公营和私营部门保护环境,使其免受难以管理的矿物加工和采矿的影响? 政府是否将矿物加工和采矿环境问题纳入其公共宣传战略? 政府是否在衡量其公共服务的效果?	建立降低率。 建立基线

续表 2-2

主题	风险	可研究的问题	可研究的子问题	标准
责任协调和能力	表现不佳和故障	用于与矿物和采矿方案有关的环境保护的资金是否得到正确管理？根据支出权限和规定？	相关实体（例如，部委和部门）的角色、职责和责任是否有明确的定义？是否所有必要的机制来协调行动到位？这些实体是否有足够的财政和人力资源来履行其职责？这些实体是否建立了健全的内部管理体系？	服务合同。组织结构
向客户和公众汇报	没有问责。地方政府层面没有合适的、运行良好的监测系统。未对建议采取行动。环境问题没有得到解决。没有绩效评估	报告机制是否存在？	各部门和机构如何报告其结果？各部门和机构是否履行国际和国家报告义务？	国际环境协议。监管机构和议会

2019年发布的三项审计指引中主要提出了"四步法"：第一步，了解整个国家所面临的环境问题（或者环境威胁）；第二步，了解政府层面对该环境问题指定的法律、规章和政策以及有哪些主管部门；第三步，通过风险分析确定审计主题和优先顺序；第四步，设计审计程序。这三项审计采用的四步法相对于2010年发布的审计指引中的方法更加规范，每一步骤的程序所采用的方法也更加详细和具体。本文选取了《防治荒漠化土地利用和土壤质量管理审计》指引中的"四步法"（见表2-3）进行具体阐述。

表 2-3 土壤审计的四步法

步骤	内容
第一步：确定这个国家的土地和对它的主要威胁	由于沙漠化是土地的退化，并对土地和其他自然资源产生直接影响，从而导致植被覆盖和生物多样性的丧失、农业生产力的下降、地下水的减少和受影响地区的水的可得性。所有这些都导致生活质量下降，最终影响到该区域的社会经济地位。对审计人员来说，确定国家的土地、土壤类型、气候和对土地的主要问题/威胁是很重要的

续表2-3

步骤	内容
第二步：了解政府的反应和确定关键角色	（1）了解政府制定的政策：最高审计机关不是政策制定机构，而审计标准来源于政府制定的政策文件，如政策说明、法律法规、国家批准的国际协议或任何其他正式的政府文件。 （2）审计的对象：为了保证审计的全面性，审计的对象可能包括多个公共管理部门。 （3）关键角色：气候变化部、财政部、国家粮食安全与研究部、水电部、信息技术部等等涉及的国家相关部门
第三步：通过风险分析选择审计主题和确定优先事项	审计主题的选择基于国家和政府所面临的特殊威胁以及对这些威胁的反应；此步骤是在风险评估工具的帮助下执行的，该工具分析有赖于在步骤一和步骤二中收集的信息
第四步：设计审计程序	在选定审计主题之后，最高审计机关应该详细了解可审计的领域，包括背景信息、问题的重要性、现行的政府法律指引和规章、涉及的主要倡议和行动者，并对重要的审计问题进行风险分析。风险分析后，要确定审计的目标、范围、方法（以结果为导向还是问题导向）、审计标准等内容

除了整体审计程序方面的研究，在发布的各类环境审计指引中，INTOSAI提供了各类审计实施的方法和工具，如在森林审计中提出利用地理信息系统（GIS）和全球定位系统（GPS）。另外针对每类审计，提供了大量不同国家审计实务的案例以指导审计工作的开展。

二、国内研究情况

国内对于绿色审计框架的研究多停留在基础层面，没有形成规范性的研究指引。陈希晖等（2007、2011、2012）分别介绍了废物管理、渔业管理、可持续发展审计的实施框架，针对废物管理审计的实施框架主要从公众教育和环保意识、环保法律法规、废物管理审计准则、审计范围方面和审计主题等五个方面进行了阐述，针对渔业管理审计围绕评价依据、实施步骤和范围三个方面构建了实施框架，针对可持续能源审计从审计主题的选定、评价标准的确定和审计程序三个方面构建了实施框架。薛芬等（2016）针对自然资源资产离任审计从审计对象和范围、主体和目标、审计重点、评价指标体系以及审计结果方面设计了审计实施框架，可以发现该审计实施框架是以绩效审计为基础来设计的。张艳（2019）认为内部环境审计实施框架应该分为分析和运行两个层面，运行层面主要是审计流程设计、审计工具的选择运用和人员配备等内容。郑石桥（2018）从审计主题的视角对一般审计实施框架进行了讨论，认为审计实施框架是审计内容、审计标准、审计方法和审计意见的有机组合，针对不同的审计主题的实施框架均应从这四个方面来进行构建。

从审计署发布的有关绿色审计内容来看，绿色审计目前所包含的内容有资源审计、环境审计、领导干部自然资源资产离任审计等方面的审计。

1. 资源环境审计的内容

资源环境审计，最开始是以资源审计和环境审计独立进行解释的，认为资源审计主要包括资源开发、利用和保护及相关资金征管情况等方面的内容，如土地资源审计、矿产资源审计、能源节约利用审计、水资源保护审计、森林资源保护审计等；环境审计主要包括污染防治、监督、保护和改善环境及相关资金征管情况等方面的内容，如水污染防治审计、大气污染防治审计、固体废弃物污染防治审计、重金属污染防治审计、污染物减排审计等。总体来看，资源环境审计重点关注资金、政策、管理、项目四个方面的内容：资源环境资金征收管理使用情况。包括政府财政资金和资源环境专项资金、基金等。主要是对资金征收、管理、分配支出和使用的真实性、合规性、效益性进行审计；资源环境政策执行情况。包括国家资源环保相关政策措施是否完善、政策执行是否到位、政策目标是否实现等；政府及相关主管部门和相关企业、事业单位履行资源管理和环境保护责任情况。包括是否履行法律规定的资源与环境保护管理、监督、服务责任，以及实施的各项管理措施的具体情况及其成效；重大环境保护项目建设运行情况。包括项目立项、投资、建设、管理和运行效果，非环境保护项目对环境造成的影响等。

绿色发展战略实施的同时，资源环境审计也与时俱进地进行了重新定义，即资源环境审计是审计机关以习近平生态文明思想为指引，落实绿色发展理念，促进"五位一体"总体布局和"四个全面"战略布局的实施，对政府和企事业单位有关自然资源开发利用管理和生态环境保护情况（包括但不限于财政、财务收支活动）实施的审计监督。其具体内容包括：资源环境专项审计的主要内容是：（1）生态文明领域重大决策部署、资源开发利用和生态环境保护重大事项审批以及规划（计划）的落实情况；（2）土地、水、森林、草原、矿产、海洋等自然资源资产的管理开发利用情况；（3）大气、水、土壤等环境保护和环境改善情况；（4）森林、草原、荒漠、河流、湖泊、湿地、海洋等生态系统的保护和修复情况；（5）各地区、相关部门遵守自然资源资产管理和生态环境保护法律法规情况、完成自然资源资产管理和生态环境保护目标情况、履行自然资源资产管理和生态环境保护监督责任情况；（6）自然资源资产和生态环境保护相关资金征管用和项目建设运行情况；（7）其他与自然资源资产管理和生态环境保护相关的事项。

2. 领导干部自然资源离任审计

领导干部自然资源离任审计主要是指审计机关依法依规对主要领导干部任职期间履行自然资源资产管理和生态环境保护责任情况进行的审计。

根据《领导干部自然资源资产离任审计规定（试行）》，领导干部自然资源资产离任审计对象包括：一是各级党委和政府主要领导干部；二是国务院和地方各级发改委、国土资源、环境保护、水利、农业、林业、能源、海洋等承担自然资源资产管理和生态环境保护工作部门（单位）的主要领导干部。领导干部自然资源资产离任审计内容主要包括：贯彻执行中央生态文明建设方针政策和决策部署情况，遵守自然资源资产管理和生态环境保护法律法规情况，自然资源资产管理和生态环境保护重大决策情况，完成自然资源资产管理和生态环境保护目标情况，履行自然资源资产管理和生态环境保护监督责任情况，组织自然资源资产和生态环境保护相关资金征管用和项目建设运行情况，履行其他相关责任情况。

从上述绿色审计内容分析，审计内容包括了财务审计、合规审计、绩效审计、责任审计等四个方面的审计，而且由于绿色审计内容的复杂、多样性，在具体执行审计工作时很难单独进行，需要综合审计。

2015 年我国审计署申报的"审计数据采集"标准项目也已被国际标准化组织（ISO）立项，为国家审计、民间审计和内部审计在执行过程中非常重要的审计证据的获取提供了工作规范。但从现有研究来看，我国政府审计机关并未对如何实施绿色（环境）审计给出指导意见，国内学者的研究也仅仅停留在对国外文献的介绍以及理论层面的探索，缺少对实践案例的总结和归纳，从而难以指导各类审计主体实际工作的开展。

第二节　实施框架的构建

从现有实践来看，绿色审计的实施主要结合具体的审计对象而设计，从不同的审计主题出发，确定审计标准和审计程序（陈希晖，2012），甚至可以是审计内容、方法、标准和意见的一个有机组合（郑石桥，2018）。因此，绿色审计实施框架应遵循一定的构建原则的基础上，根据不同的审计对象来设计。

一、构建原则

（一）总体性原则

总体性原则指的是绿色审计实施框架在设计时应该服从总体的战略目标，

从整体出发，服务于组织。绿色审计的实施为生态环境治理提供了又一保障措施、治理工具，能够促进全社会的绿色发展。生态环境从总体上来看是一个有机组成的整体，其受到地理行政区域上的宏观层面的生态环境、不同产业组织构成的中观层面生态环境以及企业、个人构成的微观层面的生态环境的影响，哪个层面的环境管理出现问题，都会对绿色发展造成不利影响。在对这些生态环境进行审计时，不同的审计组织，如国家审计、民间审计以及企业内部审计均需要贡献自己的审计力量，编织成一个覆盖各个层面的审计网络才能保障绿色审计目标的实现。无论是国家审计、民间审计还是内部审计均应针对其具体审计项目，从总体上、战略层面制定符合组织绿色发展的审计实施框架，以指导审计过程的实施，最终发表恰当的审计意见。并针对发现的生态环境管理方面的问题和不符合绿色发展目标的问题进行后续追踪。

(二) 适应性原则

适应性原则是指绿色审计实施框架在设计时应适应不同项目的不同情况，从可行性、针对性的角度去开展审计工作。绿色审计实施过程中会遇到不同的生态环境审计项目，如淡水审计、大气审计、生物多样性、海洋资源、森林资源、矿产资源等，甚至包括环境基础建设工程项目，对于这些审计项目其审计的侧重点也均不相同，有的重点关注其污染治理情况、有的关注其资金使用情况、有的还会关注其产生的环境效益。例如，审计署在2019年发布的环渤海地区生态环境保护情况，则主要针对环保资金运用情况以及项目建设情况进行了审计，其中河北秦皇岛、沧州、唐山等一些地区财政拨付的水污染治理资金存在长期结存现象，沧州市黄骅有1个污染防治项目、唐山市有1个生态修复项目都存在应完工未完工，从而出现项目进展缓慢的问题。由于不同的审计项目均有其不同的审计目标，因此绿色审计实施框架在设计时应紧紧围绕其具体的对象，不能所有项目均采用统一的模式、统一的技术方法，应该具体情况具体分析。

(三) 动态性原则

动态性原则是指绿色审计框架设计完成后，应结合当前审计对象的不同变化做出及时、合理的调整，使其符合项目和审计技术的现实状况。同一审计项目，随着时间的推移，整体环境的变化可能导致审计的程序、技术和方法已经不能够满足现状。例如，对于大气污染治理项目审计，最初只是对污染治理专项资金的使用情况进行审计，随着绩效管理意识的加强，目前在对污染治理项目进行审计时，资金是否达到绩效目标成为审计的重点，也就是说从最初只关注表面的"合规"，到现在关注"质量"提升，这是一个很大的进步。同样审计技术方法来说也是如此，大数据、云计算以及互联网的广泛应用使得审计过程也发生了变化，这些技术让事后审计逐步向事中审计、事前审计转变成为现实，让绿色审计实施过程也与以往不同。因此，绿色审计实施框架也应在保持一般稳定的前提下，做出适时的调整。

二、绿色审计实施框架的构建

要构建绿色审计实施框架，首先要明确的问题是：实施框架主要的目的是什么？只有回答和解决了这个问题才能设计出一个通用的实施框架，比如INTOSAI的"四步法"就是执行各类环境审计的一个通用框架。毫无疑问，实施框架的目的是指导环境审计实务，也就是审什么、怎么审、的问题。从这两个问题出发，可以将绿色审计实施框架分为审计主题、审计标准、审计方法、审计程序四个构成要素（见图2-3），其中审计主题解决的是怎么审的问题，审计标准、方法和程序解决的是怎么审的问题。

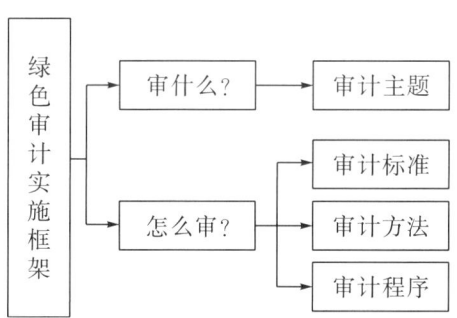

图2-3 绿色审计实施框架

（一）审计主题

审计主题，主要指的是绿色审计所指向的特定审计事项，从INTOSAI发布的各类环境审计指引中可以发现，政府审计机关首先要分析国家所面临的环境问题、挑战或者威胁，然后国家针对这些环境问题所作出的一些反应包括政策法规的制定、环境保护行动等内容，在此基础上通过风险分析确定审计主题，因此站在环境审计的视角，"四步法"中的前三项内容实则是为了确定"审什么"的问题，也就是审计工作所指向的特定事项。从其环境审计涉及问题的审计类型来看，可以是财务审计、合规审计或者绩效审计，每种审计主题可以选择适用的审计类型。审计主题可以是财务管理及其合规性、环境法律政策和制度、绩效评估结果、公众的环境教育、环境问题的报告机制、政府环境责任的履行等等，借鉴郑石桥教授的分类，可以归纳为信息、行为和制度三类审计主题。

（二）审计标准

审计标准通常指的是审计人员做出判断的依据，通常来自国际公约以及国内法律、政策和规划等内容，除了这些法律层面的标准以外，行业指标、项目指标、项目运行文件甚至是相关单位的责任和目标等也可以作为审计标准。在有些情况下，审计人员还可以利用在本国或者其他国家类似审计的经验来制定审计标准。例如，在INTOSAI发布渔业管理审计指引披露的一个案例中，标准可以选择1975年《鱼类保护法》和渔业条例草案；战略计划；南部非洲发展共同体（SADC）渔业议定书。又如在矿业审计中，如果针对没有法律法规规范的手工和小规模采矿作业执行环境审计工作时，审计人员可以选择的标准有估计与工匠采矿地点相关的环境成本、负债和风险；建立工匠和小规模矿工开设矿的优先次序和管理制度，为遵守环境法律法规，通过对工匠进行登记和发放执照来制定全面的合法化计划。

（三）审计方法

在绿色审计工作中，可以选用的审计方法包括一般意义上获取审计证据的方法，如我国注册会计师审计准则中发布的检查、询问、观察、分析程序、函证、重新计算、重新执行等七种审计程序；INTOSAI发布的美国EPA对蜜蜂健康审计时，参与的方法包括对机构文件的审查，对来自联邦政府机构、学术机构、农业行业和养蜂业的利益相关者的调查，以及对调查结果的内容分析；印尼锡矿开采审计中评估预算支出和内部控制制度，对财务和环境过程披露的审计，在审计抽样中通过访谈和观察、测试样品以及文件审查收集审计证据。同时，审计方法还包括一些审计模式的选择，如风险基础审计方法，其往往被认为是进行森林审计的最佳方法，该类型方法可以规划和界定审计范围，以帮助最高审计机关适当的集中审计资源。除此之外，还可以借助一些其他学科的技术如GIS、GPS，还有一些监控、伪装技术。例如，为了防止旧的电子产品从美国出口到发展中国家，美国环保署（EPA）开始管制阴极射线管（CRTs）的出口，这要求公司在出口这些产品之前要通知环保局。在这种背景下，美国审计署（GAO）在2008年审查了出口二手电子产品的命运以及对这些设备出口的监管控制的有效性。所采用的方法包括监控电子商务网站，以及伪装成阴极射线管的外国买家。

（四）审计程序

审计程序是指绿色审计实施的步骤，包括制定审计计划、实施审计程序和审计报告三个阶段。审计计划既包括国家审计机关为全年绿色审计项目所做的整体规划，也包括针对某一审计事项所作出的整体审计策略和具体的审计实施方案。审计整体规划来源于审计机关对平时执行任务的持续，也可能基于政府、社会公众、相关团体或者国际协定产生。审计实施过程则主要基于审计主题确定审计目标，对具体审计对象进行分析，通过采用适当的审计方法收集审计证据，为最终得出审计结论奠定基础。在这个过程中可能涉及评估被审计预算、评价内部控制系统、评估其环境活动绩效。最后是审计报告，绿色审计最终要基于评估、评价、鉴定的客观事实，指明环境管理活动过程中存在的问题，并提出改进意见。在此基础上可以对相关部门进行问责、持续的追踪和后续审计。

第三节　绿色审计具体实施

第一节在借鉴国内外研究的基础上构建了绿色审计实施框架，本节主要针对审计主题、审计标准、审计方法以及审计程序四个审计实施框架展开论述，以指导绿色审计工作的开展。

一、审计主题的确定

如上文所述，绿色审计主题按照内容可以分为信息审计、行为审计和制度审计，但在实际审计过程中可能很难把每种审计内容进行一一拆分，多种审计可能会同时进行。对于如何确定审计主题，INTOSAI 给出很多案例，能够为我们提供一些借鉴。

（一）怎样选择审计主题？

INTOSAI 发布了很多环境审计指引，本文主要选择《渔业管理审计》中确定审计主题的一般过程进行阐述，实际在所有环境审计中一般都是围绕这 5 个问题展开讨论的。最高审计机关可能会选择一个或几个对渔业有重要威胁的问题作为审计的重点，并进行调查，在确定审计主题时一般会考虑以下关键问题。

1. 渔业面临的最大风险是什么？

针对渔业面临的最大风险，最高审计机关需要对渔业面临的风险进行分析，以确定审计行动在哪些方面是最相关、最有用的，在一些必要的情况下，可能还会寻求专家的帮助。例如，可以借助外部专家来确定具体问题或审计主题，协助开展审计工作，或代表审计机关完成具体工作。

2. 政府的财务报表是否反映了成本和负债？

对一些南亚国家来说，政府支出的水平和对这种支出的责任是一个关键因素。有些资金可以指定用于具体的渔业立法和指令，这可以在财务审计中考虑，或在遵守情况或业绩审计中更深入地考虑。

3. 是否拥有授权和权力？

审计人员需要确定被审计渔业行业管理的主要参与者，可能包括国家、省、州或者地方（市）级别的政府部门和机构，了解每个参与者在渔业管理中的角色、活动和影响范围。对于一些参与者，受国家审计机关审计范围的限制，可能并没有权力去对其执行审计，但是由于政府可以通过公共政策工具来对这些参与者的行为做出影响，审计必须了解这些参与者有谁，以及他们所扮演的角色。对于一些由公共资源提供资金的私营部门（如民营企业、非政府组织）也可能属于审计范围。

4. 报告要求和预期的受众会影响审计主题的选择吗？（换句话说，审计范围是可审计的吗？）

针对该问题，审计人员应该确定是否有合适的标准来进行审计。例如，政府是否签署了国际渔业相关协议？政府的针对环境威胁的反映是否反映了确定的环境威胁？政府是否制定了渔业法律法规？政府是否有关于渔业管理的政策或策略？与渔业相关的话题是否包括在州预算中？政府的财务报表是否反映了环境成本和负债？政府是否从国际组织获得外部资金，以履行其与国际协议相关的渔业义务？

5. 审计将如何有助于良好的治理？（或者说，审计能起到作用吗？）

审计机关还必须评估他们在哪些方面能够最有效地改善政府保护和养护渔业的方式。例如，审计报告的使用者，特别是主要使用者（例如议会）的利益是什么？该主题对政府整体活动的相对重要性是什么？审核的结果可能是什么？审计会有显著的不同吗？渔业资源管理是否经过审核？在确定他们的操作在哪里最有用并选择子主题或子主题之后，审计人员就可以做出审计计划了。

（二）审计主题有哪些？

按照上文所述，审计主题按照内容可以分类为信息、行为和制度。对于每种不同的审计主题在执行审计时，可能会涉及不同的内容。

1. 信息审计

绿色审计中的信息审计，主要是对环境审计对象所形成的财务信息或者非财务信息进行审计。环境财务信息审计，主要是对环境资金的流动过程中涉及的交易、账户余额和披露进行审计。例如，审计署披露的关于节能环保资金使用情况的文件中，对环保资金使用存在的问题有：（1）2017 年 2 月，重庆市合川区三汇镇财政所违规使用工业企业结构调整专项奖补资金797.18万元，用于乡镇工程建设和人员经费等支出。（2）2015年至2016年，青海电子材料产业发展有限公司违规使用园区循环化改造补助资金430万元，用于采购与项目建设无关的原材料。（3）截至2017年2月底，荆门市屈家岭管理区财政局由于项目进展缓慢，结存节能减排财政政策综合示范奖励资金150万元。（4）2015年，青海丹峰磨料磨具有限公司用已完成的项目重复申报节能减排财政政策综合示范奖励资金70万元。

INTOSAI发布的农业审计案例中，捷克审计署（SAO）发现国家农业参与基金（SAIF）在管理补贴申请和支付申请时存在缺陷，SAO在评估SAIF项目审计样本时认为控制系统部分有效。由于控制工作存在缺陷，SAIF向受益人追回了850万捷克克朗的不合格支出，该笔支出已经向有关财政部门报告，并被认为违反预算法规。在该补贴项目中，发现两例整个项目期没有保存项目资料，且补贴金额超过实际应用材料量的发票金额。

对于绿色审计中的非财务信息审计则主要是指与资源环境管理相关的除财务信息之外的信息，如矿产资源的开采量、储量，环境评估结果等。例如，博茨瓦纳野生动物和国家公园渔业司渔业管理审计长报告中，对渔业资源评估中发现数据库中没有关于鱼的数量的数据（"渔获量"）和传统（钩、线、篮）钓鱼、娱乐和竞争钓鱼所需要的努力，以记录这些活动的总的渔获量。

2. 行为审计

绿色审计中的行为审计主要是指对环保资金收支行为、非财务行为的合规性审计。对于环保资金收支行为的合规性主要是对环保资金的收入、支出过程进行评价，以确定其是否符合国家财政法规制度、企业财经法规制度等。例如，违规使用工业企业结构调整专项奖补资金，节能减排财政政策综合示范奖励资金和园区循环化改造补助资金管理使用不规范，节能环保专项资金结存在地方财政部门，多申请节能减排财政政策综合示范奖励资金。

对于非财务行为的合规性审计，则主要是针对履行国际公约、国家法律、行业标准以及企业内部规章制度规范的除财务行为之外的合规性审计。例如，2013年加拿大审计署进行生物多样性审计时，主要的目标就是确定加拿大环境部是否履行了作为《生物多样性公约》国家联络中心的选定职责（特别是在监测、促进《公约》的执行方面）。又如，土耳其森林保护审计中的审计目标是：（1）识别能有效进行森林保护活动的法律和行政条例以及影响这些活动执行的危险因素；（2）林业总局根据现实和明确的宗旨、目标开展的活动；（3）能够有效保护森林资产的活动。审计后发现，在Milas森林管理理事会中，总共调查了 154767 公顷森林面积中的 109747 公顷。然而，由于普遍存在财产冲突和诉讼，在干预最严重的 6 个村庄没有进行调查。在不包括在森林地区的 2072 公顷土地中，大约有 215 公顷可以向登记处登记。在 Milas 森林管理理事会内，仍向地籍法院处理的案件为 59 件，向民事一审法院处理的有关案件为 142 件。在被排除在森林地区之外的 243 公顷土地中，大约 182 公顷在省以下边界之内。

3. 制度审计

绿色审计中的制度审计主要是指在绿色发展、生态环境保护制度方面设计、执行的审计。在制度设计方面，主要是国家环境保护体系、环境影响评价体系、环境监督体系等的设计是否符合绿色发展、环境保护的战略原则，设计得是否合理。在制度执行方面，主要是上述制度在国家、行业、团体和企业的执行情况。例如，瑞典审计署对中央政府食品安全系统的审计。食品安全是确保生产和进口的商品对消费者是安全的。卫生条件和卫生安全是公共卫生问题。牲畜的粮食生产也是一个动物福利问题。在进入点的范围内，审计员可以通过评估一个国家为确保安全和卫生的食品生产、分配和消费而建立的制度的效率和效力来处理食品安全问题。审计的范围包括本地食品生产或进口食品。中央部委通常负责实现和执行食品安全政策。审计署的出发点可能是核实中央政府是否采取了正确的措施，以确保控制措施按计划实施。地方生产商往往受到分散体系的监管，将确保所生产商品的卫生和产品安全的控制措施分配给地方政府实体，如地方委员会和市政当局。

另一种选择是评估中央政府对控制系统的跟进，以及它是否对食品安全链中的问题做出了适当的反应。瑞典国家环境局选择了这种方法，审计的目的是调查中央政府是否采取了足够的措施来确保官方食品控制是有效和适当的。在审计中，瑞典审计署将官方食品管制方面的已知问题作为其出发点，这些问题长期存在。因此，审计的重点是国家行为者为解决问题和寻找障碍所采取的措施解决方案。在执行过程中，可行的调查方法是通过评估来评估中央食品控制系统的适当性，如国家监管是否适当、现行制度的成效有否受到监察及评估；中央政府是否采取了正确的措施来解决问题。

二、审计标准的选择

对于审计标准的选择应围绕审计主题进行选择，选择合适的标准进行评价。如表 2-4 所示。

表 2-4　审计标准的选择

审计项目	标准
国家公园绩效审计管理（保加利亚审计署 2014）	1. 在环境政策、保护区和生物多样性保护领域通过了国家目标和优先事项。 2. 保护区和生物多样性的国家政策所规定的目标和优先事项与保加利亚对该领域国际协定的承诺之间的遵守情况。 3. 国家生物多样性监测系统提供的信息是否充分，以便制定生物多样性保护领域的政策和方案
政策和立法审计标准	1. 一项旨在所有自然资源的可持续利用，包括建立永久性森林基地的国家土地使用政策。 2. 国家森林政策是国家土地利用政策的组成部分，保证森林的平衡利用，这一政策是通过寻求所有有关方面：政府、当地居民、私营部门和非政府组织之间的协商一致而制定的。 3. 具有全面认识森林价值和潜力的手段的信息系统，定期对国家森林资源进行与森林有关的规划和评估。 4. 一个法律/管制框架，为森林的养护和可持续管理提供一个总的政策框架，处理可持续森林管理的所有方面。管理国家林业目标的法律框架，包括生产、养护保护和经济投资。 5. 一个经济政策框架和金融工具，根据市场信号和公共政策决定，允许资本流入和流出森林部门

在森林审计时，INTOSAI 提供了一个非常详细的案例来介绍如何选择和确定审计的标准。本文列举了森林政策（见表 2-5）、森林资产存货（见表 2-6）、森林资产（见表 2-7）审计标准选择的原则和可能的标准。

表 2-5　森林政策审计标准确定的原则和可能的标准

原则 1：在最高层级作出强有力和持续的政治承诺是可持续森林管理取得成功所必不可少的	
1	一项旨在所有自然资源的可持续利用，包括建立永久性森林基地的国家土地使用政策
2	国家森林政策构成国家土地利用政策的一个组成部分，确保均衡利用森林——这一政策是通过寻求所有有关行动者：政府、当地居民、私营部门和非政府组织之间的协商一致意见而制订的
3	信息系统，通过定期与森林有关的规划和国家森林资源评估，识别森林价值和潜力的全部范围
4	一个法律/管制框架，为森林的养护和可持续管理提供一个全面的政策框架，处理可持续森林管理的所有方面
5	管理国家林业目标的法律框架，包括生产、保护和投资

续表2-5

6	一个经济政策框架和金融工具,根据市场信号和公共政策决定,允许资本流入和流出森林部门
原则2:商定的森林政策应得到适当立法的支持,而适当立法又应与有关部门的法律相协调	
1	根据需要制定或修订适当的国家和地方政府法律法规,以支持既定的森林政策,并与相关部门的政策、法律和法规相协调
2	法律法规是在分析的基础上制定的,旨在解决国家的林业问题,实现国家森林管理政策的目标
3	法律/管制框架维持森林资源并防止森林退化
原则3:应该建立一种机制,根据新的情况和(或)获得的新资料定期修订政策	
1	为研究和监测提供足够的资金,以便更新政策
2	对主要用于木材生产的森林所提供的全部经济利益(已销售和未销售商品和服务的总额)进行评价的研究,以便使林业工作者能够更好地说明为持续木材生产而进行自然森林管理的理由
3	维护森林资源和防止森林退化的法律/管理框架

表2-6 国家森林存货审计确定原则和可能的标准

原则:应当定期进行国家森林盘存,以便收集关于国家森林资源目前状况的数据,并监测这种状况的任何变化。如果没有适当的数据管理和及时更新国家一级的森林清单,地方一级的监测可能很快就会变得相对昂贵,而且不能代表评估国家林业的可持续性	
1	一个法律/管理框架,允许收集和维护关于森林面积、生长的股票和林分描述的信息
2	国家森林和其他林地在一定时期(如5年、10年、20年等)内面积稳定或变化合理。在适当的情况下,应根据森林和植被类型、所有权结构、年龄结构、森林起源等对面积进行分类
3	一定时期(如5年、10年、20年等)林地生长量总量、平均生长量、年龄结构/直径分布稳定或变化合理。在适当的情况下,应根据森林和植被类型、场地类别、所有权结构和森林起源等对林地进行分类
4	有灵活的规定,如有需要,应扩大存货清单,包括以前没有包括的资料

表 2-7 永久森林资产审计标准确定原则和可能的标准

原则1：某些类别的土地，无论是公共的还是私人的，都需要保持在永久的森林覆盖之下，以确保它们对国家发展的最佳贡献		
原则2：将被永久保存在森林下的不同种类的土地是：将被保护的土地；自然保育用地；生产木材和其他林产品的土地；以及用于实现这些目标组合的土地		
1		在与周围居民协商的情况下，考虑到他们目前和将来对农业和习惯用途的需要，确定、调查和标记永久性森林地产的各种类别及其属地
2		森林林分和土壤中的总碳储量与前一时期（如5年、10年、20年等）相比正在增加或稳定。测量方法在国际上是可以理解和接受的
3		预定改作其他用途（农业、地雷等）的土地和最终用途不明的任何土地，应在需要清除之前一直保持在森林管理之下

三、审计方法的选择

从现有文献的研究来看，审计方法既包括审计类型、模式，也包括审计证据收集的方法。

（一）审计类型

无论从 INTOSAI 发布的审计指引来看，还是我国审计署发布的审计公告结果来看，一般都包括财务审计、合规审计、绩效审计三种类型。审计类型的选择还是主要结合审计主题，确定了审计目标之后，选择合适的审计类型来对环境事项进行审计。

（二）审计模式

审计模式经历了账项导向、制度导向到风险导向的审计模式的演变，每种审计模式在一定的时期均有其存在的合理性，目前现代风险导向审计是人们普遍接受和认可的。除此之外，还有学者提出了行为导向审计模式（房巧玲等，2013）、治理导向审计模式（蔡春等，2009）。在对绩效审计模式讨论时，审计模式更是多种多样。美国政府审计准则中对绩效审计现场工作准则的规定融入了风险导向审计的内容，"明确规定对重要性和审计风险的评估是为审计结论提供合理保证并贯穿整个绩效审计过程的始终"（龚泓菲，2011）。管怀鎏（2005）结合中国绩效审计的现状、特点构建了具有中国特色的绩效审计模式的内容，并提出应该向"目标导向"绩效审计过渡。吴盛（2006）以深圳市政府绩效审计开展情况为例阐明了绩效审计开展的问题，提出了构建以风险为导向的绩效审计更能适合当下绩效审计工作的开展。陈全民（2005）从"绩效"概念本身的"行为""结果"含义入手，在探讨了绩效审计存在的问题后，提出了"行为审计""结果审计"的绩效审计模式。刘玉娟（2009）、刘敏佳

(2015)总结国内外绩效审计模式可以分为结果导向、过程导向、问题导向和风险导向四种模式后，提出了应该将"以风险为导向"的绩效审计模式作为主要发展模式。沈征（2008）结合绩效审计的目标多元化、范围多元化、方法多元化、程序多元化、报告方式多元化等特点，认为绩效审计的模式也应该向多元化发展。姜毅（2010）认为将财务审计和绩效审计结合的"结合型模式"才能满足当前我国政府绩效审计的目标。李四能（2011）在总结前人成果的基础上，认为有以下几种模式：审计主体模式、行为过程模式、审计内容模式、审计对象模式、目标导向等，在此基础上构建了具有中国特色的绩效审计模式：用以结果为导向的战略规划绩效审计模式，在战略规划中分为过渡阶段型绩效审计模式和独立阶段型绩效审计模式。无锡市审计学会"政府绩效审计"课题组（2012）立足于查找问题、发现原因及帮助被审计单位持续地提高绩效水平的基础上，对"服务型"绩效审计进行了积极探索研究。

按照绩效审计的导向性不同，可以分为结果导向、过程导向、问题导向、目标导向以及风险导向。具体如表2-8所示。

表2-8 政府项目绩效审计模式分类（一）

绩效审计模式	实施要点
结果导向模式	基于事后资料，直接对被审计单位管理活动的结果按照既定的标准进行评价，以此为审计线索追踪至导致该结果的原因，再追踪到业务活动过程中，对其进行详细审计
过程导向模式	基于审计过程搜集审计证据，多为追踪审计；按照既定的审计程序，进行全过程跟踪，在项目的决策、立项、施工、验收、运营等过程全面收集审计证据进行评价
问题导向模式	基于被审计单位已经出现的重点问题，以问题为审计的起点，查明原因追查至业务活动和管理行为中的薄弱环节，对问题进行全方位分析，并提出针对性的改进意见
风险导向模式	基于对审计过程中重大错报风险领域的判断，确定审计计划的重点和项目的先后顺序，通过对审计风险的识别、评估以及应对，揭露项目中的问题、针对风险所在提出改进措施，以降低项目风险
目标导向模式	分为结果、控制系统或程序、问题分析、责任、成本-效益的审计模式

按照绩效审计项目构成要素的不同，可以分为审计主体、审计内容、行为过程以及审计对象模式，具体如表2-9所示。

表 2-9 政府项目绩效审计模式分类（二）

绩效审计模式	实施要点
审计主体模式	按照主体分为政府、社会、企业三种绩效审计模式
审计内容模式	按照审计的内容不同，如资金运用、揭露问题、建设项目的形成的不同的审计模式
行为过程模式	从可能产生问题的环节分析问题，包括"行为审计""结果审计"
审计对象模式	按照不同的审计对象分为资金、项目、制度绩效审计

除此之外，还有根据多元化审计目标的不同形成的"多元型"，将不同专项审计进行合并的"结合型"，以及为了被审计单位提高绩效水平的"服务型"，如表 2-10 所示。

表 2-10 政府项目绩效审计模式分类（三）

绩效审计模式	实施要点
多元型模式	确定多元化的绩效审计目标，规范多元化的绩效审计内容，选择多元化的绩效审计程序，开发多元化的绩效审计方法，制定多元化的绩效审计依据，形成多元化的绩效审计评价体系
结合型模式	将财务审计和绩效审计有机结合
服务型模式	审计对象的服务性、审计结论的建设性、审计服务对象的多元化

（三）绿色审计模式选择

大气污染、水污染、土壤污染所引致的环境风险随着城镇化、工业化、农业现代化的推进而不断加大，环境问题所引发的资源短缺、生态环境污染已经成为制约经济增长，影响我国可持续发展的主要瓶颈。环境问题的复杂性不言而喻，采用常规的审计模式虽然能够审计出一些问题，但是很难保证审计结果达到预期，发表的审计意见恰当，因此采用以风险导向为主的审计模式比较合适。同时，在绿色审计过程中由于审计内容多样，既包括财务的内容又包括环境政策、环境建设项目等内容，仅采用风险导向审计模式很难达到审计目标，因此需要结合过程审计、问题导向等模式。例如，在实施环境建设项目绩效审计时，以环境审计风险识别、评估应对为主导，结合全生命周期设计评价指标以评价环境建设项目整个过程中的经济性、效率性和效果性。

四、绿色审计技术和方法

除了获取审计证据的一般方法外，对于特殊的审计项目可以将地理信息技术、环境监测技术、化学检验技术、计算机辅助技术等技术应用于绿色审计的实施过程,实务中费用效益分析法、模糊综合评价法也是常采用的方法。

(一)费用效益分析法

20世纪70年代美国一些经济学家开始将费用效益分析法应用于环境污染控制决策,美国政府规定所有对环境有影响的项目,必须采用该方法进行分析。随后,英国、日本、加拿大等国家也开始应用费用效益分析法来进行环境影响评价。环境费用是指对环境造成影响而耗费的支出,包括对环境造成污染或者破坏后而发生的损失,如超过国家相关规定后的排污费、处罚费、治理费用;防止环境污染和遭受破坏而支出的保护、防治费用,如环保设备的投入成本、环保基金以及其他环保项目费用等,也就是由环境损害费用、治理费用、控制费用和保护费用构成的。环境效益则包括直接效益和间接效益,从范围上来看又可以包括内部效益和外部效益,直接效益是环境项目直接带来的收益,而间接效益是由于环境项目的实施带来的波及的效益,一般包括如企业环境声誉的提高、环境事故的减少以及周围居民身体健康情况的改善等。运用该方法决策的原则是环境效益高于环境费用,可以达到一种合适状态下的环境污染程度。主要应用步骤是:将费用和效益项目进行罗列,一般用货币定量表示;运用合适的折现率将不同时间发生的费用和效益折算成现值,以计算该项目的NPV;最后根据财务管理项目投资评价方法,选择出合适的环境项目。

环境费用效益分析法往往适用在可以量化的绿色审计项目中,如在对某环境项目进行审计时,审计人员认为该项目的生产成本、生产效益可以量化,且能够用净现值对其进行计量,则选用该方法分别对该项目的费用和效益进行计算,费用包括生产成本和环境成本(使用资源和造成环境污染等外部不经济所产生的费用),效益包括生产效益和环境经济效益。然后,审计人员选用净现值法对此项目进行评估、折现,选择折现率,计算得出该净现值大于零,因此,虽然项目的生产会对环境产生污染,但是总体评价来说,其存在具有合理性。当然,该方法也有局限性,即无法对非量化因素进行考量,任何一个环境项目都不可能只由可量化的因素构成,有些因素如人体健康无法直接量化,因此,运用该方法进行分析决策时应对不可量化的因素进行定性分析,将定量与定性方法结合起来。

(二)模糊综合评价法

模糊综合评价法是借助模糊数学的相关理论,运用模糊关系合成的原理,将隶属函数作为中介,将评价中不确定的、难以定量的因素定量化,从而运用传统数学方法进行分析和处理。在实际运用时,借助专家的工作,建立多层面评价等级对多个模糊因素的集合进行系统的综合评价，从而借助模糊推理将定性与定量相结合、精确与非精确相统一，为环境项目进行评价提供了可能，由于环境项目本身具有高度复杂性，在进行审计评价时，需要考虑多种因素的影响，模糊数学的应用可以将多种因素定量化，为审计评价提供了基础。

按照模糊综合评价法的基本原理，在进行评价时首先确定被评价对象的因素（指标）集合评价集（等级集），再分别确定各个因素的权重和它们的隶属度向量，获得模糊评价矩阵，最后把模糊评价矩阵与因素的权向量进行模糊运算并进行归一化，得到模糊综合评价结果。其特点在于评价逐对象进行，对被评价对象有唯一的评价值，不受被评价对象所处对象集合的影响。综合评价的目的是要从对象集中选出优胜对象，因此还需要将所有对象的综合评价结果进行排序。从现有文献对模糊综合评价法的运用来看，其具体评价步骤为：确定评价对象的因素论域；确定评语等级论域；进行单因素评价，构建模糊关系矩阵；确定评价因素的权向量；合成模糊综合评价矩阵；对模糊综合评价结果进行分析。

（三）层次分析法（AHP）

在运用模糊综合评价法时，通常采用 AHP 来确定各因素之间的权重。AHP 是由美国运筹学专家 T. L. Satty 提出的，是一种致力于解决多目标的复杂问题的定性和定量相结合的方法，能够增加决策的有效性。通过对评价目标进行逐层分解，细化指标，再对相关指标进行评判得分，并乘以相应权数后得出最终结论的分析方法（申志东，2013）。

运用该方法的基本原理为：首先，将该问题层次化，按照问题的性质和总目标将问题分解为不同的层次，构建多层次分析模型，一般分为目标层、准则层和方案层。然后通过确定各方案相对于总目标的重要性权重，解决各方案因素的相对优劣次序的排序问题。其具体应用步骤为：构建层次结构模型；建立判断矩阵；层次单排序及一致性检验；层次总排序及一致性检验。

五、审计程序

审计程序主要是从审计计划、审计实施到审计报告的过程。审计计划既包括审计规划又包括详细的审计计划安排；审计实施是具体的搜集审计证据的过程，基于不同的审计模式会有不同的实施方案和细节；审计报告则是审计意见的承载体，结合不同的审计内容会有所不同，如绿色制度审计将会对其体系、制度进行评价，是否设计合理、运行及执行合理，同时在审计报告中应该提出审计建议。例如，巴西审计署 2015 年在其保护区管理审计中，评估巴西和拉丁美洲保护区的管理情况时，审计监测系统建议，在建立和巩固过程中，应设立各种机制，以确保有效执行和适当管理这些领土所需的基本资源。向国家实体建议确定一项保护地区领土巩固战略，这一进程中涉及技术、司法、社会和环境方面的问题。最后，建议各国政府考虑到保护区主题的交叉方面和改善环境治理的需要，促进地方、机构和非政府组织的联合行动。

第二篇　环境治理绿色审计评价篇

第三章 河北省环境治理情况

在河北省委、省政府的坚强领导下，河北省生态环境系统始终坚持以习近平新时代中国特色社会主义思想为指导，全面贯彻党中央和省委、省政府决策部署，自觉践行"四个意识"，坚决做到"两个维护"，立足本职，担当尽责，改革创新，攻坚克难，全力打好污染防治攻坚战，河北省2016—2018年的城市空气质量经过三年的改善有明显的好转。本文针对河北省近三年的生态环境状况进行了统计和数据分析，总结出河北省生态环境治理现状，梳理出河北省为了治理生态环境而采取的措施和行动，进而分析出河北省生态环境和环境治理仍然存在的问题。

第一节 河北省生态环境治理现状

一、空气质量

根据《环境空气质量标准》（GB3095—2012）评价，如表3-1所示，2016年全年河北省设区市达到或优于Ⅰ级的优良天数平均为207天，2017年优良天数平均值略有所下降，2018年又回升至208天。重度污染以上天数平均值从2016年的33天连降至2018年的17天，重度污染以上天数减少16天，占比明显下降。从优良天数来看，2016年张家口、秦皇岛和承德3个设区市的优良天数在270天以上，其余各设区市全年优良天数在130—208天之间。2017年承德、张家口两个设区市的优良天数在280天以上，其余各设区市全年优良天数在142－268天之间。2018年秦皇岛、承德、张家口三个设区市的优良天数在270天以上，其余各设区市全年优良天数在151－222天之间。足以见得，河北省全年优良天数在不断增加，重度污染占比逐渐减小，城市空气质量不断提高。2018年全省PM2.5平均浓度为56微克/立方米，与2017年同比下降14%，超额完成年初省人代会确定的"PM2.5平均浓度达到62

微克/立方米,同比下降 5%"的年度目标任务,提前一年实现《河北省打赢蓝天保卫战三年行动方案》提出的 2019 年目标任务,空气质量为六年来最好,全省平均优良天数 208 天,较 2017 年增加 6 天;重度以上污染天数 17 天,较 2017 年减少 12 天。

表 3-1　河北省 2016—2018 年环境空气质量比较表

年份	≥Ⅱ级的优良天数平均值	达标天数比例（%）	重度污染以上天数平均值	重度污染以上天数比例（%）
2016 年	207	56.60	33	9.00
2017 年	202	55.30	29	8.00
2018 年	208	58.40	17	4.80

2016—2018 年河北省各市重度污染及以上天数呈现明显下降的趋势（如图 3-1）所示,重度污染天数占比逐年减小,如石家庄从 2016 年的 71 天降到了 2018 年的 38 天,保定从 2016 年的 58 天降到了 2018 年的 30 天,唐山、沧州和衡水这三个市重度污染及以上天数逐年减少的趋势也非常明显,其余地区也呈现出减少的变化。从总体上来看,2016—2018 这三年河北省各市重度污染及以上天数明显下降。

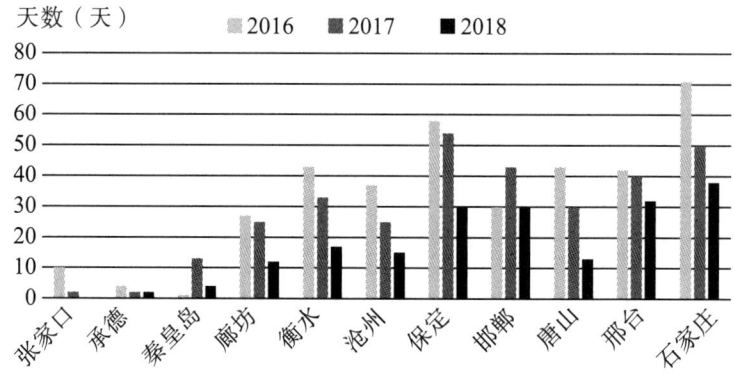

图 3-1　2016—2018 年河北省各市重度污染及以上天数图

（一）主要污染物浓度及达标率（按达标率从小到大排列）

O_3（臭氧,以日最大 8 小时滑动平均值的第 90 百分位数计）:全省臭氧年均值浓度为 193 微克/立方米,与 2017 年持平。全省平均达标率为 78.9%;承德、秦皇岛日均值达标率高于 85%,其余 9 个设区市日均值达标率在 70%～85%。

PM2.5：全省 PM2.5 年均值浓度为 56 微克/立方米，与 2017 年相比下降 14%。除张家口、承德外，其余 9 个设区市 PM2.5 年均值均超国家二级标准。全省平均日均值达标率 79.6%；其中，张家口、承德日均值达标率高于 90%，秦皇岛、廊坊日均值达标率在 80%~90%，其余 7 个设区市日均值达标率在 65%~80%。

PM10：全省 PM10 年均值浓度为 104 微克/立方米，与 2017 年相比下降 11%。除张家口外，其余 10 个设区市 PM10 年均值均超国家二级标准。全省平均日均值达标率 82.0%；其中，张家口、承德、秦皇岛日均值达标率高于 90%，唐山、沧州、廊坊、衡水日均值达标率在 80%~90%，其余 4 个设区市日均值达标率在 65%~75%。

NO_2（二氧化氮）：全省 NO_2 浓度年均值为 43 微克/立方米，与 2017 年相比下降 9%。其中承德、张家口和衡水的 NO_2 年均值达到国家二级标准。全省平均日均值达标率 93.8%；除石家庄、唐山、保定外，其余 8 个设区市日均值达标率均高于 90%。

CO（一氧化碳，以日均值的第 95 百分位数计）：全省 CO 年均值浓度为 2.3 毫克/立方米，与 2017 年相比下降 21%。全省平均日均值达标率为 99.7%；全省 11 个设区市日均值达标率均高于 98%。

SO_2（二氧化硫）：全省 SO_2 年均值浓度为 20 微克/立方米，与 2017 年相比下降 26%。全省 11 个设区市 SO_2 年均值均达到国家二级标准，其中张家口、承德、廊坊、衡水达到国家一级标准。全省平均日均值达标率 100%；11 个设区市日均值达标率均为 100%。

表 3-2　河北省 2018 年各设区市日均值达标率表　　　　（单位:%）

设区市	SO_2	NO_2	PM10	CO-95Per	O_{3-8H}-90Per	PM2.5
石家庄	100	88.2	70.1	100	75.3	66.2
唐山	100	89.9	81.4	98.4	79.2	76.9
秦皇岛	100	94.2	92.8	99.2	89.6	89.8
邯郸	100	94.8	71.2	99.5	74.5	72.6
邢台	100	92.1	67.5	99.7	75.6	71.4
保定	100	87.9	75.3	99.7	72.3	69.5
张家口	100	100	95	100	84.9	97.7
承德	100	99.5	92.1	100	85.8	93.8

续表3-2

设区市	SO_2	NO_2	PM10	CO-95Per	O_{3-8H}-90Per	PM2.5
沧州	100	95.9	84.4	100	74	77.5
廊坊	100	90.7	85.2	100	79.5	82.1
衡水	100	98.9	86.4	100	77	78.1
全省平均	100	93.8	82	99.7	78.9	79.6

(二)2017—2018年全省11个设区市的大气污染物浓度变化情况

由表3-3可见2018年全省11个设区市的大气污染物浓度情况,可发现工业化程度高的城市如石家庄、唐山的大气污染物浓度较高,而张家口、承德、廊坊的大气污染物浓度较低。从全省平均来看,除了O_{3-8H}-90Per指标持平以外,各个大气污染物浓度指标2018年都比上一年度有所下降,如图3-2所示。

表3-3 2018年全省11个设区市的大气污染物浓度表

单位:微克/立方米;CO毫克/立方米

设区市	SO_2	NO_2	PM10	CO-95Per	O_{3-8H}-90Per	PM2.5
石家庄	23	50	131	2.6	211	72
唐山	34	56	110	3.3	197	60
秦皇岛	21	45	77	2.5	164	38
邯郸	22	43	133	2.8	201	69
邢台	26	50	131	2.8	203	69
保定	21	47	114	2.4	210	67
张家口	14	23	69	1.4	181	29
承德	13	34	78	1.9	174	32
沧州	24	43	102	1.8	200	59
廊坊	11	47	97	2	192	52
衡水	15	34	101	1.8	191	62
全省平均	20	43	104	2.3	193	56

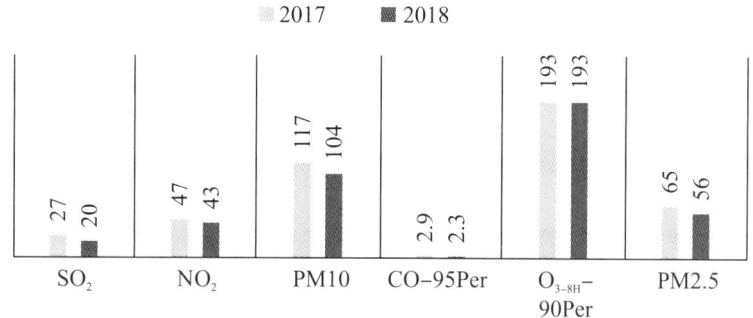

图 3-2 2017 年—2018 年河北省各市大气污染物浓度变化图
（单位：微克/立方米；CO 毫克/立方米）

2016 年河北省各设区市日均值达标率如表 3-4 所示，从主要污染物 PM2.5 来说，全省平均日均值达标率 68.7%；其中，张家口日均值达标率高于 90%，承德、秦皇岛日均值达标率在 80%~90%，沧州、廊坊日均值达标率在 70%~75%，唐山、邯郸日均值达标率在 60%~70%，其余 4 个设区市日均值达标率均低于 60%。全省 PM2.5 年均值浓度为 70 微克/立方米。除张家口外，其余 10 个设区市 PM2.5 年均值均超国家二级标准。

PM10：全省平均日均值达标率 73.9%；其中，张家口日均值达标率高于 90%，承德、秦皇岛、廊坊日均值达标率在 80%~90%，唐山、沧州日均值达标率在 70%~80%，其余 5 个设区市日均值达标率在 60%~65%。全省 PM10 年均值浓度为 123 微克/立方米，11 个设区市 PM10 年均值均超国家二级标准。

表 3-4 2016 年各设区市日均值达标率表 （单位：%）

设区市	SO_2	NO_2	PM10	CO	O_{3-8H}	PM2.5
石家庄	100	81.4	60.9	94.8	88.3	53.8
唐山	100	85	71.3	94.3	85.2	67.5
秦皇岛	100	92.6	87.7	97.5	93.2	83.6
邯郸	99.7	89.9	64.2	95.1	89.9	63.7
邢台	98.1	81.7	63.9	95.9	90.7	55.7
保定	100	80.9	60.4	93.4	84.4	52.5
张家口	100	100	90.4	100	88.3	94.8
承德	100	99.5	88.5	99.7	86.3	89.9

续表3-4

设区市	SO$_2$	NO$_2$	PM10	CO	O$_{3-8H}$	PM2.5
沧州	100	93.7	79.5	97.8	83.3	71
廊坊	100	89.6	81.4	95.9	83.1	70.5
衡水	100	95.6	64.2	99.2	79	52.7
全省平均	99.8	90	73.9	96.7	86.5	68.7

2017年河北省各设区市日均值达标率如表3-5所示，PM2.5：全省平均日均值达标率73.2%；其中，张家口、承德日均值达标率高于90%，秦皇岛日均值达标率在85%~90%，唐山、廊坊、沧州日均值达标率在70%~80%，其余5个设区市日均值达标率在55%~70%。全省PM2.5年均值浓度为65微克/立方米，除张家口、承德外，其余9个设区市PM2.5年均值均超国家二级标准。

PM10：全省平均日均值达标率76.7%；其中，张家口、承德、秦皇岛日均值达标率高于90%，廊坊、沧州日均值达标率在80%~90%，唐山、衡水日均值达标率在70%~80%，其余4个设区市日均值达标率在60%~70%。全省PM10年均值浓度为117微克/立方米，除张家口外，其余10个设区市PM10年均值均超国家二级标准。

O$_3$（臭氧，以日最大8小时滑动平均值的第90百分位数计）：全省平均达标率为80.8%；承德、秦皇岛日均值达标率高于85%，其余9个设区市日均值达标率在75%~85%。全省臭氧日最大8小时平均第90百分位数平均浓度为193微克/立方米。

NO$_2$（二氧化氮）：全省平均日均值达标率93.2%；除石家庄、唐山、保定外，其余8个设区市日均值达标率均高于90%。全省NO$_2$浓度年均值为47微克/立方米。其中承德、张家口和衡水的NO2年均值达到国家二级标准。

CO（一氧化碳，以日均值的第95百分位数计）：全省平均日均值达标率为97.8%；全省11个设区市日均值达标率均高于95%。全省CO日均值第95百分位数平均浓度为2.9毫克/立方米。

SO$_2$（二氧化硫）：全省平均日均值达标率99.7%；除石家庄、保定、邢台、邯郸外，其余7个设区市日均值达标率均为100%。全省SO$_2$年均值浓度为27微克/立方米，全省11个设区市SO$_2$年均值均达到国家二级标准，其中承德、张家口、廊坊、衡水达到国家级标准。

表 3-5 2017 年各设区市日均值达标率表　　　（单位：%）

设区市	SO_2	NO_2	PM10	CO	O_{3-8H}	PM2.5
石家庄	99.7	89.3	60.8	97.3	80.3	61.4
承德	100	99.2	91.8	100	89.3	92.9
张家口	100	99.7	95.9	100	83.8	94
秦皇岛	100	93.7	91.5	97.8	86.8	87.1
唐山	100	86.8	76.7	95.6	80.5	73.2
廊坊	100	92.6	83.6	97.3	80	75.9
保定	99.7	87.9	68.2	97	76.4	61.9
沧州	100	95.6	83	99.5	77.5	73.4
衡水	100	97.5	70.7	99.2	79.2	65.6
邢台	98.9	91	60.5	96.4	75.1	63.8
邯郸	98.6	91.2	60.8	95.9	79.7	56.2
全省平均	99.7	93.3	76.7	97.8	80.8	73.2

从 2017 年 PM2.5 平均浓度和河北省确立的目标浓度来看，全省 PM2.5 平均浓度为 65 微克/立方米，完成目标，沧州、邯郸年均值浓度高于目标浓度，未完成目标，其他各市均完成目标。定州、辛集两市均完成目标。

2018 年全省 11 个设区市环境空气质量均未达到国家二级标准限值要求，全省 11 个设区市 SO_2、CO 两项污染物浓度全部达到国家二级标准。张家口 O_3 未达到国家二级标准，其他五项污染物浓度达标；承德 PM10、O_3 未达到国家二级标准，其他四项污染物浓度达标。其他 9 市均有 PM2.5、PM 10 等多项污染物未达标。2018 年，定州市 SO_2 和 CO 浓度达到国家二级标准，其他污染物均未达到国家二级标准；辛集市 SO_2、CO、NO_2 浓度达到国家二级标准，其他污染物均未达到国家二级标准。

2018 年，全省 PM2.5 平均浓度为 56 微克/立方米，完成省考核目标；11 个设区市均完成省考核目标。

综合来看，从 2018 年 PM2.5 平均浓度和河北省确立的目标浓度来看，2018 年全省 PM2.5 平均浓度为 56 微克/立方米，与 2017 年同比下降 14%，超额完成年初省人代会确定的"PM2.5 平均浓度达到 62 微克/立方米，同比下降 5%"的年度目标任务，提前一年实现《河北省打赢蓝天保卫战三年行动方案》提出的 2019 年目标任务，空气质量为六年来最好，全省平均优良天数

208 天，较 2017 年增加 6 天；重度以上污染天数 17 天，较 2017 年减少 12 天。

从各市 2017 年至 2018 年的改善情况来看，11 个设区市综合指数及 PM2.5 浓度均下降，综合指数最高的是石家庄（7.53），最低的是张家口（4.11）；综合指数下降最多的是衡水（18.4%），下降最少的是张家口（1.7%）；PM2.5 浓度最高的是石家庄（72），最低的是张家口（29）；PM2.5 浓度下降最多的是保定（20.2%），下降最少的是张家口（6.5%）。如表 3-6 所示。

表 3-6 2018 年 11 区市综合指数及 PM2.5 浓度排名及变化情况表

城市	综合指数		变化幅度（%）	城市	PM2.5 浓度*		变化幅度（%）
	2018 年	2017 年			2018 年	2017 年	
石家庄	7.53	8.72	−211.60	石家庄	72	86	−16.30
邢台	7.49	8.57	−12.60	邢台	69	86	−198
唐山	7.3	7.97	−8.40	唐山	69	80	−13.80
邯郸	7.28	8.61	−15.40	邯郸	67	84	−20.20
保定	6.98	8.32	−16.10	保定	62	77	−19.50
沧州	6.33	6.89	−8.10	沧州	60	66	−9.10
衡水	5.95	7.29	−18.40	衡水	59	66	−10.60
廊坊	5.94	6.61	−10.10	廊坊	52	60	−13.30
秦皇岛	5.3	5.86	−9.60	秦皇岛	38	44	−13.60
承德	4.66	4.86	−4.10	承德	32	35	−8.60
张家口	4.11	4.18	−1.70	张家口	29	31	−6.50

＊PM2.5 浓度单位：微克/立方米

其他污染物中，PM10 浓度最高的是邯郸（133），最低的是张家口（69）；SO_2 浓度最高的是唐山（34），最低的是廊坊（11）；NO_2 浓度最高的是唐山（56），最低的是张家口（23）；CO-95Per 浓度最高的是唐山（3.3），最低的是张家口（1.4）；O_{3-8H}-90Per 浓度最高的是石家庄（211），最低的是秦皇岛（164），如表 3-7 和表 3-8 所示。

表 3-7 2018 年 11 区市 PM10、SO₂、NO₂ 浓度排名及变化情况表

城市	PM10 浓度*		变化幅度	城市	SO₂ 浓度*		变化幅度	城市	NO₂ 浓度*		变化幅度
	2018 年	2017 年			2018 年	2017 年			2018 年	2017 年	
唐山	133	154	-13.60%	唐山	34	40	-15.00%	唐山	56	59	-5.10%
石家庄	131	148	-11.50%	石家庄	26	39	-33%	石家庄	50	54	-7.40%
邢台	131	154	-14.90%	邢台	24	31	-22.60%	邢台	50	56	-10.70%
廊坊	114	135	-15.60%	廊坊	23	33	-30.30%	廊坊	47	48	-2.10%
保定	110	119	-7.60%	保定	22	36	-38.90%	保定	47	50	-6.00%
秦皇岛	102	105	-2.90%	秦皇岛	21	26	-19.20%	秦皇岛	45	49	-8.20%
沧州	101	135	-25.20%	沧州	21	29	-27.60%	沧州	43	47	-8.50%
邯郸	97	102	-4.90%	邯郸	15	19	-21.10%	邯郸	43	51	-15.70%
承德	78	82	-4.90%	承德	14	16	-12.50%	承德	34	35	-2.90%
衡水	77	82	-6.10%	衡水	13	17	-23.50%	衡水	34	40	-15.00%
张家口	69	70	-1.40%	张家口	11	14	-21.40%	张家口	23	25	8.00%

＊单位：微克/立方米

表 3-8 2018 年 11 区市 CO-95Per、O₃₋₈H-90Per 浓度排名及变化情况表

城市	CO-95Per**		变化幅度	城市	O₃₋₈H-90Per*		变化幅度
	2018 年	2017 年			2018 年	2017 年	
唐山	3.3	3.8	-13.20%	石家庄	211	201	5.00%
邢台	2.8	3.2	-12.50%	保定	210	218	-4%
邯郸	2.8	3.4	-17.60%	邢台	203	212	-4.20%
石家庄	2.6	3.6	-27.80%	邯郸	201	195	3.10%
秦皇岛	2.5	2.9	-13.80%	沧州	200	195	2.60%
保定	2.4	3.6	-33.30%	唐山	197	205	-3.90%
廊坊	2	2.9	-31.00%	廊坊	192	207	-7.20%
承德	1.9	2.1	-9.50%	衡水	191	191	0.00%
沧州	1.8	2.3	-21.70%	张家口	181	172	5.20%
衡水	1.8	2.6	-30.80%	承德	174	162	7.40%
张家口	1.4	1.3	7.70%	秦皇岛	164	170	-3.50%

＊单位：微克/立方米；＊＊单位：毫克/立方米

（三）县域空气质量

2018年全省168县（市、区）综合指数平均值为6.50，比11个设区市平均值6.26高3.83%；全省168县（市、区）综合指数范围为2.64~8.32。前20名县（市、区）综合指数范围为2.64~4.81，主要集中在张家口（14个）、承德（5个）两市；后20名县（市、区）综合指数范围为7.71~8.32，在石家庄市分布较多（11个）。综合指数变化幅度范围为-22.22%~7.79%。其中改善幅度较大的前20个县（市、区）改善幅度均在15%以上，且分布较为分散；同比不降反升或与去年持平的县（市、区）有10个，主要集中在保定（8个），其中雄安新区2017年的综合指数所在区间为6.93-7.26，2018年的综合指数所在区间为6.15-6.51，可见雄安新区的空气质量有所提升。

二、水环境质量

河北省的水环境包括8大水系、16座水库和两个湖泊。8大水系和16座水库如表3-9所示。

表3-9 河北省的8大水系和16座水库

8大水系	16座水库	
辽河水系	大浪淀水库	东武仕水库
永定河水系	岗南水库	临城水库
滦河水系	黄壁庄水库	官厅水库
漳卫南运河水系	陡河水库	朱庄水库
北三河水系	邱庄水库	王快水库
子牙河水系	石河水库	西大洋水库
大清河水系	洋河水库	安格庄水库
黑龙港运东水系	岳城水库	龙门水库

2018年河北省环境厅对河北省的水环境进行了检测，实际监测210个地表水国省控监测点位，其中监测湖库淀44个点位，监测河流166个断面。水质断面的水质情况所占比例以及与上年同比变化情况，如表3-10所示。其中74个地表水水质监测断面属于国家考核的范围，经过中国生态环境部的复核，河北省地表水中水质优良和劣Ⅴ类水体控制目标均达到了原定的目标要求、（其中水质优良是指达到或优于Ⅲ类的水平）。

表 3-10 2018 年河北省地表水的水质情况表

水质断面类别	所占比例（%）	与上年同比变化（%）
达到或好于Ⅲ类的水质断面	53.81	1.55
Ⅳ类的水质断面	20.00	3.92
Ⅴ类水质断面	11.43	4.39
劣Ⅴ类水质断面	14.76	-9.86

（一）河流水质

2018 年全省河流八大水系水质总体为轻度污染。Ⅰ~Ⅲ类水质比例为 48.19%，Ⅳ类水质比例为 21.08%，Ⅴ类水质比例为 12.65%，劣Ⅴ类水质比例为 18.07%，与上年相比水质好转。

（二）地表水环境

2018 年全省河流八大水系水质总体为轻度污染，其中Ⅰ~Ⅲ类水质占比接近一半，与 2017 年相比，水质明显好转。如图 3-3 所示，2009—2018 年河北省河流水质类别比例变化图中，2009—2011 年河北省河流水质劣Ⅴ类水质比例明显下降，2012—2017 年波动较平稳，2018 年下降趋势非常明显。2009—2018 年河北省河流中Ⅰ~Ⅲ类水质比例变化总体上在波动中呈缓慢上升的趋势，综合以上两种情况，河北省河流水质呈现向好发展。

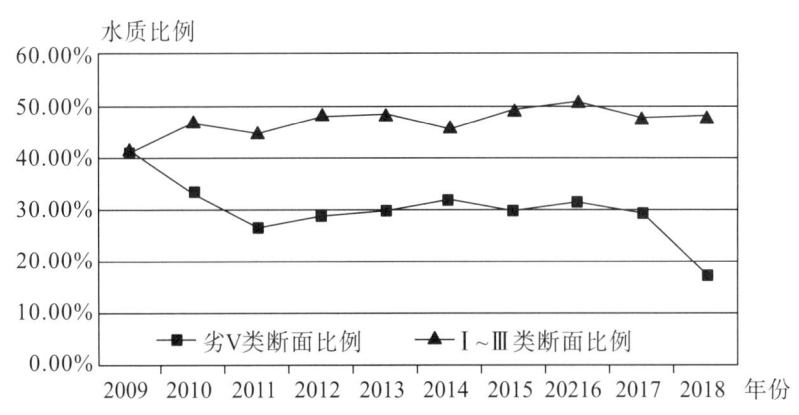

图 3-3 2009~2018 年河北省河流水质类别比例变化情况图

资料来源：河北省生态环境厅

（三）湖库淀水质

2018 年河北省对 15 座水库和衡水湖、白洋淀进行了监测，如表 3-11 所示。不计总氮，岗南水库等 11 座水库水质达到了Ⅱ类水质标准，水质优；衡水湖、陡河水库、邱庄水库、洋河水库、东武仕水库水质达到Ⅲ类水质标准，水质良好；白洋淀水质为Ⅳ类。对湖库淀水质进行富营养化评价，其中白洋淀、衡水湖、陡河水库和洋河水库为轻度富营养，龙门水库、岗南水库、朱庄水库、安格庄水库、黄壁庄水库、岳城城水库、东武仕水库、临城水库、西大洋水库、邱庄水库、大浪淀水库王快水库和石河水库为中营养。

表3-11 湖库淀水质状况表

所属城市	湖库名称	水质状况	富营养化程度
石家庄	岗南水库	优	中营养
石家庄	黄壁庄水库		
唐山	陡河水库	良	轻度富营养
唐山	邱庄水库		中营养
秦皇岛	洋河水库	良	轻度富营养
秦皇岛	石河水库	优	中营养
邯郸	岳城水库	优	中营养
邯郸	东武仕水库	良	
邢台	朱庄水库	优	中营养
邢台	临城水库		
保定	龙门水库	优	中营养
保定	西大洋水库		
保定	王快水库		
保定	安格庄水库		
沧州	大浪淀水库	优	中营养
衡水	衡水湖	良	轻度富营养
保定	白洋淀	轻度污染	轻度富营养

另外，关于河北省的近岸海域海水水质情况，2018年河北省近岸海域一类海水比例为84.6%，二类海水比例为15.4%，水质状况为优。2017年河北省的近岸海域海水水质状况为一般，经过一年的治理，2018年好转两个等级。

三、声环境质量

（一）城市区域环境噪声

2018年河北省区域环境噪声昼间平均值是55.0dB（A），比2017年升高了 0.2dB（A）。其中，沧州为好，石家庄为一般，保定为较差，承德为差，其余 7 个设区市区域声环境均为较好。总体上来说，平均等效声级分布在 49.7～65.5dB（A）之间，如图 3-4。

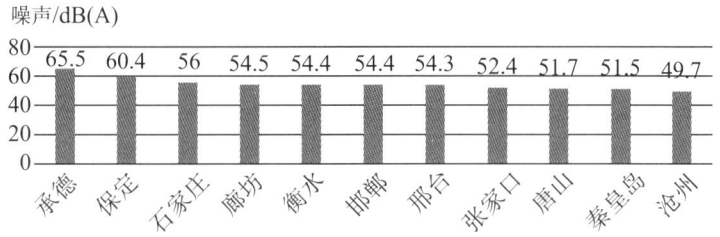

图 3-4　河北省各设区市 2018 年昼间区域环境噪声情况图

2018 年全省区域环境噪声夜间平均值是 47.5dB（A）。其中，沧州、邢台和秦皇岛为较好，保定和承德为差，其他 6 个设区市区域声环境均为一般。总体上来说，平均等效声级分布在 41.7～55.5dB（A）之间。

（二）城市环境噪声源构成

2018 年影响城市区域环境的噪声源主要分为生活噪声（65%）、交通噪声（23%）、工业噪声（8%）和施工噪声（4%）四类，其中前两个是最主要的噪声源，所占比例合计为 88%。

2011—2018 年，全省城市区域环境噪声昼间等效声级平均值在 52.1～55.0dB（A）之间，总体上看，等效声级平均值 8 年间呈上升趋势。其中，保定、廊坊、邯郸、邢台和承德上升趋势明显，沧州和唐山呈下降趋势，其余 6 个城市的变化趋势不显著，如图 3-5 所示。

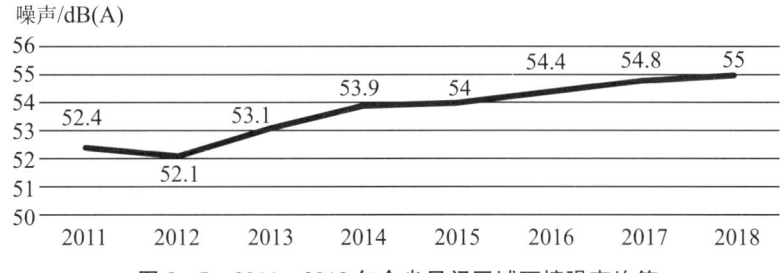

图 3-5　2011—2018 年全省昼间区域环境噪声均值

四、辐射环境

（一）常规辐射环境

2018 年度河北省辐射环境质量总体情况良好。电离辐射环境质量的监测结果表明，全省电离辐射水平处于正常天然本底范围内，空气、水体、土壤等介质中的放射性核素浓度处于正常水平，环境天然放射性水平与往年相比无明显变化；电磁辐射水平保持稳定，如表3-12所示。

表3-12 辐射环境质量检测结果评价

监测对象	内容
外照射	
自动站空气吸收剂量率	本年度各自动站小时均值无异常值
环境地表γ辐射剂量率和累积剂量	1. 各监测点环境地表γ辐射剂量率和累积剂量无异常值； 2. 环境地表γ辐射剂量率和累积剂量区域年度对比无明显变化
空气	
气溶胶	1. 各点位监测项目无异常值； 2. 气溶胶、沉降物区域年度对比无明显变化； 3. 气溶胶、沉降物中人工放射性核素无检出
沉降物	
空气中氚	
水体	
江河水、湖（库）水	1. 各点位监测项目无异常； 2. 各水体的区域年度对比无明显变化； 3.《生活饮用水卫生标准》(GB5749—2006) 中总α为0.5Bq/L，总β为1Bq/L限值和《海水水质标准》(GB3097—1997) 中 90Sr 为 4Bq/L，137Cs 为 0.7Bq/L限值，饮用水源地水和海水相关项目均达标
饮用水源地水	
地下水	
海水	
海洋生物	
土壤	
土壤	1. 各点位监测项目无异常值； 2. 土壤的区域年度对比无明显变化
电磁辐射	
环境电磁辐射	1. 监测点位电场强度无异常值； 2.《电磁环境控制限值》工频电场 4KV/m、工频磁场 0.1mT、射频电场 12V/m，电场强度均达标

（二）铀矿冶辐射环境质量监测结果评价

2018 年，铀矿冶设施周围辐射环境质量总体稳定。周围环境 γ 辐射空气吸收剂量率、空气中氡活度浓度、气溶胶中总 α 活度浓度、地表水中总铀和镭-226浓度与历年处于同一水平，周边饮用水中总铀、铅-210、钋-210和镭-226浓度低于《铀矿冶辐射防护和环境保护规定》（GB23727—2009）中规定的相应限值，如表3-13所示。

表3-13 铀矿冶辐射环境质量监测结果评价表

监测对象	内容
外照射	
环境地表γ辐射剂量率	1. 环境地表γ辐射剂量率无异常值； 2. 环境地表γ辐射剂量率年度对比无明显变化
空气	
气溶胶 氡浓度、氢子体α潜能 空气中氚	1. 各点位监测项目无异常值； 2. 区域年度对比无明显变化
水体	
地表水 排放口水 地下水	1. 各点位监测项目无异常值； 2. 各水体的区域年度对比无明显变化
土壤	
土壤 底泥	1. 各点位监测项目无异常值； 2. 土壤、底泥的区域年度对比无明显变化
生物	
玉米、莜麦	1. 各点位监测项目无异常值； 2. 生物样品的区域年度对比无明显变化

五、污染物排放

2017—2018年河北省废气中主要污染物排放量（单位为万吨）如图3-6所示，由图3-6可知，二氧化硫、氮氧化物和烟粉尘的排放量均有明显下降。

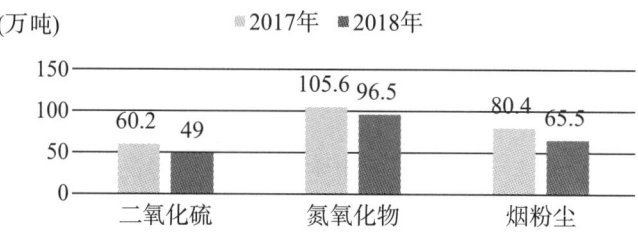

图 3-6 2017—2018 年河北省废气中主要污染物排放量图

2017—2018 年废水中主要污染物排放量：2017 年，化学需氧量排放量为 48.7 万吨，其中工业和生活排放量为 45.7 万吨，农业源排放量为 3.0 万吨。氨氮排放量为 7.1 万吨，其中工业和生活排放量为 7.06 万吨，农业源排放量为 0.04 万吨。2018 年，化学需氧量排放量为 44 万吨，其中工业和生活排放量为 42 万吨。氨氮排放量为 6.3 万吨，其中工业和生活排放量为 6.26 万吨。由此可见，2017 年至 2018 年河北省废水中主要污染物排放量明显下降。

2017—2018 年固体废物产生及利用情况如下表 3-14 所示，该表分别列示了全省一般工业固体废物和危险废物的产生量、处置量和综合利用量。其中固体废物的主要来源是电力、煤气、钢铁生产供应业，排放物以粉煤灰、炉渣为主。综上所述，可以看出 2017 年至 2018 年河北省固体废物的产生量明显下降，固体废物的利用情况显著提升，但是相比较于其他省市来说，我省的固体废弃物综合利用量仍然较低。

表 3-14　2017—2018 年河北省固体废物产生及利用情况表

年度	固体废物类别	产生量（吨）	处置量（吨）	综合利用量（吨）
2017 年	一般工业固体废物	3.3 亿	1.2 亿	1.9 亿
	危险废物	190 万	65 万	127 万
2018 年	一般工业固体废物	3.2 亿	0.8 亿	2 亿
	危险废物	244 万	68 万	175 万

第二节　河北省生态环境治理的措施与行动

由上一节的内容可以看出，河北省生态环境治理效果十分显著，生态环境质量有了明显的提升，这与河北省政府对生态环境的重视程度是密不可分的。近年来，河北省政府采取了一系列的措施和行动促进生态环境不断改善。主要体现在加强组织领导、突出治本攻坚工程、坚持系统施治、强化风险防控、严守生态保护红线这五个方面。

一、河北省加强领导组织推动凝聚治污攻坚强大合力

（一）突出抓好顶层设计，形成治污的"四梁八柱"政策体系

河北省政府先后制订印发了《关于全面加强生态环境保护坚决打好污染防治攻坚战的实施意见》《河北省打赢蓝天保卫战三年行动方案》《河北省碧水保卫战三年行动计划》《河北省净土保卫战三年行动计划》《河北省深化环境监测改革提高环境监测数据质量实施方案》和《河北省2018—2019年秋冬季大气污染综合治理攻坚行动方案》等一系列政策文件，印发了《白洋淀流域治理实施方案2018—2020》《关于〈白洋淀生态环境治理和保护规划（2018—2035年）〉的实施意见》以及具体工作方案，制定出台督察考核问责、严格禁止"一刀切"、清洁取暖、燃煤锅炉淘汰、钢铁焦化等行业超低排放改造等一系列政策措施。系统性、全方位、多层次的全省污染防治政策体系初步形成。

（二）建立健全责任体系，狠抓责任落实

河北省出台大气、水环境质量通报排名和奖惩问责办法，制定大气和水污染防治考核办法，严格考核评价，严肃追责问责。组织开展"一问责八清理"治霾不力专项行动回头看，发现交办问题2993个，追责1467人，在16个专项中综合评估排名第三。

二、突出治本攻坚，蓝天保卫战初战告捷

（一）坚定不移去产能

严格执行严于国家标准的环保、能耗、水耗、质量、技术、安全等6个方面地方标准，超额完成钢铁、焦化、煤炭、水泥、玻璃、火电产能压减任务，28家重污染企业完成退城搬迁。

（二）强力推进燃煤污染治理

推进散煤清洁替代，完成清洁取暖改造181.2万户，推广洁净煤633.88万户，减少使用劣质散煤2037.7万吨。坚持源头清洁改造，继去年淘汰3.9万台5.8万蒸吨后，全省又淘汰35蒸吨/小时及以下燃煤锅炉6684台13571蒸吨，改造35蒸吨/小时以上燃煤锅炉173台12865蒸吨，完成燃气锅炉低氮改造692台9287蒸吨，减少燃煤327万吨，35蒸吨/小时以下燃煤锅炉基本清零。强化散煤市场监管，建立部门联席会议制度，开展散煤专项整治和劣质散煤管控"百日会战"行动，抽检煤炭经营网点2558家（次），取消经营网点1030家。

（三）狠抓工业污染综合整治

进一步加大工程减排力度，在全国率先推进钢铁、焦化行业超低排放改造和燃煤电厂深度治理，完成228个钢铁行业、61个焦化行业超低排放改造、37个火电行业深度治理项目，削减二氧化硫7.55万吨、氮氧化物10.19万吨。完成1014家重点企业挥发性有机物深度治理、3842家汽修喷漆废气治理，安装VOCs在线监控设备3485套，省定重点企业安装率达到100%。深入治理"散乱污"企业，在2017年排查整治10.84万家企业的基础上，集中开展"散乱污"企业再排查再整治，共排查整治"散乱污"企业16918家，其中关停取缔10879家、整合搬迁443家、规范整治5596家，实现"散乱污"企业动态清零。

（四）加大扬尘污染治理力度

全省在建工程5002个全部实施扬尘治理，在建施工工地安装PM10在线监测设备4577套，工业企业中有722家完成了料堆场改造，设区市城市道路机械化清扫率达到82%，县级为76%。建立降尘监测体系，对城市建成区降尘逐月通报排名，全省11个设区市、168个县（市、区）平均降尘量分别为8.1吨/平方公里、7.76吨/平方公里，低于国家颁布的9吨/平方公里的标准。

（五）统筹推进车油路治理

完成了3款轻型柴油车、4款重型柴油车新车环保生产一致性查验，加强机动车路检路查及入户调查，探索建立联合监管机制：检测－处罚－监督维修，分别由生态环境部门、公安交管部门、交通运输部门负责，检查车辆87.7万辆，处罚1.4万辆，罚款197万元。推进机动车尾气遥感监测，建设固定式遥感监测设备70套、移动式遥感监测设备28套、柴油车黑烟抓拍设备50套。严格机动车排放检验机构监管，抽检机构2256家（次），处罚81家。淘汰老旧机动车7.45万辆、摩托车18万辆，推广新能源汽车4.16万标车。加强加油站油气回收设施运行检查，对472个问题加油站限期整改，开展打击"黑加油站点"专项行动，建立劣质油品处置工作机制，关停取缔黑加油站点517家。

（六）妥善应对重污染天气

制定并发布《河北省重点行业秋冬季差异化错峰生产绩效评价指导意见》，加强研判会商，提前3天发布预警信息，提前采取减排措施，有效实现"削峰降速"。

三、坚持系统施治，碧水保卫战取得积极进展

（一）饮用水源保卫战强势推进

以确保人民群众饮水安全为核心，全面排查并清理整治 1976 个饮用水水源地的环境违规问题。划定 119 个县级以下饮用水水源保护区，187 个县级及以上集中式饮用水水源保护区，对 5 个饮用水水源保护区完成防护隔离设施建设，31 个地级以上集中式饮用水水源均达到Ⅲ类标准，达标率 100%。

（二）重点流域污染治理取得突破进展

围绕 47 条重污染河流 58 个劣Ⅴ类断面，开展治理攻坚，强化源头防控、综合施治，36 个断面消除劣Ⅴ类。强化 37 个不达标水体所在控制单元环境治理，全面落实水体达标方案，25 个不达标水体实现水质改善目标。积极推进城市黑臭水体治理，排查整治地级以上城市黑臭水体 40 条。

（三）工业污水达标整治行动深入开展

全省六大重点行业 294 家企业完成清洁化改造任务，181 家省级及以上工业园区全部完成污水集中治理任务。全省 7428 座加油站、30043 个地下油罐完成防渗改造，改造完成率分别为 97.13%、97.31%，高出全国平均完成率 23 个百分点，居全国第二位，受到生态环境部肯定。

（四）白洋淀流域综合整治取得明显成效

以全面提升白洋淀水质为核心，组织开展白洋淀及上游流域大排查大整治专项行动，共排查整治入河排污口 13360 个、规模化畜禽养殖场 2790 家，清理河道和岸边农村积存垃圾 1695 万立方米，治理涉水企业 929 家，治理纳污坑塘 3453 个。白洋淀及上游国省考断面Ⅳ类以上水体比例为 50%，比 2017 年增加 12.5 个百分点。

（五）农村环境综合整治深度推进

积极推进农村人居环境整治，制定《农村污水三年行动计划》，2908 个村庄完成环境综合整治任务。积极推进农村生活污水治理试点，探索不同地区、不同条件村庄污水处理模式和经验，累计 5495 个村完成治理。全面整治纳污坑塘，严格督查、验收、销号、建档制度，6287 个各类有水坑塘全部完成整治，纳污坑塘实现清零。

（六）近岸海域综合整治持续深化

认真编制《渤海综合治理攻坚战实施方案》，深入开展入海排污口和入海河流集中整治，12 条主要入海河流中 10 条水质达到或优于Ⅴ类，近岸海域水质优良比例达到 100%。

(七) 水环境监测考核机制逐步建立

制定通报排名和奖惩问责办法,逐月对各地地表水环境质量情况进行通报排名,每月以"一市一单"形式对各市水污染防治工作情况进行预警通报,确保各项重点任务稳步推进。对水污染防治问题突出的石家庄、承德、秦皇岛、沧州、邢台市政府,纳污坑塘整治进展慢的安新县、雄县和蠡县政府,白洋淀及上游流域环境问题整改推进缓慢的高碑店市、涿州市、安新县和雄县政府进行公开约谈,对辖区水质恶化、未通过年度考核、水质改善效果差的 15 个县区启动区域限批。

四、强化风险防控,土壤污染防治迈出坚实步伐

(一) 全面开展土壤污染状况详查

布设表层土壤点位 22412 个,深层土壤点位 174 个,农产品点位 4157 个,农用地详查点位土壤和农产品采样、制备、流转及分析测试全部完成,获取分析监测数据近 48 万个。重点行业企业土壤调查同步启动,完成 5186 家企业地块信息收集。

(二) 有序推进土壤污染治理修复

积极开展土壤污染防治试点示范,石家庄栾城区、辛集市省级先行区建设方案批准实施,辛集市、栾城区一期完成土壤污染治理修复技术应用试点项目。建立污染地块联动监管机制,323 块地块信息录入污染地块土壤环境管理信息系统。加强涉重金属行业污染防控,建立全口径涉重金属重点行业企业清单,完成 81 个重金属减排项目。

五、严守生态保护红线,生态环境大排查大整治扎实推进

(一) 深入开展生态环境大排查大整治

组织开展 8 个专项行动:太行山燕山生态环境普查整治、海洋生态环境整治、河湖清理、交通干道沿线违法违规建设项目整治。对太行山、燕山、坝上高原等地区进行卫星遥感监测,覆盖约 9 万平方公里。筛查发现地貌变化点位 19555 个,全部完成实地核查、甄别、发现各类问题 785 个。

(二) 严格自然保护区监管

持续进行自然保护区的监督检查专项行动,对自然保护区查处的各类违法违规行为严厉处理,累计整改各类风险隐患 1038 个。推动编制《潮河流域生态环境保护规划》,确保潮河水质和首都饮水安全。

(三) 健全生态保护红线管控机制

生态保护红线划定方案获国务院批复并向社会公布,划定红线面积 4.05

万平方公里。建成生态保护红线监管平台，完成试点县生态保护红线勘界定标工作。

第三节　河北省生态环境治理的不足

河北省的生态环境治理虽然取得了一定的成果，但是河北省的生态环境治理的路还很长。因为在京津冀一体化的背景之下，河北省的生态环境治理工作会受到多方面因素的影响。本书认为，目前河北省在生态环境治理上的不足之处，主要体现在以下三个方面。

一、生态环境区域化治理理念的缺乏

近几年，生态环境区域化治理理念已成为适应我国治理生态环境的主流理念，这是由于我国地域辽阔，不同区域所具有的发展优势也不同，所以环境治理情况复杂，需要面对各种不同的阻碍。从整体上来看，京津冀地区土地面积21.8万平方公里，有1.1亿常住人口，2个直辖市和11个地级市，该地区属东部沿海地区，经济发展程度较高，产业结构层次比较完善，环境资源丰富。

但是，行政划分使得京津冀三地的差别也非常大。北京和天津中心城区的人口规模超过500万，河北省还有上百个县区和上千个乡镇，无论是经济发展水平、社会进步程度还是生态环境治理方面，河北省与北京、天津的差距十分巨大，行政区划的切割和制约，导致了区域之间仍存在很多壁垒。首先，河北省的物质基础即经济发展水平远不如京津两地；其次，河北省的产业结构的合理性和资源的利用效率不如北京和天津；再次，河北省的地形地貌更为复杂、区域生态环境差异较大。因此，京津冀地区的生态环境治理在这样的背景下，一直处于各自为战的状态，尚未形成区域之间的优势互补，而合作也没能取得任何实质性的进展，从而阻碍了整个区域的生态环境综合治理。目前现存的政策和措施的作用也有可能存在相互抵消，从而大大削减了最后环境治理的实际效果。

因此，京津冀地处同一片生态区，生态环境治理互相影响，只有京津冀联合起来，基于生态环境区域化治理理念，统一发挥环境治理规划的引领作用，做出区域性的顶层统筹规划，摒弃局限思维，携手共同开展生态环境治理，才能够实现生态环境治理的最终目标。

二、缺乏区域性生态环境补偿机制

自 2011 年开始,我国环保部和财政部联合组织,启动了全国首个跨越省级流域的生态补偿机制的试点,即新安江区域。生态补偿机制是指运用行政或者市场的手段,防止生态环境被破坏,促进人与自然和谐相处,综合调整和平衡生态保护与经济建设各方的利益关系,是一项惩罚与激励同在的生态经济政策。国家每年的既定计划是对新安江区域补偿 5 亿元资金,经过 5 年的生态补偿治理,整个新安江区域的环境得到了明显的改善,尤其是水域质量有了显著的提升,这也标志着生态补偿机制试点取得了阶段性的成功,为以后的环境治理提供了很多思路和解决方向。与此同时应该看到,区域性生态补偿机制仍然需要完善和改进,无论是从法律法规角度,还是生态补偿机制的后续管理和维护方面。例如目前的法律(《中华人民共和国环境保护法》)中有原则性的规定是针对污染者的治理和相关赔偿方面,但是,缺少对如生态补偿机制等具体实施活动的基本制度保障。

虽然在一些区域政府出台的文件当中可见关于生态补偿机制的一些具体的实施方案和制度保障,但目前只是某些个别区域的试点在开展,京津冀区域的践行度比较低。由于京津冀地区跨区域的生态补偿机制的具体实施方案和制度保障的欠缺,导致了相关受损者的实际性损失无法得到有效的补偿。正因为京津冀三地的经济发展水平和社会进步程度差别很大,增加了经济协调发展的成本,生态资源分布的不均,使得河北省生态环境治理的补偿成本大大增加。这些在环境治理方面的问题,阻碍了京津冀地区生态环境治理的协调推进,从而导致了生态环境治理上的虹吸效应。

相关部门应抓紧完善关于区域性生态环境补偿的综合性法律法规,各地区政府应结合具体情况出台更详细且落地性强的生态环境治理制度,从而发挥生态补偿机制在京津冀地区生态环境治理中的重要作用。

三、缺乏合理的产业结构部署

产业结构指国民经济各个产业部门之间包括各产业部门的内部构成比例。京津冀地区产业结构差异明显。北京产业高端化趋势明显,第三产业主导地位十分明显。2018 年末,北京第二、三产业法人单位分别为 6.1 万家和 92.8 万家,其中第三产业占比达到 93.9%,比京津冀区域平均水平高 11.8 个百分点。高技术服务业和文化产业集聚程度日益增强。2018 年末,在北京第二、三产业法人单位中,科学研究和技术服务业占比重为 15.6%,信息传输软件和信息技术服务业占比重为7.8%、文化体育和娱乐业占比重为5.5%。

近年来天津地区第三产业增幅较大，截止到2018年末，天津第三产业法人单位占天津第二、三产业法人单位比重为80.0%，数量达到23.3万家。同时高技术服务业增长快速、金融和交通运输行业比较优势明显。天津作为金融创新运营示范区和航运核心区的核心功能日益明显。

河北省第二产业优势明显，先进制造业迅猛发展，第二产业优势明显。2018年末，河北第二产业法人单位占第二、三产业法人单位比重为27.4%，达到31.6万家，比京津冀地区平均水平高9.5个百分点。高技术制造业占京津冀区域高技术制造业法人单位总量的52.7%，其中电气机械和器材制造业中高技术制造业占京津冀区域的64.1%，化学原料和化学制品制造业占65.0%。此外，采矿业和传统制造业，集聚程度相对较高。

由此可见，河北省应努力调整产业结构，推进产业绿色发展和京津冀协同战略，有效促进融合发展，充分利用北京和天津对河北地区的溢出效应，深化体制机制改革，推进京津冀在能源、数据、人才、资金方面的资源共享，推进市场发展一体化。在基础设施建设、公共服务配套、生态环境治理等方面与北京和天津展开全方位合作。同时大力发展绿色节能环保产业，严格执行环境准入负面清单，加快发展合同能源管理、环境污染第三方治理和社会化监测等新业态。

第四节 雄安新区生态环境治理现状及问题分析

国务院2018年正式批复的《河北雄安新区总体规划（2018—2035年）》明确提出，将"淀水林田草"作为一个生命共同体，形成"一淀、三带、九片、多廊"的生态空间结构。

为贯彻党的十九大精神，落实党中央、国务院关于设立雄安新区的重大决策部署，深入推进实施京津冀协同发展战略，全力支持雄安新区生态环境保护工作，成立支持雄安新区生态环境保护工作领导小组和工作专班。

雄安新区生态环境保护工作领导小组在雄安新区生态环境保护的政策措施的制定与落实、项目资金管理与安排以及执法监督和检查方面发挥引导作用，努力推进生态环境保护工作在雄安新区稳步进行，同时，对于雄安新区在生态环境保护工作中出现的关键问题及时高效进行指导和解决。

一、雄安新区生态环境发展的现状

在雄安新区生态环境中,比较突出的问题是水环境。白洋淀作为雄安新区水环境的主要组成部分,是雄安新区蓝绿空间的主体,同时也是京津冀地区最大的湿地生态系统。成立新区之前,白洋淀曾因为不合理的利用和开发产生了水位下降、水体污染、泥沙淤积等严重的问题,这些生态环境问题是雄安新区整个生态环境系统中亟待解决的关键内容。经过近几年的修复,白洋淀淀区水质明显好转。2018年河北省对白洋淀进行了监测,数据显示,与2017年相比水质改善效果明显,白洋淀淀区主要污染物氨氮浓度同比下降45.45%,总磷浓度同比下降35.16%,白洋淀淀区水质整体污染程度为轻度污染,轻度富程度为轻度富营养。

雄安新区的空气质量是生态环境的关键指标。按照"山水林田湖草是生命共同体"的理念,雄安新区应坚持生态优先,绿色发展,这个要在"一张白纸"上建成的千年大计项目,空气质量首先要有保障。在此理念的指引下,雄安新区统筹设计了生态保护修复项目,启动了生态基础设施建设的"千年秀林"工程和环境整治的白洋淀治理工程。经过近几年的治理,2018年的数据显示,雄安新区的空气质量有所提高,相比于2017年的水平,综合指数下降了7.42%,2018年的综合指数为6.86。其中关键衡量指标PM2.5的浓度比2017年下降5.97%。

雄安新区定位是建设成为绿色生态宜居的新城区,因此生态环境的优良与否是雄安新区高质量发展的前提。也可以说雄安新区建设能否取得成功的关键性要素是雄安新区的生态修复和环境治理工程是否顺利完成。为了保障雄安新区可持续发展,努力保护与修复雄安新区的山水林田湖草环境显得尤为重要,能够为构建蓝绿交织、水城共融、清新明亮的生态城市形象做好铺垫。

二、雄安新区生态环境的发展策略

"绿色生态宜居新城区"是雄安新区建设中对生态环境的定位,在新区的管理运营以及规划建设环节中,要求落实环境保护和生态建设的宗旨,为建设成为生态文明的示范城而努力。同时,雄安新区的建设过程中应始终秉持顺应并尊重自然的理念,高标准设计、严要求落实,从而保证雄安新区天蓝、地绿、水秀的美丽底色。

(一)要树立一盘棋思想

既要将雄安新区的生态保护修复纳入白洋淀流域环境治理和保护中,又要统筹京津冀区域生态安全和可持续发展。雄安新区与周边区域地缘一衣带水，关系密不可分。比如，白洋淀的入淀河流多数流经保定，保定的河湖状况将直接影响白洋淀的水量及水质。考虑到白洋淀水质问题等，就需要跳出白洋淀和雄安新区的视野，统筹白洋淀及上下游协同保护和生态整体修复，坚持外源与内源污染同治。

（二）要充分考虑城市未来发展空间布局

雄安新区未来将形成"北城、中苑、南淀"的空间布局，生态保护修复应根据不同的区域功能定位及主要生态问题，各有侧重地采取不同的保护修复措施。比如，北部当前面临绿地资源总量不足、区域森林破碎化程度高的问题，需要重点开展扩林增绿行动，优化和重建绿色生态空间格局；南部淀区则主要围绕"丰水、净水、活水"开展调田减污、控污治河、治淀保水、生境修复等。

（三）要坚持科学治理，因地制宜进行保护和修复

一方面，要研究制定山水林田湖草生命共同体整体保护、系统修复、综合整治技术标准，规范实际工作；另一方面，要科学地推进治理修复，不能简单套用其他区域的治理标准。

三、雄安新区生态环境发展出现的问题

一是对生命共同体理念认识不深、不到位。有的试点地区对"山水林田湖草生命共同体"理念的"尊重自然、顺应自然、保护自然""整体保护、系统修复、综合治理"核心要义理解不深，存在重修复、轻保护现象，过于强调人为干预措施，生态化理念和措施落实不到位。二是资金分配不合理。有的试点地区不是按照需求去分配国家扶持资金，而是从地方平衡角度出发去分配项目资金，撒胡椒面式的方式导致工程难以起到应有效果。三是制度建设不完善。有的地区对试点工程监管不到位，存在管理粗放、施工野蛮等现象。有的地区采用政府与社会资本合作的模式，形式很好，但具体工作机制和制度有待完善。四是体制机制创新不够。区域之间、部门之间联防联控和协同共建机制有待加强，归属清晰、权责明确、监管有效的自然资源资产产权和用途管制制度、资源环境承载能力监测预警和生态补偿机制等需进一步健全。五是需要增强科技支撑能力。有的试点工程理念方法落后，针对性不强，存在"伪保护、真破坏"现象。比如，有的河道整治项目的硬化、渠化现象突出，不但起不到保护生态的作用，反而易造成河道和岸线生态功能的下降。六是需要统筹兼顾区域重点工作。有的试点地区未统筹考虑保护修复与产业发展、脱贫攻坚战

略、乡村振兴战略等重点工作。雄安新区在开展生态保护修复的同时需要在探索生态美、百姓富的绿色发展模式方面加强谋划。

四、促进雄安新区生态环境发展的对策措施

促进雄安新区生态环境发展的对策措施主要从以下五方面展开。

（一）建立工程绩效考核制度

成立考核工作组，建立可监测、可统计的绩效评估指标体系，定期对工程推进及成效进行考核，明确评定结果档次，并向社会公开发布。考核评价结果与后续项目和资金安排挂钩。要强调的是，除了3年试点期结束的评估考核之外，每年的实施效果怎么样也应进行考核。通过建立科学、合理的考核机制，充分保障工程实施达到预期效果。

（二）建立白洋淀流域生态环境协作联动机制

通过建立白洋淀及上下游跨界的地表水、地下水等水资源、水环境预警协调联动机制，整合流域管理职能，实现流域开发与保护的统一规划、统一监测和统一管理。完善流域协作机制，建立跨部门、区域、流域水环境保护议事协调机制。

（三）完善白洋淀流域生态保护补偿机制

完善生态保护补偿机制，尤其是白洋淀流域，要进行生态环境损害评估，根据评估结果，实行差异化的补偿措施，根据当地居民生活水平等，制定综合生态补偿标准。

（四）完善资金多元化筹措机制

雄安新区山水林田湖草生态保护与修复工程应以政府财政投入和市场融资为主要投入方式，广泛吸收社会资金，通过积极构建绿色金融体系、扶持PPP项目融资、设立生态环境保护基金等手段，形成以政府财政投入为主体，社会筹措资金参与的多渠道、多层次、多元化的投资机制。

（五）建立生命共同体单元管理机制

评估明确雄安新区的山水林田湖草生命共同体等级体系，明确不同类型、等级山水林田湖草生命共同体单元的环境容量、承载力以及主要功能等管理目标。将总量管理、空间管理、功能目标管理的要求，分解落实到不同类型、等级山水林田湖草生命共同体单元。整合源头防控、过程控制、损害赔偿、责任追究等机制，整体管控自然资源开发及其产生的环境效应，形成完善的自然资源开发生命周期的一体化管控体系。

第四章 河北省环境治理审计绩效评价

目前国内外尚未建立统一且完善的关于环境治理审计绩效评价标准体系。已有的研究大多是针对具体环境治理项目的运营绩效或者单个环境治理项目建设和效果进行的评价，但是由于项目的不可复制性使得结论不可推广，实用性和客观性欠缺。本书从风险角度出发，以全面环境治理为目标，通过构建一套具有整体性、全面性和实用性的环境综合治理审计绩效评价指标体系，从而促进自然资源环境的保护，加快环境治理。

第一节 环境治理审计绩效评价体系的必要性

现有的关于环境治理审计绩效评价标准体系，大多是针对具体环境治理项目的运营绩效或者单个环境治理项目建设和效果进行的评价，比如采用的方法多有3S标准、平衡记分卡、逻辑框架法等，结合项目本身特点构建相应的环境绩效审计评价指标体系，但是由于项目的不可复制性使得结论不可推广，实用性和客观性欠缺。

以环境治理中的污水处理为例，一个流域环境状况受地区的经济发展、企业规模、人口规模和产业结构等因素的综合影响。针对污水的处理，不同污水处理厂的污水处理量、污水处理工艺和流程、设计规模、处理后水质标准、配套管网的建设等方面都各不相同，所以相互之间横向的可比性较差。而一个流域环境中水质的变化也能够综合反映不同社会主体如社会公众、各个企业以及地方政府对生态环境保护和治理的态度、有无采取恰当且针对性强的有力措施和最终实际完成的情况和达成的效果，因此构建流域水环境综合治理绩效评价指标体系，评价环境综合治理绩效具有现实意义。

本书不仅仅关注水环境治理，更是从全面环境治理出发，通过构建一套具有整体性、全面性和实用性的环境综合治理审计绩效评价指标体系，获取一定时期河北省资源利用和环境保护方面的数据，分析环境治理存在的具体问题，提出改进和完善河北省环境综合治理的对策建议。另外，设立一套科学全面的绩效评价指标体系，计算环境综合治理绩效水平，避免个别零星与支离破碎评价的局限，有利于动态考核当地政府环境治理履职绩效，促进生态环境持续改善。该评价指标还可为全国类似的生态环境综合治理审计绩效评价提供科学方法和科学工具。环境治理绩效审计的开展，对加快环境治理，促进自然资源与环境资源的保护具有重大意义。

第二节　环境治理审计绩效评价指标体系建设的原则

《中央部门预算支出绩效考评管理办法（试行）》中提出了绩效考评指标设置的一般性原则包括相关性、可比性、重要性和经济性四个方面。本书认为，除此以外，还应结合环境治理绩效审计的具体治理特点，围绕政府环境治理审计绩效评价的目标和内容要求进行确定。本书认为环境审计绩效评价指标体系的建设应符合以下四个原则。

一、科学性

环境治理审计绩效评价指标的选取应该注重科学性，即指标的选取应遵循生态环境发展的规律，符合我国社会发展、经济发展的特点，同时考虑生态环境发展演变的特性。结合生态资源的承载能力，通过进行定性和定量的调查研究，充分借鉴我国生态环境部的指导性文件，研究并确定各项指标，从而保障环境审计绩效指标体系能够真实、客观地反映我国环境保护和资源开发利用的现状。

二、系统性

环境治理审计绩效评价指标的系统性，是指评价指标之间具有一定的逻辑关系，形成一个不可分割的体系，从而能够确保评价结果的客观公允性。环境治理审计绩效评价指标应尽量保证覆盖到环境治理和资源利用的方方面面，环境治理审计绩效评价指标体系不仅应从政策的制定与落实等宏观层面来定性地反映总体情况，还应该利用资源的开发利用和环境污染治理的统计数据进行定量的分析。具体说到环境污染治理又应该从污染的不同方面分别获取数据进行评价，从而符合系统性原则。

三、简明性

我国环境资源绩效审计开展的时间尚不太长,其指标体系的设置不宜过度细碎和繁杂。应选择典型且具有较强代表性的指标,同时切忌指标过多。各指标所覆盖的内容要做到相互独立、避免重叠,同时防止出现重要指标的遗漏。这样的评价方法简明易懂,相关数据也易于获取。

四、动态性

自然资源和环境质量受到自然因素和社会经济发展因素的综合影响,使得资源的数量和环境的质量呈现动态的发展与变化状态,并不是一成不变的。所以在指标设置上应采用因时制宜、因地制宜的动态灵活模式。在指标选取及权重设计上,坚持以当地实际情况为出发点,结合环境保护和资源管理的具体特点确定指标。在评价结果时,不仅要对生态环境的现状进行评价,同时还需要考虑生态环境质量的发展演变趋势。

第三节 以风险为导向的环境治理审计绩效评价指标体系的思路和步骤

风险导向的审计模式应用在财务审计中,是以战略观和系统观思想指导重大错报风险评估和整个审计流程,通过重要性的确定,将风险锁定在财务报表中容易发生错报的地方,通过控制测试和实质性程序将审计风险加以控制,最终将风险降低到能够承受的范围。其核心思想可以概括为:审计风险主要来源于企业财务报告的重大错报风险,而错报风险主要来源于整个企业的经营风险和舞弊风险。在环境治理审计绩效评价中,采用风险导向审计的理念,则需要通过评价指标的选取,选择对绩效评价有重要影响的指标,对其进行评价,将环境治理审计绩效风险降低到可接受的范围,也就是使得环境治理审计绩效评价的结果更加准确与恰当,故在对其进行绩效评价时采用风险导向模式。

以风险为导向的环境治理审计绩效评价指标体系应该由许多评价环境治理绩效的指标组成,这些指标之间具有一定的关联性,同时各个指标又相互制约,构成一个复杂的组合体。环境治理绩效审计具体可以从以下几个方面进行:第一,对环境治理政策制度进行绩效审计,判断环境治理的依据是否全面、科学、合理,确保环境治理有据可依;第二,检查环境治理资金是否用于治理项目，是否能有效地解决当前所面临的问题；第三，查看环境治理项目的运行情况，督促相关政府部门履行自己的职责。通过绩效审计发挥审计的建设性作用，促进政策制度的完善，提高资金的使用效益，最终恰当地评价环境治理活动。这是环境治理审计绩效评价发展的内在需求，在此基础上建立审计评价指标体系，应注重审计内容和评价范围的明确划分，进而才能全方位地设计评价指标；综合反映出审计绩效评价结果。

一套统一、完整的环境治理绩效审计评价指标体系应由综合性的评价指标和根据不同种类的被审计对象而设置的具体指标组成。环境治理审计绩效评价指标体系应包含传统财政收支审计和绩效审计所共有的评价内容。在针对审计结果进行评价分析时，一方面，应包含定性和定量两个方面的分析，也就是说既包含定量的指标计算，又包括定性的评价考量；另一方面是要综合考虑经济效益、环境效益和社会效益三个方面的评价，以便做出效益最大化的决策。另外，既要考虑眼前效益，也应衡量长远效益，避免因蝇头小利而放弃长远发展。这一体系应具备综合性、成长性以及客观公正性等特点，结合实际情况，从多个方面、不同层次、全方位地对环境整治进程及效率进行综合评价，最终能够真实客观地进行审计评价。

结合我国环境治理审计绩效的特点，围绕环境治理审计绩效评价的目的，综合探究如何构建环境治理审计绩效评价指标体系。具体构建环境治理审计绩效评价指标体系的步骤为：（1）首先在环境治理的风险导向下，认识到环境治理过程中审计分析的主要风险，明确审计评价包含的基本内容和要素，确定第一层次指标。（2）根据第一层次指标所确定的要素设置第二层次量化指标。（3）明确二级量化指标的计算方法和数据来源，最终形成一套完整的审计综合评价指标体系。

第四节　以风险为导向的环境治理审计绩效评价指标体系建设的内容

在风险导向模式下，环境治理审计绩效评价指标体系建设内容的确定，首先是建立在环境治理审计绩效评价风险因素识别基础之上的。本文通过对环境审计实务工作者的访谈，结合河北省环境治理审计的情况，并严格依据国家环境保护法律法规的要求，总结出了环境治理审计绩效的风险主要体现在"政策、资金、污染物控制、污染治理工程、污染治理效益"五大方面，以这五方面风险为导向构建了环境综合治理审计绩效评价指标体系，即环境政策制定和落实风险、环境资金管理使用风险、污染物控制风险、污染治理工程风险和污染治理效益风险。以下具体分析这五方面风险以及风险导向下环境治理审计绩效评价指标体系建设的具体内容。

一、环境政策制定和落实的风险

关于生态环境、资源利用、污染治理方面相关政策的制定和落实是政府部门重视生态环境的一个重要体现，是指导性的纲领文件，相关制度的完善对促进环境改善有着举足轻重的意义。如果相关部门或单位不重视环境政策的制定和落实，那会使得环境保护政策引导缺失、环境保护的依据匮乏，具体企业和项目运营管理的过程中在环境保护方面无从下手，最终会导致该方面引发的环境治理不当的风险。

在此风险的导向下，一方面应该全面搜集中央、河北省及下属市出台的关于资源保护、环境治理和生态的建设相关部署和政策规定，审查地方政府是否认真贯彻落实，是否完成资源环境考核任务目标；另一方面审查为保证地区自然资源管理和生态环境保护相关措施有序推进而建立的相关制度、管理办法或规定的情况。重点审查是否建立有效的污染治理制度体系，并出台与资源保护相关的管理办法或规定。同时，审查地方政府是否按照以上相关法律法规和制度管理办法，结合当地实际情况，完成区域总体规划、功能区定位规划、水资源开发利用规划、环境保护和修复规划的编制；并重点关注是否编制规划，以及是否按规划进度组织实施，是否将规划目标和任务层层分解，推进落实。

二、环境资金管理使用的风险

环境资金审计涉及土地、环保、水利、农业等多项专项资金筹集、分配、拨付、管理和使用的绩效性，通过实施环境审计揭示存在的挤占、挪用、损失浪费等问题，分析应承担责任的单位和个人，促进资金规范管理和高效使用。重点关注与资源环境保护相关的资金是否在年度预算中予以保证，相关部门的运行经费是否得到预算保障，是否细化资源开发利用和环境保护投入资金并保证其使用效益，环境保护专项资金、排污费、污物处理费征收、管理和使用情况是否存在投入不足、使用不当、少征、缓征等问题。

三、环境污染物控制方面的风险

对环境污染物的控制的前提是对污染物进行分类。本书将环境污染物分为四类，分别是水污染物、大气污染物、噪声污染物和核辐射污染物。本书重点关注这些污染物的排放和污染物的控制情况。

四、污染治理工程风险

不管是政府引导执行的污染治理工程，还是企业自发开展的污染治理工程，这些项目的落实情况、完工率，以及已完工项目运营情况都会引发相应的风险。本书重点关注这些污染治理工程的完工、运营等具体情况。

五、污染治理效益风险

污染治理效益是污染治理的最终结果，如果相关环境污染治理资金和项目的运营管理最终未能实现环境治理的效果，就会引发相应的风险。本书重点关注污染治理资金和项目所实现的治理效益，以及社会公众对环境污染治理的满意程度。

第五节 环境治理审计绩效评价指标体系的构建

本书以全面环境治理为目标，通过构建一套具有整体性、全面性和实用性的环境综合治理审计绩效评价指标体系，从而促进自然资源环境的保护，加快环境治理。依据前文风险导向的内容，环境污染治理的绩效审计风险主要体现在"政策、资金、污染物控制、污染治理工程和污染治理效益"五大方面，一级指标分别从污染治理的不同方面进行设置，分为水污染、大气污染、噪声污染和核污染四方面。水污染治理审计绩效指标中的一级指标和具体的二级指标，如表4-1所示。

水污染治理以风险为导向构建了水污染治理审计绩效评价指标的五个方面，即水污染治理政策执行情况、水污染治理资金管理情况、水污染物总量控制情况、水污染治理工程完善程度和水污染治理效益实现程度。以下分别进行说明。

第一，水污染治理政策执行情况通过四个指标来反映，分别是法规及制度执行率、新建设项目环评率、废水排放许可证发放率和水生态功能区划分情况。这些二级指标能够综合反映：政府部门是否制定有关水污染治理的法律文件，并评价这些法规和制度的执行情况；企业经营过程中有无涉及水污染方面的项目，该项目是否进行了环境测评；政府部门对于会产生水污染的企业的管理情况，是否合理地发放了排污许可证；还有对于本区域水生态功能区划分情况。

第二，环境治理资金的管理是环境治理审计绩效的重要内容，水污染治理资金管理情况主要用水污染治理的资金筹集合规率、资金拨付率、资金利用率和预算支出完成率这四个指标进行衡量。

第三，水污染物总量控制情况主要用污水的排放和处理两个方面获取数据进行评价。一方面是工业废水排放达标率和COD等重要污染物排放达标率。另一方面是污水处理比率，分别从农村和城市两个角度进行评价。

第四，水污染治理工程完善程度主要从污水处理项目完工率和已完工项目达标率两个二级指标进行评价。

第五，水污染治理效益实现程度，是水污染治理总目标的实现程度，主要从现实水环境的改善结果和评价情况出发，设置万元GDP减排程度、水功能区水质达标率和社会公众满意程度三个指标。

表 4-1 水污染治理审计绩效指标

一级指标	二级指标
水污染治理政策执行情况	法规及制度执行率 新建设项目环评率 废水排放许可证发放率 水生态功能区划分情况
水污染治理资金管理情况	资金筹集合规率 资金拨付率 资金利用率 预算支出完成率
水污染物总量控制情况	工业废水排放达标率 COD等重要污染物排放达标率 农村生活污水处理率 城市污水集中处理率
水污染治理工程完善程度	污水处理项目完工率 已完工项目达标率
水污染治理效益实现程度	万元GDP减排程度 水功能区水质达标率 社会公众满意程度

水污染治理审计绩效指标按照一级指标分别展开说明其计算方法，其中水污染治理政策执行情况下属的四个二级指标的计算方法如表4-2所示。

法规及制度执行率是指水污染治理法规及政策规章的实际执行数量占水污染治理法规及政策规章的应当落实数量的比例。

新建设项目环评率是指与水环境相关的新建设项目进行了环境影响评价的数量占新建设项目的比例。新建设项目依据相应的环境影响评价制度进行评价，体现了对新建设项目在水环境影响方面的把关，这个制度是对水环境污染严重的企业能否开展建设运营的依据，能够引导企业坚持绿色发展方向，并促进企业对投产运营的项目积极采取环保措施。

废水排放许可证发放率是指政府部门发放废水排放许可证数量占征收排污费企业数的比例。

水生态功能区划分情况执行符合率是指水生态功能区划分实际采取数量占水生态功能区划分应当采取数量的比率。

表4-2　水污染治理政策执行情况指标的计算方法

指标	计算方法
法规及制度执行率	法规及制度执行率=（水污染治理法规及政策规章的实际执行数量/水污染治理法规政策规章的应当落实数量）×100%
新建设项目环评率	新建设项目环评率=（新建设项目环评数/新建项目数）×100%
废水排放许可证发放率	废水排放许可证发放率=（废水排放许可证累计发放数/征收排污费企业数）×100%
水生态功能区划分情况执行符合率	水生态功能区划分情况执行符合率=（水生态功能区划分实际采取数量/水生态功能区划分应当采取数量）×100%

水污染治理资金管理情况下属的四个二级指标的计算方法如表4-3所示。水污染治理资金管理情况的指标主要从资金的筹集、分配、利用和完成效果（用检查有无挪用替代）四个方面展开。首先，资金的筹集方面需要分析资金筹集合规率，即资金实际筹集数占到资金应筹集数的比例。其次，拨付的水污染治理资金占项目计划投入财政资金的比重，反应资金是否及时到账。再次，关注资金的利用情况，主要体现在规划期内水污染治理资金的使用量占规划期内资金筹集量的比率。最后，是资金的管理效果方面，水污染治理资金是否"专款专用"，是否存在被挪用的现象。水污染治理资金挪用率=（某时期水污染治理资金挪用平均额/水污染治理资金配置额）×100%

表4-3　水污染治理资金管理情况指标的计算方法

指标	计算方法
资金筹集合规率	资金筹集合规率=（资金实际筹集数/资金应筹集数）×100%

续表 4-3

指标	计算方法
资金拨付率	资金拨付率＝（拨付的水污染治理资金/项目计划投入财政资金）×100％
资金利用率	资金利用率＝（规划期内资金使用量/规划期内资金筹集量）×100％
水污染治理资金挪用率	资金挪用率＝（某时期水污染治理资金挪用平均额/水污染治理资金配置额）×100％

水污染物总量控制情况下属的四个二级指标的计算方法如表 4-4 所示。一是工业废水排放达标率，是指工业废水排放达标量占工业废水排放量的比率。二是 COD 等重要污染物排放达标率，是指 COD 等重要污染物排放达标量占 COD 等重要污染物排放量的比率。三是农村生活污水处理率，指农村清洁工程项目村示范农户生活污水处理量占农村清洁工程项目村示范农户生活污水排放量的比率。四是城市污水集中处理率，指城市市区经过城市污水处理厂处理达标的污水量占城市污水排放总量的比率。

表 4-4 水污染物总量控制情况指标的计算方法

指标	计算方法
工业废水排放达标率	工业废水排放达标率＝（工业废水排放达标量/工业废水排放量）×100％
COD 等重要污染物排放达标率	COD 等重要污染物排放达标率＝（COD 等重要污染物排放达标量/COD 等重要污染物排放量）×100％
农村生活污水处理率	农村生活污水处理率＝（农村清洁工程项目村示范农户生活污水处理量/农村清洁工程项目村示范农户生活污水排放量）×100％
城市污水集中处理率	城市污水集中处理率＝（城市市区经过城市污水处理厂处理且达标的污水量/城市污水排放总量）×100％

水污染治理工程完善程度下属的两个二级指标的计算方法，如下表 4-5 所示。一是污水处理项目完工率，是指规划期内实际完工程度占规划期内需要完工程度的比率。二是已完工项目达标率，指完工运行项目占实际完成项目的比率。

表 4—5 水污染治理工程完善程度指标的计算方法

指标	计算方法
污水处理项目完工率	污水处理项目完工率＝（规划期内实际完工程度/规划期内需要完工程度）×100％
已完工项目达标率	已完工项目达标率＝（完工运行项目/实际完成项目）×100％

水污染治理效益实现程度下属的三个二级指标的计算方法如表 4—6 所示。一是万元 GDP 减排程度，指本年万元 GDP 的污染物减排额占上一年万元 GDP 的污染物实际排放额的比重。二是水功能区水质达标率，指达标水功能区占检测水功能区的比率。三是社会公众满意度，是通过问卷调查得到相关的数据，其中 n 为参与评价的总人数，S_i 为第 i 个的评价分数。

表 4—6 水污染治理效益实现程度指标的计算方法

指标	计算方法
万元 GDP 减排程度	万元 GDP 减排程度＝（本年万元 GDP 的污染物减排额/上一年万元 GDP 的污染物实际排放额）×100％
水功能区水质达标率	水功能区水质达标率＝（达标水功能区/检测水功能区）×100％
社会公众满意程度	公众满意度＝$\frac{1}{n}\sum_{i=1}^{n}S_i$（其中 n 为参与评价的总人数，S_i 为第 i 个的评价分数）

针对大气污染治理的环境绩效审计的风险同样主要体现在"政策、资金、污染物控制、污染治理工程、污染治理效益"五大方面，以这五方面风险为导向构建了大气污染治理审计绩效评价指标体系，即大气污染治理政策执行情况、大气污染治理资金管理情况、大气污染物总量控制情况、大气污染治理工程完善程度和大气污染治理效益实现程度。

大气污染治理政策执行情况通过三个指标来反映，分别是法规及制度执行率、新建设项目环评率和排污许可证发放率。三个指标能够综合反映政府部门是否制定有关大气污染治理的法律文件，企业的内部控制制度是否健全，经营过程中有无涉及大气污染方面的内容。

大气污染治理资金管理情况主要用大气污染治理资金预算占污染防治总投资的比重、大气污染治理资金到位率、大气污染治理资金单独核算率和大气污染治理资金挪用率这四个指标进行衡量。

大气污染物总量控制情况下属的六个二级指标分别是颗粒物浓度、SO_2平均浓度、CO_2平均浓度、NO_2平均浓度、CO 平均浓度和 O_{3-8H}平均浓度。

大气污染治理工程完善程度主要用大气污染治理项目完工率和大气污染治理项目达标率两个指标进行评价。

大气污染治理效益实现程度,是指大气污染治理的总目标的实现程度,主要从现实大气环境的改善结果和评价出发,设置环境空气质量优良度和社会公众对空气的满意程度两个指标。

大气污染治理绩效审计指标中的一级指标和具体的二级指标如表 4-7 所示。

表 4-7 大气污染治理绩效审计指标

一级指标	二级指标
大气污染治理政策执行情况	法规及制度执行率 新建设项目环评率 排污许可证发放率
大气污染治理资金管理情况	大气污染治理资金预算占污染防治总投资的比重 大气污染治理资金到位率 大气污染治理资金单独核算率 大气污染治理资金挪用率
大气污染物总量控制情况	颗粒物浓度 SO_2平均浓度 CO_2平均浓度 NO_2平均浓度 CO 平均浓度 O_{3-8H}平均浓度
大气污染治理工程完善程度	大气污染治理项目完工率 大气污染治理项目达标率
大气污染治理效益实现程度	环境空气质量优良度 社会公众对空气质量的满意程度

大气污染治理政策执行情况下属的三个二级指标的计算方法如表 4-8 所示。

法规及制度执行率是指大气污染治理法规政策规章的实际执行数量占大气污染治理法规政策规章的应当落实数量的比例。

新建设项目环评率是指与大气环境相关的新建设项目进行了环境影响评价的数量占新建设项目的比例。新建设项目依据相应的环境影响评价制度进行评价,体现了对新建设项目在空气质量影响方面的把关,这个制度是评价空气质量污染严重的企业能否开展建设运营的依据,能够引导企业坚持绿色发展方向,并促进企业对投产运营的项目积极采取环保措施。

排污许可证发放率是指政府部门发放废气排放许可证占征收排污费企业数的比例。

表4-8 大气污染治理政策执行情况指标的计算方法

指标	计算方法
法规及制度执行率	法规及制度执行率=(大气污染治理法规政策规章的实际执行数量/大气污染治理法规政策规章的应当落实数量)×100%
新建设项目环评率	新建设项目环评率=(新建设项目环评数/新建项目数)×100%
排污许可证发放率	废气排放许可证发放率=(废气排放许可证累计发放数/征收排污费企业数)×100%

大气污染治理资金管理情况的指标主要从资金的筹集、分配和使用三个方面展开。首先,资金的筹集方面需要分析大气污染治理资金的预算占污染防治总投资的比重,资金是否及时到账等。其次,关注资金的分配情况,主要体现在大气污染治理资金是否进行了单独核算。最后,是资金的使用方面,有无出现大气污染治理资金被的挪用的现象,是否做到了"专款专用"。大气污染治理资金管理情况下属的四个二级指标的具体计算方法如表4-9所示。

表4-9 大气污染治理资金管理情况指标的计算方法

指标	计算方法
大气污染治理资金预算占污染防治总投资的比重	(大气污染治理资金预算额/污染防治总投资额)×100%
大气污染治理资金到位率	(大气污染治理资金实际到位额/大气污染治理资金预算额)×100%
大气污染治理资金单独核算率	(能够实现大气污染治理资金单独核算的项目/污染防治资金支持的所有项目)×100%
大气污染治理资金挪用率	(某时期大气污染治理资金挪用平均额/大气污染治理资金配置额)×100%

大气污染物总量控制情况中颗粒物浓度主要是是指PM10和PM2.5,按照《中华人民共和国国家标准GB3095—2012》中所描述书,颗粒物浓度中的PM10也称为可吸入颗粒,指粒径在10微米以下的颗粒。PM2.5也称细颗粒物,指粒径在2.5微米以下的颗粒。PM10和PM2.5的数值越大,表明这些

颗粒物在空中中的浓度越高,也就说明大气的污染越严重。

SO_2平均浓度是指空气中二氧化硫浓度的平均值,二氧化硫是导致酸雨的主要原因,而产生二氧化硫的主要原因是石化燃料的燃烧。因此,SO_2作为主要的大气污染物之一,在本书中将SO_2的平均浓度包括在内,可以衡量该地区大气的酸度。

CO_2平均浓度是指空气中二氧化碳浓度的平均值,二氧化碳是导致"温室效应"的主要原因,石化燃料在燃烧的过程中会产生大量的二氧化碳,其通过截留地面对太阳光的反射,使地球表面的温度变高。因此,CO_2作为主要的大气污染物之一,在本书中将CO_2的平均浓度包括在内,可以衡量该地区导致"温室效应"的程度。

NO_2平均浓度是指空气中二氧化氮浓度的平均值,二氧化氮是导致光化学污染的主要气体,同时也会导致温室效应。因此,NO_2作为主要的大气污染物之一,在本书中将NO_2的平均浓度包括在内,可以衡量该地区导致光化学污染的程度。

中国生态环境部会定期公布我国各地区大气污染物总量所包含的各二级指标的具体情况,因此数据来源如表4-10所示。

表4-10 大气污染物总量控制情况指标的数据来源

指标	数据来源
颗粒物浓度	中国生态环境部
SO_2平均浓度	中国生态环境部
CO_2平均浓度	中国生态环境部
NO_2平均浓度	中国生态环境部
CO平均浓度	中国生态环境部
O_{3-8H}年平均浓度	中国生态环境部

大气污染治理工程的建设问题能真实反映大气污染治理的进程,指标包括大气污染治理项目完工率和大气污染治理项目达标率。大气污染治理项目完工率是指大气污染治理规划期内实际完工的项目数量占规划期内需要完工的项目数量的比例。大气污染治理项目达标率是指大气污染治理工程中已达标项目占所有已完工的大气污染治理工程的比例,计算前提是已完工的项目才可以评价其是否达标。表4-11具体列示了大气污染治理工程完善程度情况下属的两个指标的计算方法。

表 4-11　大气污染物总量控制情况指标的计算方法

指标	计算方法
大气污染治理项目完工率	大气污染治理项目完工率=（规划期内实际完工的项目数量/规划期内需要完工的项目数量）×100%
大气污染治理项目达标率	大气污染治理工程达标程度=（大气污染治理工程已达标项目/所有完工项目）×100%

大气污染治理效益实现程度情况下属的两个二级指标的计算方法如表 4-12 所示。

环境空气质量优良度是大气污染治理效益最直接的体现，它反映了政府和企业贯彻大气环境保护和治理政策、采取相关防治措施、投入大气污染治理资金和大气污染治理项目建设工程的最终效果。《环境空气质量指数（AQI）技术规定（试行）（HJ 633—2012）》中指出环境空气质量优良度是综合反映颗粒物、SO_2、CO_2、NO_2、CO 和 O_{3-8H} 这六种大气污染物对大气污染程度。空气质量指数分为：一级优，二级良，三级轻度污染，四级中度污染，五极重度污染和六级严重污染。全年中出现一级优或二级良的空气质量指数天数的比重就是空气质量优良度。

社会公众对空气质量的满意度是大气污染治理的最终目标，该定量指标要通过发放调查问卷来获取数据，具体计算如表 4-12 中的公式所示。

表 4-12　大气污染治理效益实现程度指标的计算方法

指标	计算方法
环境空气质量优良度	环境空气质量优良度=（出现一级或二级的天数/365 天）×100%。空气质量指数分为六级：一级优，二级良，三级轻度污染，四级中度污染，五极重度污染，六级严重污染
社会公众对空气质量的满意程度	公众满意度=$\frac{1}{n}\sum_{i=1}^{n}S_i$（其中 n 为参与评价的总人数，S_i 为第 i 个的评价分数）

针对噪声污染方面，本文主要从污染物控制和污染治理效益两大方面进行分析，以这两方面风险为导向构建了噪声污染综合治理审计绩效评价指标体系，即噪声污染总量控制情况和噪声污染治理效益实现程度。

噪声污染总量控制情况指标中，根据中国生态环境部的相关文件中的评价要求，按区域环境噪声值、道路环境噪声值两个指标展开。又因为噪声污染具有昼夜差异大的变化，所以对两个指标的昼夜情况分别进行评价，能够更准确地反应噪声污染总量控制情况。

噪声污染治理效益实现程度指标中，分设了噪声环境优良度和社会公众对噪声的满意程度这两个二级指标。中国生态环境部会定期公布我国各区域的噪声环境优良度情况，因此，数据来源是中国生态环境部的公示数据。社会公众对噪声的满意程度，该定量指标要通过发放调查问卷的方式来获取数据，具体计算如表4-13中的公式所示。

表4-13 噪声污染治理审计绩效评价指标

一级指标	二级指标	数据来源
噪声污染总量控制情况	昼间区域环境噪声值 夜间区域环境噪声值 昼间道路环境噪声值 夜间道路环境噪声值	中国生态环境部
噪声污染治理效益实现程度	噪声环境优良度	中国生态环境部
	社会公众对噪声的满意程度	公众满意度 $= \frac{1}{n}\sum_{i=1}^{n} S_i$（其中$n$为参与评价的总人数，$S_i$为第$i$个的评价分数）

由于大部分企业或者项目都不会产生超标的辐射污染，所以无论是政策导向还是环境治理资金的使用方面，都较少涉及辐射污染，基于辐射污染的特殊性，本书从辐射污染总量控制情况来设置辐射污染治理绩效审计评价指标，如表4-14所示。

辐射污染主要会导致空气、水、土壤受到影响，因此，本书通过空气中放射性核素浓度、水体中放射性核素浓度和土壤中放射性核素浓度三个二级指标来进行辐射污染总量控制情况的评价，该部分的数据来源都是中国生态环境部。

表4-14 辐射污染治理审计绩效评价指标

一级指标	二级指标	数据来源
辐射污染总量控制情况	空气中放射性核素浓度 水体中放射性核素浓度 土壤中放射性核素浓度	中国生态环境部

第三篇　绿色发展审计评价篇

第五章 河北省绿色发展状况

2018年,在党和国家机构改革中,新组建生态环境部,统一行使生态和城乡各类污染排放监管与行政执法职责;同时,组建生态环境保护综合执法队伍,增强执法的统一性、独立性、权威性和有效性。河北省也组建了生态环境厅,主要负责建立健全生态环境有关制度;重大生态环境问题的统筹协调和监督管理;监督管理减排目标落实情况;环境污染防止的监督管理;指导协调和监督生态保护修复工作;辐射环境安全监督管理和核事故场外应急工作;监督生态环境准入;生态环境监测;生态环境保护督察;生态环境监督执法;以及生态环境科技、环保资金安排运用等工作。为建设"绿色河北""美丽河北",生态环境厅在大气污染、水污染、土壤污染以及其他污染问题方面,加强污染治理、统筹协调各部门工作。本章主要阐述河北省基本情况、经济发展情况、生态资源环境治理情况以及绿色发展的总体情况,在此基础上为第七章绿色发展评价奠定基础。

第一节 河北省基本情况

河北省,简称"冀",位于黄河以北,东临渤海、内环京津,西为太行山,北为燕山,燕山以北为张北高原。是中国唯一兼有高原、山地、丘陵、盆地、平原、草原和海滨的省份,具有丰富的水资源、土地资源、矿产资源、林业草原资源、能源资源和生物资源。

一、水资源

河北省具有海洋资源和河流资源,海洋资源方面,河北省地处环渤海核心地带,沿海地区毗邻京津、连接三北(西北、华北、东北),海洋区位条件独特,现有3个沿海市和11个沿海县(市、区)、7个经济开发区。全省大陆海岸线长487公里,管辖海域7200多平方公里,分别约占全国的3%和2%,在沿海11个省区市中排名第9位。沿海分布有菩提岛、龙岛等砂质无居民海岛，海岛陆域面积36平方公里。河北省沿海属于暖温带湿润大陆性季风气候，四季分明，地貌类型多样，山海相连，有基岩、砂质、淤泥岸线，海岸线类型齐全，景色优美，人文资源丰富，构成了沿海独特的旅游资源，现有秦皇岛山海关、港城、滨海及昌黎黄金海岸和唐山湾"三岛"等风景区。河北省海洋资源类型多样，海岸线开发程度较高，主要利用类型有渔业、交通运输、工业、旅游、矿产与能源。河北省沿海地区有曹妃甸等优良港址资源，有15万公顷滩涂和盐碱地，具有发展海洋经济的良好资源条件。

河流资源方面，河北省河流众多，长度在18公里以上1000公里以下的就达300多条。境内河流大都发源或流经燕山、冀北山地和太行山山区，其下游有的合流入海，有的单独入海，还有因地形流入湖泊不外流的河流。主要河流从南到北依次有漳卫南运河、子牙河、大清河、永定河、潮白河、蓟运河、滦河等，分属海河、滦河、内陆河、辽河4个水系。其中海河水系最大，滦河水系次之。

二、土地资源

截至2018年末，河北省共有农用地1306.14万公顷，其中耕地652.36万公顷，园地82.78万公顷，林地459.27万公顷，牧草地40.07万公顷；建设用地226.43万公顷，含城镇村及工矿用地195.62万公顷。2018年，全省因建设占用、农业结构调查等原因减少耕地面积1.70万公顷，通过土地整治、工矿废弃地复垦、农业结构调整等增加耕地面积2.17万公顷。

三、矿产资源

河北省地处中朝准地台和内蒙古—大兴安岭褶皱带两个一级大地构造单元，地层发育较为齐全，地质构造复杂，历经多期构造运动，岩浆活动频繁，三大岩类出露齐全，成矿地质条件有利，形成了较为丰富的矿产资源。矿产资源赋存特点可简单概括为：矿产种类较多、资源储量丰富，矿产地分布相对集中，但小型矿床多大型矿床少，非金属矿产多金属矿产少，贫矿多富矿少。截至2018年底，河北省已发现矿产130种，其中有查明资源储量的矿产104种，无查明资源储量的矿产26种。列入《2018年河北省矿产资源储量表》的矿产72种，较上年新增建筑用砂岩1个矿种；其中能源矿产2种、金属矿产23种、非金属矿产47种。未列入《2018年河北省矿产资源储量表》的矿产32种。

列入《2018年河北省矿产资源储量表》的矿产地1503处，按矿产大类划分：能源矿产166处、金属矿产876处、非金属矿产461处；按矿产地规模划分：大型215处、中型350处、小型938处。2018年新评审备案提交矿产地12处，其中大型产地1处：乐亭县鲁家坨铁矿，中型产地2处：隆化县老伙房银多金属矿、丰宁满族自治县木太沟萤石矿。

列入《2018年河北省矿产资源储量表》矿产中，矿产资源储量排位居全国前5位的有冶金用白云岩、铁矿等39种；位次在6~10位的有钼矿、铝土矿、盐矿等20种。主要矿产煤保有资源储量229.01亿吨，居全国第12位；铁矿保有资源储量95.16亿吨，居全国第3位；钼矿保有资源储量86.93万吨，居全国第10位；金矿保有资源储量269.11吨，居全国第18位；冶金用白云岩保有资源储量12.63亿吨，居全国第5位；水泥用灰岩保有资源储量55.88亿吨，居全国第12位。

四、林业草原情况

截至2018年底，全省森林面积9618万亩，森林覆盖率34%，森林蓄积量1.64亿立方米。草地资源面积4266万亩，其中：天然草原4214.06万亩、人工草地51.94万亩，全省天然草原综合植被盖度71.86%。湿地面积1413万亩，占国土面积5.02%，建立湿地公园54处（国家级22处）。自然保护区44处（国家级13处），总面积1075万亩，占国土面积的3.78%。有风景名胜区51处（国家级10处），总面积848.85万亩。有105个森林公园（国家级29个），总面积779万亩。地质公园19处（世界级2处、国家级9处），总面积253.5万亩。沙漠公园3处（均为国家级），面积10.67万亩。国有林场146个，总经营面积1222万亩。

五、能源状况

河北境内有着丰富的油气资源、地热资源、风能资源和太阳能资源。其中，油气资源集中分布于渤海沿岸和海域的冀中、大港和冀东油田。截至2008年，石油累计探明储量27亿吨，天然气累计探明储量1800亿立方米。地热资源主要集中于中南部地区。据河北省地热资源开发研究所统计数据显示，全省地热资源总量相当于标准煤418.91亿吨，地热资源可采量相当于标准煤93.83亿吨。全省有开发价值的热水点241处，山区92处，平原149处。全省累计开发地热能井点139处。山区热水点平均水温40~70℃，平原热水点水温最高可达95~118℃。风能资源方面，陆上风能资源总储量7400万千瓦，近海风电场技术可开发量超过200万千瓦。其中坝上地区风能资源储量高达1700万千瓦，建有国家第一个风电示范基地——坝上地区百万千瓦级风电基地。2008年全省新增装机容量50万千瓦，总装机达到110万千瓦，居全国第三位。太阳能资源方面，太阳年辐射量为4981～5966MJ/m^2，年日照时数张家口、承德及沧州东部为2800～3000小时，为全省最大区；邢台、邯郸西部及中部为2500～2600小时，是全省最少的地区；其他大部分地区为2600～2750小时，日照率为50%～70%。

六、生物资源

河北省的生物资源比较丰富。动物有现知陆栖（包括两栖）脊椎动物530余种，约占全国同类动物种类的29.0%，其中兽类80余种，约占全国的20.3%；鸟类420余种，约占全国的36.1%；爬行类、两栖类分别有19种和10种。为了保护野生动植物资源和自然环境，已建立了雾灵山、小五台山等16个自然保护区。河北省面临渤海，有广阔的海面和海岸滩涂，水产资源丰富可供养殖的海水面积有93万亩，仅次于福建、山东、居全国第3位，全省有不少湖泊洼淀，面积4156平方公里，占地表总面积的2%，淡水面积120万亩。由于地处暖温带与湿地的交接区，植被结构复杂，种类繁多，是中国植被资源比较丰富的省区之一。据初步统计有204科、940属，3000多种。其中蕨类植物21科，占全国的40.4%；裸子植物7科，占全国的70%；被子植物144科，占全国的49.5%。

第二节 经济发展情况

一、经济总体发展情况

（一）经济生产总值变化

从1978年至今，改革开放已经40余年，河北省的经济迅速发展。按照2018年改革开放四十周年的统计结果，1978年全省生产总值仅为183.1亿元，1991年实现了千亿元的历史性突破；从1992年开始建立社会主义市场经济体制框架，以邓小平同志发表南方谈话为标志，全省经济蓬勃发展，2000年突破5000亿元；省委六届三次全会确定了"翻两番、三步走"的奋斗目标，全省经济2004年突破8000亿元，2005年跨入"万亿俱乐部"，2010年突破2万亿元。党的十八大以来，在世界经济持续低迷、国内经济面临下行压力的背景下,以习近平同志为核心的党中央准确把握复杂局势,科学判断,正确决策,真抓实干,引领我国经济社会发展取得历史性成就,中国已成为世界经济增长的主要动力源和稳定器。这一时期也是河北爬坡过坎、跨越提升的关键时期。面对化解过剩产能、治理大气污染等多重压力,河北上下保持定力、对冲压力,全力做好稳增长、促改革、调结构、惠民生、防风险各项工作,战胜了挑战,经受了考验,经济发展呈现稳中向好、稳中有进、动力增强、质量提升的良好态势。2016年,全省生产总值跃上3万亿元新台阶,2017年达到34016.3亿元,是1978年的44.8倍,年均增长10.2%。人均生产总值实现大幅跨越。1978年为364元,1988年突破千元,达到1219元;1996年突破5000元,达到5345元,提前4年实现人均生产总值翻两番的战略目标;2003年突破万元,达到10251元;2008年突破两万元,达23083元;2011年突破三万元,达34008元;2015年突破四万元,达到40093元;2017年人均生产总值为45387元,为1978年的30倍,年均增长9.1%。

(二)产业结构调整

改革开放以来,在经济持续增长的同时,河北省产业结构实现了优化升级。1978—1987年,产业结构呈现"二、一、三"格局。第一产业占生产总值比重呈现先升后降态势,但一直高于第三产业;第二产业比重波动下降,但一直高于40%,是经济发展的主要动力;第三产业比重缓慢上升。

1988年,第三产业比重首次超过第一产业,产业结构发生标志性变化,调整转变为"二、三、一"格局。1988—2017年,第一产业比重由23.1%大幅下降到9.2%;第二产业比重呈现先波动上升后下降的态势;第三产业比重逐渐上升到44.2%,与第二产业的比重差距由1988年的15.4个百分点缩小到2.4个百分点。河北经济增长变为主要靠第二、三产业推动,经济结构调整取得突破性进展。

40年来,第二、三产业增加值年均分别增长11.1%和12.2%,比全省生产总值增速分别高0.9和2.0个百分点,第一产业增加值年均增长4.9%。产业增长速度差异导致增加值比重发生了显著变化。第一产业比重由1978年的28.5%下降到2017年的9.2%,降低19.3个百分点;第二产业比重由50.5%下降到46.6%,降低3.9个百分点;第三产业比重由21.0%上升到44.2%,提高23.2个百分点。

二、农业发展情况

改革开放以来,全省加快推进农村综合改革,加大支农投入,第一产业内部结构持续优化调整，农业产值所占比重下降，林业、牧业、渔业比重提高。农业产值比重由1978年的83.5%降为2017年的57.9%，下降25.6个百分点；林业由3.3%上升到3.5%；牧业由12.4%提高到34.7%，上升22.3个百分点；渔业由0.8%提高到3.9%，上升3.1个百分点。农业扭转了以粮食为主的生产格局。与1978年相比，粮食作物播种面积减少，经济作物播种面积不断扩大。全省农林牧渔业形成了多业生产结构。

面对严峻的环境状况，农业农村绿色发展成为解决农业发展问题的重要途径。按照中央农村工作会议提出，走中国特色社会主义乡村振兴道路，必须坚持人与自然和谐共生，走乡村绿色发展之路，以"绿水青山就是金山银山"的理念为指导，在经济社会发展中保护生态环境，在保护生态环境中发展经济。

为实现农业可持续发展，河北省农业生产从品种节水、生物节水、农艺节水多方面入手，多措并举，充分发挥每一滴水的最大效益。从2014年国家决定在河北省开展地下水超采综合治理试点以来，河北省大力推广小麦节水品种、季节性休耕和节水灌溉，以政府补贴、规模主体引领、整村整片推进为主要方式，2014年至2017年4年累计发展季节性休耕200万亩，实现一季休耕一季雨养，每亩减少灌水180立方米，促进用地与养地结合。根据《河北省经济年鉴2018》，到2017年底，农业绿色发展方面，发展节水农业，推广节水小麦2200万亩，落实季节性休耕200万亩，探索出了冬休夏种、冬肥夏种以及冬休春夏种三种绿色休耕模式，形成农业地下水压能力27.88亿立方米。实施化肥、农药减量增效推进行动，测土配方施肥9130万亩，小麦、玉米等主要农作物专业化统防统治覆盖率达到38%以上，主要农作物绿色防控技术覆盖率达到27%以上，化肥、农药使用量连续两年负增长。在农业废弃物资源化利用方面，畜禽规模养殖场粪污处理设施装备配套率达到84.63%；推进农作物秸秆高质量、高效益综合利用，利用率保持95%以上；严格实施草原禁牧休牧轮牧，建设万亩以上草原生态保护区28个，草原综合植被覆盖度达到71.2%。

三、工业产业发展情况

经过40年的快速发展，全省工业经济实力明显增强。2017年，全部工业增加值1.4万亿元，比1978年增长62.2倍，年均增长11.2%。规模以上工业资产合计约为4.7万亿元，比1978年增长300倍；实现主营业务收入5.2万亿元，比1979年增长280倍；实现利润总额超3000亿元，比1978年增长113倍。工业经济快速发展，为国民经济发展奠定了坚实的基础。除此之外，工业产品产量大幅增长，产品质量不断提升，行业门类齐全，企业规模效益明显提高，工业结构调整不断推进，支柱产业发展壮大。40年来，省委、省政府持续推进传统工业产业结构调整和优化升级，支柱产业发展迅猛，成为拉动经济增长的主力军。装备制造业、食品工业、医药工业等行业巩固发展基础，推进优化升级，整体呈现增长加快、实力增强的良好态势。2017年，装备制造、食品、医药增加值分别为3265、974.7和262.1亿元，比2005年分别增长7.2、2.9和3倍；占规模以上工业比重分别为25.1%、7.5%和2%，合计达34.6%。

绿色发展成为全省工业主旋律。认真落实节能减排、化解过剩产能等一系列政策措施，严控高耗能行业过快增长，煤炭开采和洗选业、黑色金属冶炼及压延加工业、化学原料及化学制品制造业、非金属矿物制品业、电力热力的生产和供应业、石油加工炼焦及核燃料加工业等六大高耗能行业增加值增速放缓，比重下降。2013—2017年，六大高耗能行业增加值年均增长2.4%，比规模以上工业低3.1个百分点；增加值比重为40.1%，比2012年下降4.2个百分点。六大高耗能行业的能源消耗量也呈现下降趋势，如表5—1、图5—1所示，其中2012到2014年由于统计的企业数量发生增减变动，能源消耗量有所增加，但单位消耗量逐渐降低，2015年到2017年的企业数量一致，可以发现六大高耗能行业的能源消耗量逐渐降低。

表5—1 规模以上工业企业分行业能源消耗情况

行业	指标 （单位：万吨标准煤）					
规模以上工业企业能源消耗情况	2012	2013	2014	2015	2016	2017
规模以上工业综合能源消费量	20457.52	20895.79	20343.23	20269.64	20544.02	20292.11
其中六大高耗能行业能耗：						
煤炭开采和洗选业	943.96	911.97	909.21	929.53	923.38	817.59
石油加工、炼焦及核燃料加工业	811.1	831.05	699.24	762.78	719.9	693.38
化学原料及化学制品制造业	1119.84	1237.94	1296.31	1288.43	1164.73	1104.52
非金属矿物制品业	1190.42	1124.01	1110.86	1011.22	1012.08	1047.05
黑色金属冶炼及压延加工业	10424.23	10765.11	10497.62	10686.81	10938.73	10732.44
电力、热力的生产和供应业	4079.31	4111.76	4018.36	3871.98	3939.87	4100.92

数据来源：《河北省经济年鉴》

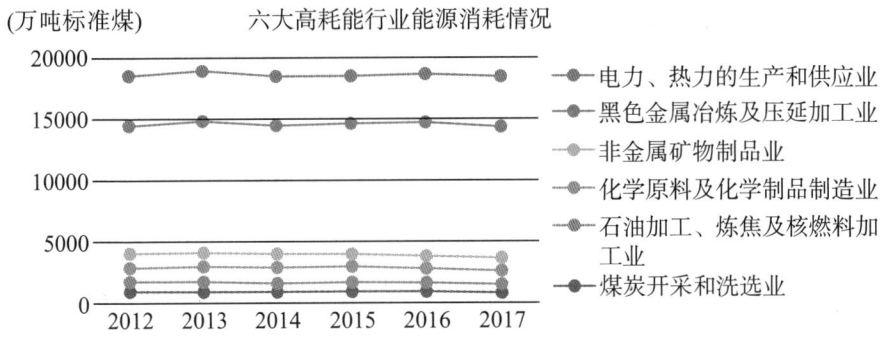

图5-1 六大高耗能行业能源消耗情况

绿色工业不断发展。积极发展节能环保、新一代信息技术、生物医药、高端装备制造、新能源、新材料、新能源汽车等新兴产业。2017年，工业战略性新兴产业企业2554家，占规模以上工业的比重为17%。其中，节能环保产业、新材料产业和生物产业规模较大，已经形成了一定的规模集聚效应，增加值比重分别为19%、23.1%和23.7%。新产品产量快速增长。光电子器件产量1.6亿只，2013—2017年年均增长21.3%；动车组432辆，年均增长7.3%；光缆101.1万芯千米，年均增长6.7%；锂离子电池6592.8万只，年均增长60.4%；太阳能电池530.0万千瓦，年均增长9.8%。工业机器人、新能源汽车、城市轨道车辆、传感器等新产品从无到有，2017年产量分别达到2074套、8736辆、776辆和68.9万只。

四、服务业发展情况

伴随政策的支持，全省第三产业发展迅速。2017年，全省第三产业增加值达到15040.1亿元。其中，批发、零售、餐饮业和交通运输仓储及邮政通信业增加值比重下降幅度较大，新兴产业比重提升。以信息技术为代表的电信业、计算机服务业和软件业等行业快速发展。同时，居民生活水平的提高和观念的转变使人们对文化服务、教育服务等方面的需求快速增长，餐饮、旅游、娱乐、教育等行业实现新的跨越式发展。作为实体经济的重要支撑，金融业实现了较快发展，占全省生产总值的比重由1978年的1%提高到2017年的6%，对地区生产总值的贡献率达到9.8%。

金融业的发展为实体经济注入了新的活力，在推动全省经济发展中发挥重要的作用，尤其是对绿色发展战略的强有力的支持作用。在绿色发展的大背景下，河北省的绿色金融政策框架逐步建立，人民银行石家庄中心支行、河北银保监局、河北省金融办等金融监管部门陆续印发了一系列政策指导意见，包括

《中国人民银行石家庄中心支行关于金融支持河北省经济结构调整和产业转型升级的实施意见》《河北省银行业支持产业结构调整防治大气污染防控银行风险的指导意见》《河北省金融工作办公室等十二部门关于构建绿色金融体系的实施意见》，积极引导金融资源向低碳、环保领域聚集，推动河北省经济向绿色化转型发展。

第三节　生态资源环境情况

一、能源结构调整情况

河北省自然资源矿产丰富，是能源生产大省，随着能源保障能力的增强、能源消费结构的优化，能源利用效率的提高，为全省的经济发展提供了有力保障。但是，长期以来，河北省的诸多高耗能、高污染的工业，给自然资源环境带来了严重影响，唯有改变传统的粗放经济发展方式，积极推进节能减排以及生态环境建设，才能促进河北省可持续发展。党的十九大以来，河北省秉承会议精神，将人与自然和谐发展的生态文明思想、绿色发展的理念同经济发展进行统筹发展，大力推进环境污染治理，提高能源生产、新能源开发利用水平，倡导消费革命，让清洁能源成为全省高质量发展的源源不断的动力。

全省积极变革能源结构，能源供给从满足生产、生活基本需要向更加节约、清洁和安全转变，清洁低碳、安全高效成为能源供给结构优化的方向。新能源经历了从无到有的过程，目前风能、太阳能、生物质能、天然气等清洁能源成为全省能源供应的重要补充。在风能利用方面，积极开发风电资源，张家口、承德等地千万千瓦级风电基地积极建设、风力发电规模迅速增长；太阳能利用方面，河北省利用丰富的太阳能资源，大力发展光电，推广先进技术设备，创新开发利用模式。

在改革开放的 40 年中，全省能源发展格局始终立足于能源资源实际，能源消费以煤炭为主，石油天然气比重不断上升，清洁能源和可再生能源发挥的作用越来越大。但是，受工业结构、资源环境等多重因素的影响，环境约束和能源需求的矛盾日益加大，能源利用效率有待进一步提高，能源管理体制、机制还不完善等，能源未来发展还面临诸多挑战。

二、水污染治理情况

从河北省"2002 环境保护年"，以建设"绿色河北"为总目标，在《河北省人民政府办公厅关于加快水污染、城市空气和垃圾污染综合治理的通知》文件的指导下，制定措施增强全社会的环境意识，提高对可持续发展战略的认识和重视程度，加大环境保护执法力度，完善环境管理工作，加快环境基础设施建设，并重点关注重点流域、重点区域和重点城市环境治理情况。2003年在《排污费征收使用管理条例》发布以后，对污水排放企业的污水进行管理。2004年，河北省人民政府印发了《河北省服务业振兴计划》，其中提到"努力建设节水型社会，优化水资源配置，提高供水服务能力。深化水管体制改革，建立合理的水价形成机制，逐步推行管养分离。大力发展民营水利，搞活经营权、落实管理权。""以城市空气环境综合治理、重点流域水污染防治和环京津生态环境保护为重点，积极推进水环境修复，做好工业污染防治，改善城市环境质量和河流水质状况，大力推进清洁生产。"2005年，河北省人民政府发布了《深化水价改革促进节约用水保护水资源的实施意见》，对加强水资源管理，强化市场机制和价格杠杆在水资源配置、水需求调节和水污染防治方面的作用，合理开发利用水资源、建立节水型社会起到了指导作用。随后发布了一系列文件来指导、加强水污染治理，保护水资源（见表5-2）。

表5-2 水资源保护和治理相关文件

年份	发文机构	文件名称
2007	河北省人民政府	《河北省节能减排综合性实施方案》
2008	河北省人民政府	《河北省环境污染防治监督管理办法》《关于推进节能减排工作的意见》《关于在子牙河水系主要河流实行跨市断面水质目标责任考核并试行扣缴生态补偿金政策的通知》《河北省区域生态环境监察试点实施方案》
2009	环境保护部、发展改革委、监察部、财政部、住房城乡建设部、水利部联合制定	《重点流域水污染防治专项规划实施情况考核暂行办法》
2012	河北省人民政府	《河北省海洋环境保护管理规定》《河北省人民政府关于进一步加强和规范海洋开发管理的意见》
2014	国务院	《城镇排水与污水处理条例》
2015	河北省人大常委会	《河北省海域使用管理条例》
2016	河北省人民政府	《河北省水污染防治工作方案》
2017	河北省人民政府	《河北省昌黎黄金海岸国家级海洋类型自然保护区管理办法》（2017年修正本）

续表5－2

年份	发文机构	文件名称
2017	第十二届全国人民代表大会常务委员会	《中华人民共和国水污染防治法》（第二次修改）

2017年底，河北省水污染防治工作领导小组办公室印发《河北省水污染防治工作方案实施情况考核细则（试行）》，自2017年至2020年，河北省将逐年对上年度各地实施"水五十条"情况进行年度考核，主要考核水环境质量目标、水污染防治重点工作完成情况。对未通过年度考核的，暂停审批有关市相关责任控制单元新增排放重点水污染物的建设项目环评文件。考核细则提出，考核以水环境质量目标完成情况作为刚性要求，兼顾水污染防治重点工作完成情况。水环境质量目标包括：地表水水质目标完成情况，主要是水质优良比例、劣Ⅴ类水体控制比例和总体达标率、城市建成区黑臭水体控制比例、城市集中式饮用水水源水质达到或优于Ⅲ类比例；地下水质量稳定控制比例；近岸海域水质状况等。水污染防治重点工作包括优化发展格局、工业污染防治、城镇污染治理、农业农村污染防治、水资源节约保护、饮用水安全保护、海洋环境保护、综合管理机制等。考核细则明确，各地党委、政府按照"党政同责、一岗双责"原则，对本地落实国家和省水污染防治工作情况、考核结果负总责。

为了推进水污染防治和水生态保护，河北省政府及相关部门采取了一系列水资源环保活动，改善水质。2017年8月，蔚县启动壶流河湿地恢复与保护工程，该工程投资4.6亿元，对境内57公里的壶流河沿线湿地进行生态修复和保护，打造壶流河国家湿地公园，提升水质，恢复生态，保证京津地区用水需求，目前已经修复的面积占总面积的近十分之一。张家口、承德地区作为京津冀水源涵养功能区，积极采取措施提高流域生态环境质量。除此之外，河北省实施集中式饮用水水源地安全防护，在岗黄水库等5个大型湖库型水源地一级保护区启动隔离防护试点建设；设立各级河长5万余名，建立了河湖全覆盖的河长组织体系；开展重污染河流治理攻坚等专项行动，39条城市黑臭水体得到整治；实施蓝色海湾整治行动，开展秦皇岛海岸整治修复、七里海潟湖湿地生态修复和海洋生态环境监控三项重点工程；推进农村环境综合整治和畜禽养殖污染防治，3085个村庄完成了整治任务。

三、大气污染治理情况

随着河北省城市工业化的发展，大气污染日益严重，空气质量恶化很难得到有效缓解。空气污染使得人们的健康受到严重影响，同时严重影响了河北省投资形象，进而影响了整个经济发展。按照国家生态环境部发布的全国城市空气质量报告，从2013年1月至2018年5月每月发布的全国74座重点监控城市空气质量监测结果显示，京津冀地区一直都是空气污染的重灾区，河北地区的邢台、石家庄、唐山、保定、邯郸、衡水、廊坊等地一直处于空气质量较差的状态。2018年6月份以后，生态环境部开始发布全国城市空气质量，分区域、城市分别进行分析，虽然近两年京津冀地区的环境质量有所好转，空气污染问题仍然严重。针对空气污染治理，无论从国家层面还是河北省层面均制定了一些法律、规章、制度、政策等来对污染问题进行处理（见表5-3）。在实际行动方面，河北省2012年在市级PM2.5监测的基础上加强对县级PM2.5的监测工作，除监测空气质量以外，还采取了严格管制煤炭、加强工业污染源治理、加强精细化管理、加快减排工程建设、加快中污染企业搬迁、优化产业结构等措施，并积极开展大规模植树造林活动，以实现绿色生态屏障的建设，净化空气。针对大气污染治理情况，每年在秋冬季节，空气污染相对严重的季节，均会制定大气污染治理行动方案，如今年的行动就包括强力推进重点行业去产能和污染企业退城搬迁、清洁取暖和散煤清洁替代、工业企业达标排放、挥发性有机物综合治理、"散乱污"企业清零、燃煤锅炉综合整治、重型柴油货车污染防治、施工扬尘污染达标整治、严禁秸秆垃圾露天焚烧等专项行动。

表5-3 大气污染治理相关文件

年份	发文机构	文件名称
2008	河北省环境保护局办公室	《河北省重点企业环境监督员制度实施方案（试行）》
2008	河北省环保厅	《河北省重点监控企业环境行为评价实施方案（试行）》
2009	河北省环保厅	《河北省环境保护"十百千"宣传教育工程试点实施方案》《关于进一步加强火电厂燃煤机组烟气脱硫设施环保验收与运行管理的通知》《河北省排放污染物许可证管理办法（试行）》
2013	河北省人民政府	《河北省空气重污染应急管理办法（暂行）》《河北省突发环境事件应急预案》《河北省气象灾害防御条例》
2013	河北省委、人民政府	《河北省大气污染防治行动计划实施方案》

续表5-3

年份	发文机构	文件名称
2013	国务院	《大气污染防治行动计划》
2013	环保部、发改委、工信部、财政部、住房城乡建设部、能源局	《京津冀及周边地区落实大气污染防治行动计划实施细则》《京津冀及周边地区重污染天气监测预警方案（试行）》《关于进一步做好重污染天气条件下空气质量监测预警工作的通知》《环境空气质量指数（AQI）技术规定（试行）》《城市大气重污染应急预案编制指南》
2014	河北省人民政府办公厅	《河北省重污染天气应急预案》《河北省大气污染防治行动计划实施方案落实情况考核办法》
2016	第十二届全国人民代表大会常务委员会	《中华人民共和国大气污染防治法》
2016	河北省人民代表大会	《河北省大气污染防治条例》
2017	河北省人民政府办公厅	《河北省"十三五"能源发展规划》
2017	河北省生态环境保护委员会	《河北省生态环境保护责任规定（试行）》
2018	河北省人民政府	《河北省打赢蓝天保卫战三年行动方案》
2019	河北省人民政府办公厅	《河北省用煤投资项目煤炭替代管理办法》

四、其他污染治理情况

除了水污染、大气污染以外，其他污染问题如土壤污染、噪声污染、固体废弃物污染、化学品污染以及农村环境治理等问题同样是河北省生态环境面临的问题。2002年是河北的环境保护年，根据《2002年河北省环境状况公报》显示，当时耕地和土地方面，由于林地过伐、草地过牧超载、植被退化等问题，水土流失和荒漠化日益严重，约有1600万人和230万公顷农田受到荒漠化的威胁；在气候变化方面，3—5月间沙尘天气频发，气温偏高、降雨偏少，干旱严重；固体废弃物方面，垃圾围城现象严重，白色污染问题突出。针对这些问题，河北省采取了一系列措施来解决这些环境问题，改善生态环境，如开展生态农业试点和生态家园富民工程的建设，促进无公害生态和农业废弃物、农村垃圾的转化利用；秸秆综合利用，有效利用农业资源；出台封山育林地方性法规《河北省封山育林条例》；编制《河北省固体废弃物环境管理手册》对各类固体废物处置、储存、运输、利用做到规范审批、有效管理；成立第一个经环保部正式批准的进口废物产业园—文安东都环保产业园；率先实施以七大水系跨界断面考核生态补偿金制度，出台了《河北省生态补偿金管理办法》；

构建绿色信贷体系，与兴业、光大、河北银行签署排污权质押融资战略合作协议等，这些环保立法、政策的制定以及环保行动的实施提升了河北省整体的环境质量，但相对于其他省份来说，河北省的环境质量问题仍然任重而道远。

第四节 绿色发展整体情况及问题

一、河北省绿色发展整体情况

2017年底，根据中共中央办公厅、国务院办公厅印发的《生态文明建设目标评价考核办法》和国家发展改革委、国家统计局、环保部、中央组织部印发的《绿色发展指标体系》《生态文明建设考核目标体系》要求，全国省、自治区、直辖市的生态文明评价结果显示，按照绿色发展指数评价，河北省处于第20名，环境治理指数评价第2名，但从公众满意度来看排名第31名，满意度仅为62.5%，环境质量指数排名第30名，通过全国对比，说明河北省的环境质量堪忧，公众满意度太低，在环境保护方面还有很多需要改善的地方。除了国家对全国绿色发展的衡量以外，2018年3月20日，根据中共河北省委办公厅、河北省人民政府办公厅印发的《河北省生态文明建设目标评价考核办法》和省发展改革委、省统计局、省环境保护厅、省委组织部印发的《河北省绿色发展指标体系》《河北省生态文明建设考核目标体系》文件要求，河北省发展改革委、省统计局、省环境保护厅、省委组织部联合发布了《2016年河北省生态文明建设年度评价结果公报》，对2016年河北省各市（含定州、辛集市）生态文明建设情况进行了年度评价，按照绿色发展指数排名，分别是石家庄、辛集、承德、张家口、唐山、廊坊、保定、定州、沧州、衡水、邢台、邯郸，但从公众满意度来看，唐山、石家庄、辛集、廊坊、保定的满意程度较低（见表5-4）。

表5-4 2016年河北省生态文明建设年度评价结果

地 区	绿色发展指数	资源利用指数	环境治理指数	环境质量指数	生态保护指数	增长质量指数	绿色生活指数	公众满意程度（%）
石家庄市	80.99	84.34	84.73	79.80	69.80	88.03	77.72	64.76
辛集市	79.32	91.73	79.99	81.24	62.86	68.95	72.94	64.76
承德市	79.81	78.18	80.50	92.16	75.97	72.70	71.87	81.28

续表5-4

地 区	绿色发展指数	资源利用指数	环境治理指数	环境质量指数	生态保护指数	增长质量指数	绿色生活指数	公众满意程度（%）
张家口市	81.11	78.42	87.47	93.36	72.35	80.42	67.39	83.74
秦皇岛市	80.25	73.78	87.55	89.02	72.35	85.12	77.19	79.55
唐山市	76.62	71.95	80.97	83.70	69.83	83.57	73.31	62.35
廊坊市	76.97	76.95	79.89	75.53	68.48	91.36	74.87	65.01
保定市	76.78	77.88	74.61	83.28	71.33	82.18	68.49	65.89
定州市	75.21	75.85	79.49	79.61	63.33	73.11	78.32	79.18
沧州市	75.23	73.86	84.02	74.91	67.76	79.30	71.35	67.97
衡水市	78.49	81.90	82.28	79.16	69.95	83.04	68.64	72.27
邢台市	74.57	74.85	76.39	75.29	67.67	79.65	75.64	68.68
邯郸市	77.46	76.69	80.01	83.97	68.52	78.73	75.82	70.14

资料来源：河北省统计局网站

二、河北省绿色发展存在的问题

1. 环境立法质量方面

近年来，河北省坚持绿色发展理念，在绿色发展方面加强生态环境领域立法，制定了《河北省发展循环经济条例》，做出环境保护税使用税额的决定，推动绿色转型；围绕生态保护和生态文明建设，制定了《河北省环境保护公众参与条例》《河北省乡村环境保护和治理条例》，修订了《河北省风景名胜区管理条例》。虽然立法数量众多，但是质量不够，在立法的地位以及处罚力度上不能够有效防治污染，同时由于立法数量多，有些法律内容重复或是涉及多部门监管的，容易造成监管内容重叠，浪费监管资源，个别情况下各部门有些推诿扯皮，反而造成监管缺位，时间拖沓。

2. 京津冀合作方面

环境保护与治理很难独立进行，尤其从地理区位上来看，北京、天津、河北是密不可分的整体，要实现绿色发展，需要京津冀的协同合作。虽然近些年京津冀在经济和交通方面展开了广泛的合作，在生态环境建设方面也在逐步展开合作，建立了联防联控制度、生态共建共享机制，如在雾霾治理方面，2017年10月至2018年3月，京津冀"2+26"城市PM2.5平均浓度为78微克/立方米，同比下降25%，重污染天数同比下降55.4%。又如在水污染治理方面，加大白洋淀、衡水湖等重点湖泊及官厅、潘大等重点水库治污力度，水质有了明显改善；在区域生态屏障建设方面，雄安新区的"千年秀林"项目、再造"三个塞罕坝"、京津风沙源治理二期等一批区域合作造林绿化工程加快实施，一批环首都国家级森林公园也在加快建设中。这些合作项目的开展为实现区域共同绿色发展做出了重要贡献，但是三地的合作力度还远远不足。例如在环境立法方面，北京、天津、河北均是分别立法，北京市先后制定和修改了《北京市基本农田保护条例》《北京市矿产资源管理条例》《北京市大气污染防治条例》《北京市水污染防治条例》等。天津市相继出台了《天津市湿地保护条例》《天津市生态环境保护条例》，修改了《天津市野生动物保护条例》《天津市海洋环境保护条例》《天津市大气污染防治条例》《天津市建筑节约能源条例》《天津市矿产资源管理条例》等。河北省相继出台了《河北省绿化条例》《河北省促进绿色建筑发展条例》，修改了《河北省环境保护条例》《河北省陆生野生动物保护条例》《河北省实施〈中华人民共和国森林法〉办法》等。分别立法既浪费资源，又很难保证法律实施的强度、惩罚的力度一致，因此，三地的生态环境厅、自然资源厅、林业厅等机构应该进行合作，制定京津冀统一的环保法律、法规和相关政策。

3. 产业结构调整及能耗结构方面

河北省第二产业占比达47%，钢铁工业增加值占规模以上工业的比重超过四分之一，钢铁产量超过2亿吨，钢铁产能严重过剩。为此，河北省积极推进工业绿色发展、优化产业结构，在2011—2017年间，841项节能减排增效技术改造项目列入省千项技改计划。在绿色制造体系构建方面，河北省制定了《河北省绿色制造实施方案》，组织开展绿色工厂和绿色园区创建工作，河钢唐钢、金隅鼎鑫、石药欧意等17家企业被认定为首批国家级绿色工厂，安国现代中药工业园区被认定为首批国家级绿色园区。但是，产业结构调整需要资金的支持，仅仅财政资金的支持是不够的，需要银行、证券、保险等金融机构的支持。

长期以来，以煤炭为主的能源消耗结构造成了京津冀地区的严重大气污染。据统计，京津冀地区年煤炭消费量近4亿吨，约占全国的14%，煤炭占一次能源消费的比重超过88%，高于全国平均水平约20个百分点，尤其是在冬季取暖季节，大气污染更为严重。从能源结构来看，河北省太阳能、风能等资源丰富，因此，大力扶持光伏产业、风电产业是能源消耗结构调整的趋势。

4.绿色发展监管方面

关于对绿色发展的监管问题，前面已经进行了阐述，建立完善的绿色审计体系是实现绿色发展监管的有效途径。在绿色审计体系中，绩效审计是目前国际上以及国内比较推崇的做法，因此，设计一套合适的绩效审计评价指标体系尤为重要。针对绿色发展评价，在国家层面制定了《生态文明建设目标评价考核办法》和《绿色发展指标体系》和《生态文明建设考核目标体系》，形成"一个办法、两个体系"的评价体系。根据绿色发展指标体系的内容，包括资源利用、环境治理、环境质量、生态保护、增长质量、绿色生活和群众满意度七个方面，生态文明建设考核目标体系包括资源利用、生态环境保护、年度评价结果、公众满意度、生态环境事件等内容。那么这些指标能不能为绩效审计所借鉴呢？首先这些评价指标体系由于刚刚建立，还有很多不完善的地方，比如为什么有些省份的绿色发展指数排名很高，但公众满意度很低？但从一般意义上来看，绿色发展水平高，公众满意度应该也高才合理。其次是绿色绩效审计评价指标体系不能完全跟绿色发展指数体系和生态文明建设考核体系一致，因为审计有其特殊的视角，因此，应建立一套适合评价绿色发展的审计评价体系。

第六章　绿色审计视角下河北省绿色发展评价

绿色发展已经成为当今国家发展的主题，对于如何实现绿色发展国家已经制定了一系列政策来指导各省、自治区、直辖市（以下直接简称"各省"）去执行。2016年国家首次官方发布绿色发展指数，并依据各省的绿色发展指数进行了大排名，各省依据国家统计局发布的绿色发展指数制定了适合自己的绿色发展指数，借以评价各地级市的绿色发展情况。该指数的发布为评价各地区的绿色发展水平提供了一定的依据，但是，仍存在一定的问题，比如绿色发展指数多关注宏观信息，缺乏对中观企业供应链和微观企业的关注，绿色发展最终实现需要个人、企业和社会的共同努力，尤其是企业在这个过程中发挥着至关重要的作用。因此，在绿色审计对绿色发展进行评价时应设计在省级宏观评价、产业发展中观层面评价以及企业单独个体微观层面的分别适用的评价体系，以便用于不同的审计目的。

第一节　绿色发展审计评价的意义

对于绿色发展的评价，已经有学者建立了中国省级指数和中国城市绿色发展指数两套体系，并连续多年发布相关报告，在2016年国家官方更是发布了绿色发展指数，各省也依据自己的实际情况发布了相应的绿色发展指数。但这只是对绿色发展的测度，对于如何更好地去修正绿色发展评价指标、如何监督评价过程、如何保障发展成果以及后续追责问题等等均是需要有相关部门来进行监督指导的。作为国家治理的工具，审计在绿色发展战略实施过程中的作用至关重要，具体来说，有以下几方面的意义。

一、揭示绿色发展过程中的风险

国家审计、社会审计以及企业内部审计均能在不同程度上发现和报告绿色发展过程中发现的问题以及潜在的风险，尤其是绿色发展过程中一些违背环境保护、生态建设的法律法规的行为、在执行相关政策方面和专项资金适用方面的问题。而揭示风险的程度和范围与审计人员的专业胜任能力、应有关注以及职业道德均具有紧密相关性。审计人员具备高水准的专业胜任能力和应有关注能够提高发现问题的概率、对发现的问题提出适合的建议，而这一切均是在良好的职业道德建设基础上的，只有遵守职业道德，才能保证审计人员客观、公正的报告审计结果，对审计问题如实汇报，对相关责任人进行追责。为了保证审计人员高标准的执行审计工作，一套行之有效的审计准则的制定至关重要，审计准则规定了审计人员需要遵守的职业道德、执行业务的程序、方法、模式等等内容，按照这样的准则执行审计工作有助于提高审计人员工作的效率、效果，尤其是发现问题的能力。因此，为了实现审计揭示风险作用的实现，审计机关除了建立科学合理的人才培训和引进机制之外，还要修改审计相关法律、审计准则，为审计发挥其应有的作用打下良好的物质基础。

二、震慑绿色发展过程中的违法行为

审计对违法行为的震慑作用主要体现在审计对象对审计机关的权威有足够的尊敬和畏惧，这主要是因为国家赋予了审计机关行政监督权力，审计机关的权限具有权威性、法定性和专属性。在这些权力的作用下，被审计单位的违法成本提升，审计机关可以直接对被审计单位的一些违法违规行为做出处理处罚，对于严重的行为可以建议相应的主管部门和司法机关进行处理。审计重要的监管制度，是国家治理体系中重要的制度安排，无论从法律上还是国家治理中的地位来看，审计应做到"应审尽审、凡审必严、严肃问责"紧跟国家重大政策措施的部署，不断拓宽审计监督的广度，延伸审计监督的深度，在国家实施绿色发展战略的过程中发挥其震慑作用，提高审计的监督效能。通过审计的这种震慑作用，可以从源头上加强绿色发展过程中的保护机制、损害赔偿机制以及追责机制，同时提高审计制度的执行力，减少绿色发展过程中的寻租行为。

三、抵御绿色发展过程中的风险

审计除了基础的揭示、震慑作用外，还有一项基础的作用便是抵御作用。绿色审计实施过程中不仅要揭露在绿色发展过程中存在的问题，更重要的是对这些问题产生的原因进行剖析，从源头上找到解决问题的方法，从而提出具有可操作性的建议，防止问题再度发生，发挥审计的建设性作用。抵御作用发挥的核心便是"建设性意见"的提出，具体可以分为三个层次，首先是审计建议

的提出，主要是指审计建议提出的方式和具体内容；然后是审计建议如何实现，审计建议提出以后，如何让被审计单位接受审计意见；最后是后续追踪，被审计单位接受审计意见准备整改，具体整改如何进行、有没有达到预期的整改效果，如何保证其实现预期的效果，均是这个阶段需要考虑的。三个层次，层层递进、紧密关联，高质量的审计建议是实施和追踪的基础，否则无法保证绿色发展出现问题时能够及时纠偏。

在绿色发展战略提出以后，如何建立完善、系统、全面的制度体系以保障绿色发展的稳步进行成为首要问题。十八届三中全会上提出要"建立系统完善的生态文明制度体系，用制度保护生态环境"，十九大报告将生态文明提升到前所未有的高度，而要实现绿色发展，就要以生态文明制度体系为支撑和保障（胡恒松，2018）。当前的很多制度，包括环保制度、审计制度均没有跟上绿色发展的步伐，旧的制度不能适应新的发展情况，致使审计执行效率、效力均没有达到理想状态，不能发挥其抵御生态环境风险的作用。因此，建设和完善绿色发展制度保障体系是当前的重中之重。

四、预警绿色发展过程中的风险

审计的工作不仅是发现问题、解决问题，更重要的是防范、预警作用，在绿色发展过程中及时发现一些苗头性问题，及时从源头上进行控制，起到"预警器"作用，防止风险蔓延。在审计工作中预警作用往往需要运用不同审计模式的实施来实现。一般的审计模式偏重于事后审计，很难实现审计的预警作用。全过程审计或者全过程跟踪审计、持续审计等模式能够较好地实现风险预警。全过程（跟踪）审计，往往运用于工程项目建设过程中，对项目的每个阶段进行追踪审计，不仅关注项目的结果，更关注项目的事前安排和事中监控，事后审查与事前、事中并重，对项目进行全方位的监督。将这种模式运用到环境建设、生态文明建设项目，跟踪项目的全过程，能够及时发现项目建设过程中的问题，针对这些问题做出及时处理，采取预防措施，防止该问题再次出现或者造成更大的风险。持续审计，是针对IT审计的改进方法，在自动化系统中安装审计监控工具，当系统处理和审计设定的界限和参数不一致时，监控系统便会向审计传递信息，使得审计可以有能力对财务报告进行实时审核，因此可以在事件发生时或发生后的极短时间内生成审计报告的一种审计模式。将持续审计模式运用到绿色发展的监督中来，可以在发生对生态环境造成威胁的事件时进行实时的汇报、动态的追踪，及时提出预警。在目前大数据时代，审计的预警作用还可以通过大数据技术，将审计成果进行模型处理留存、使得问题规则化，对于一些共性的、普遍性以及有倾向性的生态环境风险及时发现，从而对风险的发展趋势及时掌握并预警，充分发挥审计的预防作用。

第二节　河北省绿色发展审计评价体系

十三五规划对绿色发展做出了明确、具体的部署和要求，这为绿色审计工作的开展奠定了基础，有了根本性的方向。因此，要想确定绿色审计评价的重点内容，应该首先明确绿色发展重点从哪些方面去评价。

一、绿色发展评价体系

（一）国际组织的绿色发展评价体系

2009年34个国家的部长签订了绿色增长宣言，认为绿色增长是应对金融危机及以后发展的一种策略，并同意经济合作与发展组织（OECD）制定绿色发展框架。在此背景下，2011年OECD发布了《迈向绿色增长》和《迈向绿色增长：进程监控》报告，后者提出了绿色增长的监控框架及具体监控指标（见表6-1）。衡量绿色增长的指标是建立在OECD现有工作的基础上的，为了能够更好地适应绿色增长战略，这些工作处于不断的改进中。OECD通过加强与其他国际组织的合作，如联合国环境规划署（UNEP）、欧盟委员会和其他国家组织来不断改进绿色增长战略的实施和监控。这些工作包括计量环境绩效和资源生产率、能源使用及效率的监控、技术发展和创新的监控、国际转移的监控、可持续发展的监控、幸福程度的监控等。2014年OECD发布了第二版《绿色增长指标2014》，该指标体系主要关注四个方面，即建立低碳的、资源利用有效的经济；保持自然资产基础；提高人们生活的质量；实施适当的政策措施，实现绿色增长带来的经济机遇。在这些指标当中，六个极其重要的指标旨在以平衡的方式传达绿色增长的核心要素，即碳和物质生产力、环境调整的多因素生产力、自然资源指数、土地利用和覆盖的变化以及人口暴露在空气污染中的程度。2017年发布了第三版的《绿色增长指标》，更加强调提高生产率关于政策行动的作用，对与环境有关的税收和补贴、技术和创新以及国际资金流动进行了丰富的分析。从OECD发布的绿色发展指数来看，其整体上都是围绕四个问题展开的，所有指标均是回答这些问题的：我们在利用自然资源和环境服务方面有没有更有效率？绿色经济如何为增长和发展服务？我们的经济有没有保持自然资产基础？绿色增长有没有为人们带来好处？

表 6-1 OECD 绿色增长监控指标

一级指标	二级指标	三级指标
环境和资源生产率	碳和能源生产率	CO_2 生产率；能源生产率
	资源生产率	材料生产率（非能源材料、废料、生产要素）；水生产率
	多因素生产率	多因素生产率（反映环境服务的）
自然资产基础	可再生资源	淡水资源；森林资源；渔资源
	非可再生资源	矿物资源
	生物多样性和生态系统	土地资源；土壤资源；野生生物资源
生活的环境质量	环境健康和风险	环境导致的健康问题和相关成本；遭受的自然或者行业风险和相关的经济损失
	环境服务和便利设施	污水处理和饮用水的可获得性
经济机会和政策响应	技术和创新	研发投资对绿色增长的重要性；专利对绿色增长的重要性；环境相关的创新
	环境产品和服务	环境产品和服务的产量
	国际财务流动性	国际财务流动对绿色增长的重要性
	价格和转移	环境相关税收；能源定价；水定价和成本回收

除了 OECD 以外，联合国环境规划署（UNEP）于 2008 年末牵头"绿色经济倡议"，就政策改革和投资向各国提供分析和指导，以实现经济中关键部门的绿色转型。为了更好地检测和度量绿色经济发展情况，UNEP 制订了绿色经济衡量框架和监测指标，主要包括三方面的内容，一是重点行业和经济的绿色转型，该方面着重对各行业的绿色转型投资，以及它们在产出和就业中的相关份额；二是分离和效率，在国际资源小组工作的基础上，在整个部门和经济层面评估资源效率和生产力，以及经济活动与资源使用和相关环境影响的分离；三是进步和福祉总指标，是指关于全面衡量经济进步和福祉的各种倡议，包括减贫和自然资本贬值。

（二）我国的绿色发展评价指标

自 2011 年十二五规划首次将绿色发展规划作为重要内容被提出以后，绿色发展评价指标或者指数成为研究的热点内容。其中，比较典型的研究是李晓西教授主持编制的"中国绿色发展指数系列报告",该报告主要通过吸收国内外绿色发展和可持续发展相关理论的基础上,结合中国实践建立了一套绿色发展评价的指标体系。其建立的绿色发展评价指标体系主要包括经济增长绿化度、资源环境承载潜力和政府政策支持度三个方面(见表6-2)。2016年国家官方发布的绿色发展评价指数主要包括资源利用、环境治理、环境质量、生态保护、增长质量、绿色生活、公众满意度等七个方面,见表6-3所示。从这些绿色发展指标来看,虽然在一级指标分类方面有所不同,但指标均关注了资源的利用情况、环境污染治理情况、生态保护情况以及绿色增长情况,2016年国家发布的绿色发展指标体系更是将群众满意度纳入绿色发展的评价之中,突出了公众对于评价绿色发展的重要性,从根本上考虑了公众的想法,更能体现绿色发展的成果最终为人民服务的宗旨。根据国家发布的绿色发展指标体系,各省分别根据自己的实际情况发布了各自绿色发展指标体系。河北省绿色发展指数的一级指标与国家发布的相同,二级指标有少量不同:在资源利用方面,增加了"煤炭消费削减量";环境治理方面,增加了"生活垃圾分类收集覆盖率""规模养殖场(区)粪污处理设施配建率";生态保护方面,删除了"自然岸线保有率";在增长质量方面,将"战略性新兴产业增加值占GDP比重"改为"规模以上工业战略性新型产业增加值占GDP比重"。

表6-2 绿色发展指数指标体系

一级指标	二级指标	三级指标
经济增长绿化度	绿色增长效率指标	人均地区生产总值;单位地区生产总值能耗;非化石能源消费量占能源消费量的比重;单位地区生产总值二氧化碳排放量;单位地区生产总值二氧化硫排放量;单位地区生产总值化学需氧量排放量;单位地区生产总值氮氧化物排放量;单位地区生产总值氨氮排放量;单位地区生产总值工业固体废物排放量
	第一产业指标	第一产业劳动生产率;土地出产率
	第二产业指标	第二产业劳动生产率;单位工业增加值水耗;规模以上工业增加值能耗;工业固体废物综合利用率;工业用水重复利用率;高载能工业产品产值占工业总产值比重;火电供电煤耗
	第三产业指标	第三产业劳动生产率;第四按产业增加值比重;第三产业从业人员比重

续表6-2

一级指标	二级指标	三级指标
资源环境承载能力	资源于生态保护指标	人均当地水资源量；人均森林面积；森林覆盖率；自然保护区占辖区面积比重
	环境与气候变化指标	单位土地面积二氧化碳排放量；人均二氧化碳排放量；单位土地面积二氧化硫排放量；人均二氧化硫排放量；单位土地面积化学需氧量排放量；人均化学需氧量排放量；单位土地面积氮氧化物排放量；人均氮氧化物排放量；单位土地面积氨氮排放量；人均氨氮排放量；单位土地面积工业固体废物排放量；人均工业固体废弃物排放量；单位耕地面积化肥施用量；单位耕地面积农药使用量
政府政策支持度	绿色投资指标	环境保护支出占财政支出比重；环境污染治理投资占地区生产总值比重；农村人均改水、改厕的政府投资；单位耕地面积及退耕还林投资完成额；教科文卫支出占财政支出比重
	基础设施和城市管理指标	城市人均绿地面积；城市用水普及率；城市污水处理率；城市生活垃圾无害化处理率；城市每万人拥有公交车辆
	环境治理指标	矿区生态环境恢复治理率；人均造林面积；工业二氧化硫去除率；工业化学需氧量去除率；工业氮氧化物去除率；工业氨氮去除率

表6-3 绿色发指标体系（2016）

一级指标	二级指标
资源利用	能源消费总量；单位GDP能源消耗降低；单位GDP二氧化碳排放降低；非化石能源占一次能源消费比重；用水总量；万元GDP用水量下降；单位工业增加值用水量降低率；农田灌溉水有效利用系数；耕地保有量；新增建设用地规模；单位GDP建设用地面积降低率；资源产出率；一般工业固体废物综合利用率；农作物秸秆综合利用率
环境治理	化学需氧量排放总量减少；氨氮排放总量减少；二氧化硫排放总量减少；氮氧化物排放总量减少；危险废物处置利用率；生活垃圾无害化处理率；污水集中处理率；环境污染治理投资占GDP比重
环境质量	地级及以上城市空气质量优良天数比率；细颗粒物（PM2.5）未达标地级及以上城市浓度下降；地表水达到或好于Ⅲ类水体比例；地表水劣Ⅴ类水体比例；重要江河湖泊水功能区水质达标率；地级及以上城市集中式饮用水水源水质达到或优于Ⅲ类比例；近岸海域水质优良（一、二类）比例；受污染耕地安全利用率；单位耕地面积化肥使用量；单位耕地面积农药使用量

续表6-3

一级指标	二级指标
生态保护	森林覆盖率；森林蓄积量；草原综合植被覆盖度；自然岸线保有率；湿地保护率；陆域自然保护区面积；海洋保护区面积；新增水土流失治理面积；可治理沙化土地治理率；新增矿山恢复治理面积
增长质量	人均GDP增长率；居民人均可支配收入；第三产业增加值占GDP比重；战略性新兴产业增加值占GDP比重；研究与试验发展经费支出占GDP比重
绿色生活	公共机构人均能耗降低率；绿色产品市场占有率（高效节能产品市场占有率）；新能源汽车保有量增长率；绿色出行（城镇每万人口公共交通客运量）；城镇绿色建筑占新建建筑比重；城市建成区绿地率；农村自来水普及率；农村卫生厕所普及率
公众满意程度	公众对生态环境质量满意程度

（三）评价

从OECD、联合国规划署以及世界其他组织对绿色发展、绿色经济等设置的评价指标体系来看，大多数集中在如何提高现有资源、能源的使用效率，如何评价经济绿色转型的程度，绿色经济转型是如何提高人们的福祉（或者是幸福指数）的。而我国绿色发展评价指数在绿色经济转型方面、人们的福祉方面关注的较少，主要还是资源和能源的利用效率、环境治理以及经济增长方面。从国内外的绿色发展指标评价体系来看，这些指标体系大多关注的是国家、地区范畴的评价，较少关注具体行业、企业方面的评价，这对于实现绿色发展是不利的。因此，绿色发展的审计评价应该从宏观的区域、城市层面，中观的行业层面以及微观的企业层面，系统的、全面的评价才能够实现整个社会的绿色发展。

二、绿色发展审计评价体系的构建

从国家发布的各省绿色发展排名情况来看，河北省的绿色发展指数排名20，公众满意度31名，可见河北省绿色发展战略任重而道远。从审计角度构建绿色发展评价体系有利于推动绿色发展战略的实施，即通过构建绿色发展审计评价体系，利用审计监督的制度体系保证绿色发展按照预定的目标发展。那么，如何构建绿色发展审计评价体系，应该遵循什么样的原则？具体评价体系又该如何构成？

（一）构建原则

1. 战略性

战略性原则既要体现绿色审计评价体系构建应遵循绿色发展战略，以绿色发展战略为统领,也要体现绿色审计评价体系是绿色审计战略框架。绿色发展战略是当下解决生态环境与经济发展不协调的必经之路,尤其是在河北省环境污染问题严峻、生态保护不足的背景下,以绿色发展战略为审计监督制度改革与完善的出发点尤为重要。在绿色发展战略的指引下,积极探索绿色审计的内容、方法、模式,提高资源利用的效率、污染防治和生态治理的效果、落实领导干部绿色发展方面的责任。绿色审计评价体系是绿色审计的战略性、框架性的内容,对绿色审计的实施起着提纲挈领的作用。绿色审计的整个过程就是收集与生态环境保护、资源利用、环保建设项目等相关的信息,获取审计证据,得出审计结论的过程。这个过程不是杂乱无章、漫无目的的,是在一定的法律、准则指导下,依据审计人员的职业道德,以客观事实为基础来实施的行为,最终提供专业的审计意见。这一切的行为均应受到一个健全的框架体系约束和指引,而这个健全的绿色审计评价体系便可以为审计揭示、抵御、震慑、预警作用的发挥起到战略引领的作用。

2. 全面性

绿色发展所涉及的内容非常广泛,仅从绿色发展指标来看就包括资源利用、环境治理、环境保护、增长治理、绿色生活等方面。从国家十三五规划对绿色发展的要求来看,低碳、节约、能源和资源的高效利用、环境治理、生态保护是未来发展的方向。绿色审计的内容应该根据绿色发展的要求来进行完善,分析审计的重点内容,采用不同模式来进行审计。从审计的主体来分,审计可以分为政府审计、社会审计以及内部审计,还有一些学者提出了公众审计;从审计的内容来分,审计可以分为财务审计、合规审计和绩效审计;从审计的时间来分,可以分为事前审计、事中审计和事后审计等。审计从不同角度可以进行多种细分,如何将这些审计运用到绿色发展监督中来,让审计的内容涵盖绿色发展的各个重要方面,需要综合各种审计模式、采用各种审计方法,进行一种综合性审计。例如,在对环境治理工程项目进行审计时,可以采用工程审计的追踪审计和绩效审计相结合的方式,在工程的每个细分阶段设置不同的绩效评价指标,分别进行评价监督。

3. 适应性

绿色发展是建立在资源节约、环境友好、生态优化等基础上的一种可持续发展,因而绿色发展所涵盖的内容非常丰富且复杂,尤其涉及生态保护、环境问题时往往需要具备多种学科知识,如生态学、地质学、气候学、环境学等。因此在绿色发展审计评价体系的构建时应充分考虑适应性问题,使其能够各个地区或区域的实际情况。河北省的经济仍然处于一种高排放、高污染的工业结构，产能过剩，清洁能源占所有能源比例较低的经济结构体系。在这种背景下，绿色审计体系应该紧跟河北省的现实状况，对传统产业转型升级的效率、效果进行评价，并结合绿色发展战略的重点及时修正审计方向。

4. 动态性

绿色发展会随着经济发展、科技进步以及社会生活的变化而呈现出不同的要求，在绿色发展的不同阶段也会有不同的要求。比如，河北省现阶段的绿色发展的重点是资源和能源的节约以及高效利用、环境污染治理，但当这些情况得到好转，技术进步使得利用效率提高、环境质量提高，这时候绿色发展便会转向经济增长的质量和人们绿色生活、福祉的提高。因此，绿色审计也应根据不同的发展阶段、发展状况做出相应的调整，绿色审计体系便是动态调整的。而且随着新的审计技术方法的更新、审计经验的积累、审计人员知识体系的完善、审计制度的变革，审计的评价体系也会随之变化。由此可见，绿色发展审计评价体系并不是一成不变的，是短时间内固定、长时间内变化的。

(二) 审计评价体系

绿色发展审计评价体系是绿色发展重要的监督体系（见图 6-1），应该是由政府审计、社会审计、内部审计三位一体的审计力量为依托，在环境、条件和时机允许的情况下，可以让公众参与审计，作为审计体系的重要补充力量，为主体审计力量提供审计线索。在对绿色发展评价时应从绿色发展的宏观的省际层面，中观的产业发展层面以及微观的企业层面三个层面共同为绿色发展贡献自己的力量，因此只有保证三个层面皆符合绿色发展战略才能形成正确的发展观。三个层面在进行审计评价时，由于不同的审计力量有其特殊的审计范围，因此对绿色发展的宏观评价应以河北省发布的绿色发展指数和生态文明考核为基础对省级、区域、城市的绿色发展进行评价，评价的主体以国家审计部门为主要力量，社会审计、内部审计作为辅助力量；对绿色发展的中观评价应以行业、产业供应链为审计对象，主要依靠社会审计力量，国家审计和内部审计作为辅助力量；绿色发展的微观评价应以最了解企业的内部审计作为审计的主要力量，国家审计和社会审计作为辅助力量。对于所有审计评价应以何种审计类型，由于不同类型的审计目的不同，采用的方法不同，财务审计、合规审计、绩效审计、经济责任审计等类型均可以作为绿色发展审计评价体系的构成内容，依据不同的审计项目选择何种审计类型更适合，殊途同归，最终皆是为了能更好地服务于绿色发展战略。

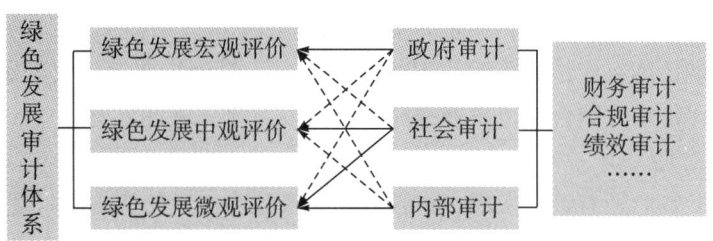

图 6-1 绿色发展审计体系

三、绿色发展审计评价体系具体内容

如第六章所述，河北省绿色发展道路任重而道远，审计如何在绿色发展当中发挥评价、鉴证和监督的作用呢？从上述讨论中发现，审计应该包含的内容是非常繁多且复杂的，只有结合河北省现阶段绿色发展所处的程度来确定审计内容才是合理的。否则，脱离现实背景去执行审计，将会适得其反。结合河北省现阶段发展情况，在该阶段对绿色发展的审计监督的中心应该在资源、能源开发利用、环境污染治理和环境保护以及领导干部环保责任方面。结合绿色发展不同层面的评价，具体的评价内容如下所述。

（一）宏观审计评价

宏观方面的审计评价主要集中在省级层面，借鉴郑石桥教授对审计的分类，本文认为应包括以下四个方面：生态、环境保护、治理方面，资源、能源节约高效方面的法律、法规、政策的审计，即制度审计；环保资金筹集、使用以及效率方面的财务审计；资源利用、环境污染治理等方面的绩效审计；环境保护责任方面的领导干部环保责任审计。

1. 制度审计

这里说的制度主要是指要求人们共同遵守的一些行为准则或者办事规程，包括法律、法规、规章、制度等。环保制度审计主要内容是资源、环境、生态保护方面的法律、法规以及各项规章、制度。由于国家审计部门并不是法律法规以及政策的制定部门，因此具有较强的独立性，可以客观、公正的评价这些制度是否科学、合理、有效。在审计内容方面，主要包括资源、能源的开发、利用方面的法律法规、政策；水、大气、土壤等环境保护、改善以及污染治理方面的法律法规、政策；资源、环境保护资金筹措使用方面的法律法规、政策；领导干部环境责任方面的法律法规、政策等内容。在审计对象方面，既包括资源环境保护监管部门，如生态环境厅、自然资源厅等部门，也包括资源环境政策的执行部门。针对不同的审计对象审计监督的内容也不一样，对监管部门则主要评价是否遵守了相关的法律法规制度，这些制度是否存在设计缺陷等问题；对执行部门则主要评价是否遵守了相关的法律法规制度。

在审计发挥监督作用的途径方面，由于审计并不直接参与立法，往往是在法律法规政策制定以后，对法律法规是否完善、是否存在缺陷进行评价，或者并不直接对法律法规政策进行评价，而是在绿色审计执行过程中将这些制度作为审计的标准来评判具体审计对象时，发现这些标准存在一定的问题或缺陷，而在实际审计业务中，后者往往是主要的审计途径。因此，在审计执行过程中，审计人员应该时刻遵守职业道德，保持职业怀疑和应有的关注，对审计过程中发现的制度设计或者执行方面存在的不足或缺陷及时地进行取证、调查、验证以证实该制度确实存在缺陷，无论是由于制度过时、陈旧还是因为制度本身与实务不符等原因造成的，均应建议有关部门进行修正。

2. 环保资金审计

环保资金主要是用在资源、生态、环境保护、治理、建设项目等方面的资金，这些资金往往以专项的形式进行拨付使用。以审计署 2018 年发布的节能环保重点专项资金的审计结果来看，其存在的主要问题有违规使用工业企业结构调整专项奖补资金、节能减排财政政策综合示范奖励资金和园区循环化改造补助资金管理使用不规范、节能环保专项资金结存在地方财政部门、节能环保专项资金结存在项目主管部门及实施单位、多申请节能减排财政政策综合示范奖励资金等。针对这些问题，审计应该从环保资金的筹集、分配、使用以及环境工程项目等方面进行审计。

对于环保资金的筹措方面，从环保资金的来源来看主要来源于中央财政环保拨款、各级政府财政预算中用于环保项目的资金支出、财政贴息的环保项目专项贷款、向企业和个人收取的排污费收入、罚没收入，《环境保护税法》颁布实施以后，还包括环保税收。对这些项目，在审计时主要关注环保资金的来源是否合法合规。在环保资金分配使用方面，应重点关注环保资金的分配是否合理，是否符合环保工作计划，环保资金是否按照规定的用途进行使用、审批流程是否规范。例如，中央财政 2016—2018 年将环保资金重点投向了蓝天保卫战、水污染防治、土壤污染防治、农村环境综合治理等方面，对于这些方面的审计应重点关注是否专款专用，有没有挪用资金，资金使用绩效是否达到预期效率、效果等方面。对于重点环境工程的审计，应以追踪审计作为审计的主要模式，从项目的规划、建设、运行和管理等各个方面关注资金流是否存在问题，项目建成以后是否达到预期水平，是否建成后存在闲置问题等。

除此之外，对于环境保护专项工程，在工程资金筹措方面应该重点考虑项目造假预算是否合理准确,如专项资金不足需要借款的,认真核查介入资金的试点、金额是否与项目进程匹配,借款利息是否存在异常。资金在下拨过程中审查拨付的手续是否完备、是否符合授权审批制度。项目完工后,严格进行竣工决算审计,审查有无随意扩大建设规模、改变建设标准,是否存在虚假账目、序列支出等问题。

3. 绩效审计

宏观层面的绩效审计重点关注的是政府生态环境保护、资源管理部门政策制定方面以及自身环境管理系统的经济性、效率性和效果性等内容。在政策制定方面的绩效审计,主要关注生态环境政策包括环境保护政策、环境治理政策、环保安全政策、资源利用政策、能源开发与利用政策等是否产生了环境效益、经济效益或者社会效益等内容。在环境管理方面,主要关注生态环境质量是否符合绿色发展的要求,包括资源利用效率、环境治理效率、环境质量指标、生态保护指标等,均可以作为绩效审计评价的重点内容。除此之外,还可以评价环境改善对于经济增长、人民群众生活质量改善的作用,从而评价其经济效益和社会效益。绩效审计的重点在于建立评价指标体系,然后收集数据、信息做出评价,因此在实务中往往结合不同的理论建立指标体系,常见的有利用平衡计分卡理论、PSR模型、霍尔三维结构模型等,这要结合具体的评价项目选择适合的理论进行构建。

4. 领导干部环境责任审计

针对领导干部环境责任审计,我国目前主要开展的是领导干部自然资源资产离任审计。根据郑石桥教授的研究,领导干部的环境责任可以分为直接责任、主管责任和领导责任,由于环境责任发生时间的滞后性,有可能在领导干部任期发生的环境事件、产生的环境效益或者恶劣影响并不一定是在任领导的责任,因此很难做出审计评价。在对领导干部环境责任审计时,应采用分析其做出的重大环境举措,并评价其效果的方法,即评价领导干部在任职期间所发布的环境政策、做出的环境举措、实施的环境行为,并评估其产生的经济、环境和社会效益。而领导干部环境责任审计的审计范围则需要根据不同地区在资源、生态环境方面所面临的现实问题来具体确定。例如,河北省在2018年印发了《白洋淀流域治理实施方案2018—2020》《关于〈白洋淀生态环境治理和保护规划(2018—2035年)〉的实施意见》以及具体工作方案,专门针对白洋淀水域进行污染治理,在考察领导干部环境责任时,则主要考核其水质达标情况。

(二)中观审计评价

中观层面绿色发展审计评价主要是基于行业、产业链在环保制度的制定和遵守、环保资金筹集和使用方面、环保绩效方面的监督和评价。

1. 制度审计

中观层面的制度审计，也是针对法律法规政策制度进行评价，但于宏观层面的制度审计的侧重点不同，主要针对行业、产业、产业链等层面的制度评价，这些法律、法规政策多是行业监管部门、行业协会等机构发布的一些资源利用、能源开发以及环境保护、治理方面的政策。由于这些政策往往结合特殊行业、产业制定，不具有普遍适用性，往往只是一些指导性文件，不具有法律的效力，因此审计很难根据这些政策对被审计对象进行处理。审计过程中，要结合具体项目的不同情况，对这些政策制度不合理的地方，可以提出修改意见，对于一些重大问题，可以提请相关行政部门、法律法规制定部门予以注意，作为以后修订法律法规的基础。

2. 环保资金审计

中观层面的环保资金审计，主要的审计内容是政府拨付给节能环保产业的专项资金，如股权资助、贷款贴息以及一些直接资助等，对这些资金从审批、拨付、使用以及后续产生的效益进行追踪审计。在具体执行审计过程中，可以借助大数据审计的相关技术，及时的发现这些环保资金挪用、闲置问题。

3. 绩效审计

中观层面绿色发展的审计评价，可以主要依赖绩效审计展开工作，具体可以围绕产业结构调整、节能环保、清洁能源等方面设计绩效审计指标。在产业结构调整方面，由于经济的发展和技术的进步使得城市化进程逐步加快，产业结构调整成为河北省新时期经济发展的必由之路，为此，河北省在十三五规划中提出了重点发展的十二个产业领域（表6-4）。在审计时可以围绕这些产业结构调整领域设计具体评价指标，例如可以设计先进装备制造业企业增加比例、先进装备制造业产值增加率，再如可以针对传统行业设计排污达标率、环保投入产出率等指标。除此之外，还可以设计第三产业产值占GDP比重，新型产业、环保产业产值占GDP比重等指标来衡量产业结构调整的效果。

表6-4 河北省重点发展产业领域

产业类型	具体内容
优势领域	先进装备制造、新一代信息产业、生物医药、新能源、新材料、节能环保、新能源汽车
传统产业	钢铁产业、石化产业、塑造消费品、建材行业

(三) 微观审计评价

微观层面的绿色发展审计评价主要集中在对企业层面，在审计主体方面主要包括注册会计师审计和内部审计。审计类型方面，注册会计师审计和内部审计均主要集中在财务审计和制度审计（内部控制审计）方面，绩效审计、责任审计、合规审计虽然较少，但也是其重要的组成内容。

1. 财务审计

企业环保资金主要来源于三个方面，一是政府财政拨付的用于专项的资金，如企业生产企业新能源汽车的补助、企业环保设备的补助以及其他用于专项的环保贷款等。对于这些环保资金的审计首先应明确企业是否具备申请资格、资质，对于申请到的资金是否专款专用，是否有挪用、闲置以及浪费、骗取等现象。二是企业专门用于环境污染治理的资金，对于该环保资金审计主要关注环保资金是否经过企业相关部门批准，金额是否属实、是否真正支出，是否按照企业制度规定进行了使用、是否符合预期的效率和效果，对于该资金在会计处理时其确认、计量、记录和报告是否符合相关准则规定等内容。三是环保专项奖励资金，该部分资金主要采用"以奖代补"的方式，激励企业在环境治理和节能环保方面提高生态环保水平，审计时应关注环保专项资金的使用和项目建设绩效情况。审计人员可以深入企业，实地调查环保项目建设情况，现场查看环保设备运行状态，客观评价环保专项奖励资金绩效。

2. 制度审计

企业环境制度审计主要是各企业根据国家法律法规要求、行业规范以及自己发展的需要设立的一系列规章、制度以及业务流程方面的规范，在这里主要是跟环境保护相关的内部控制制度和环境风险管理相关的内容。在对企业的环境制度审计时，应围绕环境制度的设计是否合理、是否存在缺陷，制度是否被执行两个角度展开审计。在对环境建设项目进行评价时，还需要关注建设项目的环境影响情况，包括投资项目是否进行了环境影响评估，工程设计是否符合环保法律法规的有关政策，工程建设过程中对环境的影响程度如何，是否设计了相关的建设标准、验收标准、污染物处置标准以符合国家相关政策。

3. 合规审计

企业的环境合规性审计主要是针对企业遵守环境法律法规政策制度情况的审计，既包括政府制定的环保制度，也包括企业自身制定的环境规范。从外部审计角度来看，主要审计的是其遵守国家发布的环保法律制度的情况，从内部审计角度来看，则包括这两方面的内容。具体来说，包括企业清洁生产、资源利用、能源开发、污染排放以及处置、环保资金的使用管理、排污许可证、排污费和环境处理突发事件等等方面的制度。在审计时可以借鉴内部控制测试的方法进行审计,如在审计某企业污水处理流程时,可以先了解企业相关的管理流程以及规定后,进行现场观察具体污水处理设施的运行情况,对流出污水进行监测,以确定管理制度是否健全。

4. 绩效审计

企业的环境绩效审计主要评估的是企业管理活动的经济性、效率性和效果性。由于不同的企业环境保护工作方面的差异,往往在设计具体评价指标时也有所不同,但大多关注环保资金投入产出绩效、资源利用方面、污水废气达标率以及环境政策执行方面。在审计时,企业可以结合其具体情况,设计指标体系来对企业环境进行绩效评估。如煤炭企业可以从环境治理资金投入占企业费用比率、排污费支出占企业费用比率、大气污染排放物(如二氧化碳、二氧化硫)达标率、煤气废渣循环利用率、清洁生产技术使用率、居民投诉率等设计指标来进行审计。对于环保建设项目而言,还可以根据项目的每个阶段设计不同的指标,评价项目是否符合相关的环境标准,如项目建成运行后是否节能、节水问题设计能耗、水耗指标进行评价,以评价该项目是否节能、节水。

5. 环境责任审计

国有企业的环境责任审计主要从国家层面规定的领导干部自然资源资产离任审计,对于非国有企业并没有从制度层面予以规范。然而,除了国有企业领导干部应该承担环境责任外,非国有企业也应该承担应有的环境责任。那么对于非国有企业应该由谁来承担环境责任呢?借鉴财务审计的相关理论,管理层是企业财务信息的提供者,对于披露的环境信息的真实性、合法性和公允性也应该由管理层对其负责。由于企业的环境责任体现在很多方面,如使用绿色环保能源、开发绿色资源、使用环保设备、提供环保产品、不排放对环境有污染的水、气体等,而这些环境责任很难去具体的识别和判断,因此在对企业环境责任进行审计时,除了常规的审计方法外,还可以借鉴舆情分析的方法,借助社会公众的力量发现企业在环境责任承担方面的问题。

第三节 雄安新区绿色发展审计评价

雄安新区自 2017 年设立以来,便以"创新、协调、绿色、开放、共享"为发展理念,积极推进建设进程,在探索绿色、智慧、创新发展方面取得了一定成效。但是不可否认的是雄安新区的环境污染问题,包括大气污染、水污染以及土壤污染方面仍然存在较大的治理缺口,如何才能实现"绿色雄安"的发展目标，成为当前急需解决的问题。审计作为国家监督体系重要组成部分，是国家治理的工具，同样也是环境治理强有力的工具，因此，建立和完善区域绿色审计评价体系十分必要。

一、雄安新区的绿色发展情况

（一）雄安新区自然资源及生态环境状况

雄安新区地处京津冀核心区位，区位优势明显，在自然资源方面主要是容城县的矿产资源（砖瓦黏土和建筑用沙）和安新县的地热资源、白洋淀丰富的水产资源。2019年国家自然资源部发布了对雄安新区的地热资源勘查报告，报告显示容东片区的水热地热资源储量丰富，供暖能力较强约300万平方米。白洋淀位于河北省中部，总面积366平方公里，平均蓄水量13.2亿立方米，现有大小淀泊143个；隶属于保定市的安新县、雄县、容城县、高阳县和沧州市的任丘市，其中安新县境内水域面积312平方公里，约占白洋淀总面积的85%。主要承接上游萍河、府河、漕河、唐河、瀑河、孝义河、潴龙河、白沟引河等8条河流的洪沥水，是华北地区最大的淡水浅湖草本沼泽型湿地生态系统。虽然资源储量丰富，但如何高效利用和可持续开发仍处于探讨阶段。

在生态环境方面，白洋淀水污染、大气污染以及固体废弃物围湖等问题严重，亟待解决。白洋淀水污染主要源于保定城市地区生活污水和工业废水的排放，围湖村庄的水产养殖、垃圾堆放以及生活污水的排放，加之旅游业发展带来的一些垃圾废物任意丢弃使得水质恶化。大气污染问题是保定市乃至京津冀的区域性问题，工业废气排放、汽车尾气排放、小企业不合规废气乱排、燃煤、扬尘等均是大气污染的主要原因，尤其是在冬季取暖季节，雾霾治理是每年大气污染的主攻方向。固体废弃物主要来源于工业废弃物、生活垃圾以及建筑物垃圾等等，这些废弃物一方面造成白洋淀的污染，另一方面使得造成土地污染，使得需要修复的水体和土壤日益增多。

（二）针对生态环境保护采取的措施

针对雄安新区的生态环境污染问题，政府有关部门采取的多项措施，在机构设置方面成立了雄安新区生态环保局，承担新区内生态环境保护、城乡各类污染排放监管相关行政许可、行政执法等管理职责。其主要职责是建立健全生态环境基本制度、重大环境问题的统筹协调和监督管理、从源头预防控制环境污染、环境污染防治的监督管理等。在政策制定方面，政府相关部门制定和发布了有关水污染防治、大气污染防治、固体废弃物治理等方面的多项指令和政策。

1. 水污染防治

2018年8月，河北省委、省政府出台了《关于全面加强生态环境保护坚决打好污染防治攻坚战的实施意见》（简称《实施意见》），该实施意见中将"雄安新区及白洋淀流域水环境综合整治"作为八大攻坚战之一。以白洋淀流域水生态提升为重点，加强白洋淀流域水环境质量管理，强化雄安新区水环境生态支撑。编制实施《白洋淀流域治理实施方案（2018—2020年）》。坚持内源与外源共治、污染治理与环境监管并重、淀区治理与流域治理相结合，重点实施流域水环境治理、水资源保障、水生态修复、水功能涵养、水环境监管等工程。《实施意见》还提出了"实施雄安新区污染治理与生态修复"。加大唐河污水库及雄安新区内黑臭水体、纳污坑塘等水体整治力度，强化城镇和农村污水垃圾、工业废弃物、旅游污染治理管控，严格控制新增水污染物，有序推进淀区生态搬迁和污染治理。修复淀区湿地生态，开展清淤试点。实施水生植物平衡收割，清除各类非法围堤围埝，促进水体自然流动，减轻内源性营养物负荷的积累。开展增殖放流，培育水生植物群落，逐步恢复白洋淀水域生物多样性。

2018年12月，河北省水污染防治工作领导小组办公室印发了《河北省碧波保卫战三年举动计划（2018—2020年）》，其中专门提出了雄安新区的水生态环境治理问题，"立足于雄安新区水生态环境功能要求，统筹白洋淀流域治理与保护，在全面排查生态环境状况的基础上，加强上有生态建设和税源涵养功能维护，系统治理雄安新区及周边区域工业、城镇生活、农业农村、旅游开发等污染源，对入淀河流、黑臭水体以及纳污坑塘等水体进行整治，严格执行大清河流域水污染物排放标准"。

为强化水污染治理行动，生态环境部已指导河北省编制了《雄安新区生态环境保护规划》《白洋淀生态环境治理和保护规划》，制定了大清河流域水污染物排放标准，全面治理水污染，提升白洋淀周边区县城镇污水处理能力，完善城镇污水管网体系建设。除此之外，还制定了一系列文件，推出了"一源四措""13项管控措施"等来加强水环境治理（见表6-5）。

表6-5 近年来雄安新区水污染治理政策及行动

治理政策、行动	具体内容
相关文件	《白洋淀环境综合整治与生态修复规划（2015—2020）》 《河北省白洋淀和衡水湖综合整治专项行动方案》 《雄安新区及白洋淀流域水环境集中整治攻坚行动方案》 《河北雄安新区规划纲要》 《河北雄安新区总体规划（2018—2035年）》 《白洋淀生态环境治理和保护规划（2018—2035年）》 《关于全面加强生态环境保护坚决打好污染防治攻坚战的实施意见》 《河北省碧波保卫战三年举动计划（2018—2020年）》 《雄安新区生态环境保护规划》 《白洋淀生态环境治理和保护规划》
一源四措	重点区域半径约一公里范围内生活污染为重点源，围绕垃圾、污水、厨余、厕所粪污等四类难点问题采取措施
13项管控措施	推进淀区面源污染治理；彻底清理白洋淀淀区水产养殖设施，实现淀内及淀边、入淀口及河流上游5公里范围内全面禁养；全面清理已有畜禽养殖设施，白洋淀淀区及淀边、入淀河流沿岸1公里范围内全面实行禁养；加强新区内的工业固体废弃物和医疗废物管理，建立危险废物动态数据库，妥善处置积存的铝灰钢渣、冶炼渣，严格管理新产生的废塑料、废电缆、制鞋和箱包下脚料，做到定点存放，定期清运；加强旅游餐饮污染管理；加强旅游餐饮污染管理；严格管控汽柴油动力船舶；谋划开展水污染预警指纹溯源研究；统筹科学补水和放水；加强生态环境监测；加强水环境综合执法；全面整治"散乱污"企业；加强水源地保护；加大自然保护区监管力度

2. 大气污染防治

雄安新区地处保定，是空气污染最为严重的地区，为了治理空气污染问题，河北省、保定市、雄安新区政府以及相关部门发布了多项文件、开展了多项活动。2017年8月，国家环境保护局印发了《京津冀及周边地区2017—2018年秋冬季大气污染综合治理攻坚行动方案》，其中单独列出了《雄安新区2017—2018年秋冬季大气污染综合治理攻坚行动方案》，提出了产业结构调整、工业深度治理、清洁取暖、移动源、面源治理、重污染天气应对以及基础能力建设等不同措施。

2018年8月，河北省政府发布了《河北省打赢蓝天保卫战三年行动方案》，其中提出，2019年，保定市要力争退出全国重点城市空气质量排名后20位，要把深度调整产业结构、能源结构、交通运输结构和用地结构，优化产业空间布局作为主攻方向。把加快推进清洁取暖、散煤治理、钢铁建材等重点行业去产能、工业企业退城搬迁和污染治理、交通干线绕城运输及重型柴油车排放管控作为主战场,严格管控扬尘和垃圾秸秆露天焚烧,综合施策,集中攻坚,大幅削减污染物排放。

2019年5月,雄安新区大气污染防治工作领导小组印发《河北雄安新区2019年大气污染综合治理工作方案》,根据方案,新区将进一步完善科技支撑,继续推进清洁取暖,深入开展"散乱污"企业再排查、再整治和涉气企业升级改造,加快推进挥发性有机物深度治理,推进燃气锅炉低氮改造和生物质锅炉超低排放改造,创新管理模式,推进扬尘污染治理工作。

3. 固体废弃物污染治理

除了《河北雄安新区规划纲要》《河北雄安新区总体规划(2018—2035年)》对雄安新区污染治理做出的整体规划外,2018年11月,为提升城乡固体废物处理和资源化利用水平,雄安新区日前制定《固体废物综合整治实施方案》,持续开展固体废物风险隐患排查和农村固体废物集中清理专项行动,妥善处置历史遗留工业固废。2019年4月,河北雄安新区党工委管委会党政办公室印发《雄安新区土壤污染综合防治先行区建设方案》中提出,雄安新区将强化涉重金属行业企业污染防控和企业拆除活动全过程监管,加快整治固体废物堆存场所,推进"智慧土壤"建设,开展重点区域试点示范,探索建立具有雄安特色的"健康土壤"先行区,促进土壤资源永续利用。

(三)雄安新区生态环境监管体系

在生态环境监管机构设置方面,2018年5月16日雄安新区生态环境局,承担建立健全生态环境基本制度;重大环境问题的统筹协调和监督管理;组织督促新区污染减排目标的落实;从源头预防控制环境污染;环境污染防治的监督管理;生态保护规划,组织评估生态环境质量状况,监督对生态环境有影响的自然资源开发利用活动、重要生态环境建设和生态破坏恢复;新区排污许可证的审批核发,排污权交易等工作,建设项目"三同时"的监管,污染源限期治理等环境管理制度的实施,环境执法和环境保护制度检查;新区辐射安全的监督管理;新区环境监测和信息发布;推进生态环境科技发展等十一项具体工作。

除此之外,雄安新区管委会也承担了生态环境保护的相关职责,例如在土壤污染治理方面,管委会负责推进"无废城市"示范建设工作;推进濡染污染综合防治先行区建设取得明显成效、探索建立科学、高效、完善的土壤污染防控体系;考核管理、压紧压实土壤污染防治责任中,加强组织领导,即各级政府对本地生态环境保护和土壤环境质量改善负总责,落实属地管理主体责任。督促各部门依法履行监督管理职责,制定责任清单,层层压实责任,建立长效管理机制，提升治理效能水平，确保完成土壤污染防治目标任务。省发改委、财政厅、气象局、农业农村厅、公安厅等及其地方分管机构和部门也均对环境保护、治理负有一定监管职责。

从监管体系来看，生态环境保护保护职责比较分散，存在一些监管重复的地方，浪费监管资源，唯有将生态环境保护、修复以及污染防治、治理等职责进行整合、协同管理、统一监管责任，建立良好的领导及管理体制才能促进生态环境保护健康、持续的发展。

二、雄安新区绿色发展审计评价

除了建立统一、完善的环境监管体系外，对环境管理本身的监督也是构成环境监管体系的重要内容。如前文所述，审计作为国家监管体系的重要组成部分，是对环境监管的再监督，可以保证环境监管任务的完成，发现环境监管体系存在的问题，从而给出相应的处理意见或建议，对保障环境监管体系持续运行至关重要。从上述对雄安新区绿色发展的情况来看，对其进行审计评价应主要围绕资源、能源开发利用情况，污染防治以及生态环境保护方面，在审计方法和模式选择上，可以综合利用多种审计方法。

1. 资源、能源开发利用情况

对于资源、能源开发利用情况进行审计，可以从以下两个方面展开：一是资源、能源开发政策的制定和遵守情况审计。雄安新区资源丰富，有矿产资源、地热资源、水资源等，针对如何开发这些资源，政府部门、有关企业制定了一系列政策，如《河北雄安新区地热资源开发利用专项整治行动实施方案》《雄安新区综合能源供应及基础设施服务初步方案》《雄安新区白洋淀芦苇、污泥及城市有机垃圾资源化生态循环利用方案》《雄安新区总体供能解决方案》等。审计过程中可以针对这些政策制定的是否合理、是否存在设计缺陷，是否得到执行等问题展开工作。二是资源、能源开发利用绩效审计。可以针对矿产资源、地热资源设置开采量/总量、开采收入/开采成本、有效利用率，针对太阳能资源可以设置发电量、发电收入/发电成本等指标来对这些资源和能源的开发和利用程度进行评价。

2. 污染治理审计

对于污染治理审计可以从三个方面展开：一是污染治理相关法律法规政策的制定和遵守情况审计。针对环境污染治理，国家层面、河北省层面和雄安新区层面均发布了相关的环境治理政策，对于这些政策是否合理、是否存在设计缺陷，有关部门、企业是否遵守、遵照执行、执行效果如何，这些均属于审计范围。二是污染治理资金审计。中央财政、地方财政每年均会针对不同的污染治理项目拨付专项资金，审计应对这些资金拨付、使用情况、是否闲置进行审计，同时应对这些资金的会计处理及报告情况进行审计。除了财政拨付的专项资金外，还有排污费、环境税收入、企业自己安排的环保资金也是重要的审计对象。三是污染治理绩效审计。对于不同的污染情况，可以设计不同的指标来评价污染治理的效果。例如对于大气污染可以设置污染指数低于某一浓度的天数、污染物浓度、单位产值废气排放等指标，对于水污染治理可以设置水质达标率、污水处理达标率、污染物浓度、单位产值废水、有关监测点设置个数等指标。

3. 生态环境保护审计

对于生态环境保护审计可以从三方面展开：一是生态环境保护相关法律法规政策的遵守情况审计。针对生态环境保护的政策制定是否合理、是否存在缺陷，有关部门、企业是否遵守了相关的法律法规政策。二是生态环境保护资金。同样也是针对这些资金的拨付、使用以及管理情况进行审计。三是生态环境保护绩效审计。对于雄安新区的生态环境保护方面，可以从人均公共绿地面积、人均耕地、工业用水重复率、淡水资源供给、清洁能源占比、污染监控情况、生物多样性等指标进行评价。

第四篇　对策篇

第七章　国际经验借鉴及对我国的启示

自 20 世纪 90 年代以来，所有经合组织和 G20 国家都提高了整体的环境调节生产力，碳生产率也有所改善，35 个经济合作与发展组织成员中有一半的国家将经济与碳排放脱钩，这意味着碳排放量不再与经济同步增长。瑞士和瑞典的碳生产率最高，斯洛伐克、拉脱维亚和波兰都降低了二氧化碳与经济增长的关联度。也有一些国家在利用自然资源和环境提供的服务方面效率很高。但根据经合组织的调查报告显示，没有一个国家在所有绿色增长方面表现良好，而且大多数研究的国家还没有完全摆脱经济增长与化石燃料使用和污染物排放的关系。进展往往不足以保护自然资产基础或减轻对生态系统和自然环境如水净化和气候调节的压力。也就是说，虽然有绿色增长的迹象，但大多数国家只在一个或两个方面表现出进步，而其他方面则进展缓慢。如何更好地保护自然资产，减少我们的环境足迹，切断经济增长和环境压力之间的联系，这需要我们付出更多的努力。

第一节　丹麦环境治理和绿色发展的经验

丹麦地处欧洲，是北约创始国和欧盟成员国之一，该国以完善的福利制度，国民较高的生活满意度而被世界广泛关注。根据经合组织的调查显示，丹麦是经合组织中收入不平等程度最低的国家之一。而在实现可持续发展目标上，丹麦的表现也超过了经合组织的平均水平。尤其是在环境压力和经济活动脱钩、经济活动中减少碳排放上取得了不错的成绩。丹麦在环境政策的制定上充分利用成本效益和分析，这点值得我们借鉴。当然，丹麦仍然面临着环境问题的挑战，比如大城市仍然在面对高于世界卫生组织标准的 PM2.5，许多地区的生物多样性面临压力，生态系统流通性低，水质污染严重等环境问题。

一、丹麦的环境治理和绿色发展的概况

（一）经济脱碳方面取得了进展，能源行业发挥了关键作用

2005—2017 期间，丹麦实现了化石能源相关的二氧化碳、二氧化硫、GHO 和主要的空气污染物排放与国民生产总值的增长脱钩。化石燃料对一次能源供应总量（TPES）的贡献从 2005 年的 82% 下降到了 2017 年的 60%，下降幅度显著。

丹麦经济的能源密度是欧洲国家最低的，并且呈现继续下降的趋势。能源消耗在 2005—2016 年间下降了 8%。而分析各行业的能源消耗，工业部门降幅最大，高达 25%。其中住宅和交通是丹麦最大的能源消耗部门，在 2016 年占到总能源消费量的 30% 以上。丹麦已经实现了在 2020 年将可再生资源占全部能源消耗总量的比率提升到 30% 的目标。

（二）加大对减少温室气体排放的努力，并计划在 2050 年实现碳中和

2005 年到 2017 年，丹麦的温室气体排放量减少了 27.7%。2018 年 6 月，丹麦政府和议会通过了一套新的计划，该计划的目标是在 2030 年可再生能源在能源供应中达到 55%，可再生能源将覆盖全部发电，火力发电被逐步淘汰。丹麦政府的其他措施还包括，到 2030 年停止销售新的汽油和柴油汽车，拿出 1200 万欧元支持研究发展低温室气体农业，1400 万欧元支持通过森林和农业储存碳元素。在颁布的《2019 年金融法案》中提高了报废旧车的补贴，为低碳谷仓技术和估算土地和森林的碳汇的研究提供资金支持，通过政策支持帮助达成每年 100 万电动汽车的销售目标。为此政府专门成立了交通委员会，提供了电动汽车免费停车、公交车道行驶等鼓励政策。

（三）城市颗粒物污染和农业污染排放问题依旧存在。

目前可以预计，丹麦能在 2020 年实现欧盟对氮氧化物、非甲烷挥发性有机物和硫氧化物等污染物排放上限的规定。但对于 PM2.5 和氨的减排量明显是达不到目标的。为此丹麦政府出台了一系列的措施，包括电动车免税、为传统燃油汽车安装过滤器、限制住宅木柴取暖的排放值等。丹麦于 2019 年 4 月向欧盟委员会提交了国家空气污染控制计划，该计划提出了减少氨排放的措施，包括对低排放谷仓的财政支持和对尿素化肥的监管。减少 PM2.5 的措施主要集中在更清洁的交通工具的使用和加速更换旧的住宅取暖火炉。

空气污染造成的过早死亡人数仍然高于经合组织的平均水平。根据丹麦奥尔胡斯大学的环境和能源中心的估计，每年丹麦有 3200 人因为空气污染过早死亡。

二、丹麦实现可持续发展和相关政策介绍

丹麦在实现绿色增长和可持续发展道路上取得的很多环境成就，也面临着巨大的挑战。通过丹麦国家和国际来源的指标，我们根据以 2005 年以来的时期为重点，可以比较出丹麦国家政策目标和国际承诺及目标的整体进展情况，并得出包括空气、气候、生物多样性和水在内的环境部门的发展情况。

（一）丹麦的可持续发展概述

丹麦是一个小型开放的经济主体，人均国内生产总值（GDP）远高于经合组织的平均水平，收入不平等在经合组织中处于最低水平，丹麦的人口生活水平很高，对生活满意度较高。自 2005 年以来，丹麦已经实现了将温室气体的排放与经济增长二者脱钩。其在能源部门的脱碳方面也取得了令人印象深刻的进展，丹麦的能源强度和碳强度在任何国际能源机构国家中都是最低的。虽然丹麦在风力发电方面表现超过其他国家，但它仍面临着一些环境压力，比如丹麦的民众仍然忍受着超过世界卫生组织的 PM2.5 的平均标准水平的空气污染。同时该国正努力实现其根据欧盟相关法律制定的减少氨气排放的目标。丹麦许多地区的生物多样性面对很多问题，包括越来越多的物种被列入濒危物种名录，自然栖息地保护状况不佳，生态系统连通性低，水质需要改善，特别是地下水中农药的存在以及河流、湖泊和沿海水域的生态状况。

1. 在实现可持续发展目标方面取得的进展

丹麦同联合国共同主持了 2015 年联合国可持续发展峰会，该峰会于 2017 年通过了《2030 年可持续发展议程》，丹麦政府批准了一项行动计划，将可持续发展目标转化为五个优先领域，即：世界、人民、地球、和平与伙伴关系。行动计划包括国家目标和指标，以监测实现这些目标的进展情况。2018 年发布了第一份年度进展报告，每四年将编制一份更全面的状况报告，相对于经合组织的平均水平，丹麦在大多数可持续发展目标上表现出色。它已经实现了 94 个可持续发展目标中的 26 个目标，其他大多数目标也已接近完成。然而，与其他北欧国家一样，实现 2030 年可持续发展目标的道路上的主要挑战是来自农业系统的绿化、材料消耗水平和生态系统保护。

2. 丹麦的经济和社会发展

丹麦在经合组织国家中的人均 GDP 排名第八，并保持着巨大的贸易顺差。然而，2005—2018 年间的 GDP 的增长速度放缓。2019 年国内生产总值增长预计将放缓至 1.9％ 和 2020 年的 1.6％。在财政方面，丹麦尚未恢复到正常水平，但正在逐步恢复平衡，尽管丹麦政府预计 2020 年和 2021 年财政将出现轻

微赤字。根据2019年经合组织经济调查指出，丹麦政府仍然需要加大对生产力的促进力度，适应新技术对国家经济带来的挑战，提高公共部门的效率。

经济和就业结构上，丹麦的经济以服务业为主，服务业占2017年全年GDP增加值的四分之三；其余大部分为工业。商品和服务的进出口占国内生产总值的比例分别为49%和55%，丹麦产品的主要出口国是德国、瑞典和英国，2017年政府一般支出约占国内生产总值的51%。社会支出是经合组织中最高的。丹麦人的工作时间低于经济合作与发展组织的平均水平，收入不平等（以基尼系数衡量）程度仍然是经济合作与发展组织中最低的。2017年的就业率高达74.2%，而经济合作与发展组织的平均水平为67.8%，2017年私营部门的持续就业增长使失业率降至5.7%。预计2020年税率将降至4.9%。服务业在经济中占主导地位，农业对出口的贡献超过了经合组织主要经济部门的平均水平。在2005—2018年期间，人口稳步增长，但增长不大。

3. 丹麦当前平均福利水平

在2015年，平均每100名劳动年龄人口（20至64岁）中有33人达到退休年龄（65岁及以上），而到2050年，丹麦的这一比例预计将达到45人（经合组织为53人），这将导致公共卫生支出增加。丹麦的退休金制度正在应对这一挑战，由于财政和地理原因，医疗保健的需求未得到满足，但相比于其他国家丹麦通过一系列措施有效地分配和使用其现有资源，例如，非急性病护理部门抵消了急性病护理床位数的大幅减少。丹麦人特别关注空气和水污染、日化产品中的化学品和水资源短缺，超过80%的人口认为自己对环境问题非常了解，但遗憾的是相比于许多其他欧盟国家的人，丹麦人不担心国家公布的废弃物增长量对环境的影响。

（二）能源结构、能源使用强度和主要政策和措施

丹麦的能源政策目前正在从实现2020年的能源目标向实现2030年目标转变，其能源政策是在被各党派在议会中通过的广泛承认的能源协议的形式制定的。2012年能源协议为丹麦2012—2020年的能源政策制定了框架，2018年通过的能源协议为2020—2024年制定了基本框架。两者都支持丹麦之前确立的2050年成为碳中和型社会的长期发展目标，其中期目标包括到2020年将可再生能源占全部能源消费总量的30%，到2030年达到55%。丹麦还承诺到2030年逐步淘汰煤炭发电。2018年能源协议是2020年后减低温室气体排放、增加绿色能源消费的关键步骤，预计丹麦能够实现设立的2050年的目标。在2012年制定能源协议之前，丹麦并没有额外的能源政策，可再生能源在整个能源消耗的分量一直停滞不前。2012年和2018年能

源协议都提到了在2030—2050年期间，发展的中长期目标是可再生能源在能源总量中所占比例为30%，可再生能源在电力消耗中所占比例超过100%。2018年能源协议包括十个优先事项，每个优先事项有若干具体的举措。该协议主要基于一个独立的能源委员会在2017年提出的建议。例如，它建议增加能源系统的灵活性，取消以热电联产要求的形式对生产的限制，实施基于市场和技术中立的解决方案，逐步取消补贴（除了现有的热电联产厂），并寻求国际合作。它非常注重成本效益，根据协议，对于技术进步的一次性财政奖励将取代对电价的补贴，以将政策转向更能应对不断变化的市场条件的解决方案。为此目的，将从2020—2024年丹麦国家预算中预计拨款约5.6亿欧元。而具体的政策、监管和分析框架等实施工具对该协议进行了补充，提高了可再生能源的市场份额和能源效率，这些措施包括天然气战略具体化、新的节能计划和建筑翻新策略等。最后，2018年的协议再次确认丹麦将继续在北海广泛开展石油和天然气开采，尽管丹麦政府在2018年也宣布不会进行陆上石油、天然气和页岩气勘探。

（三）丹麦已将能源使用与国内生产总值增长脱钩

丹麦的能源密集度较低，能源使用已与经济增长的能源密集度脱钩。2005—2017年期间，丹麦是在经济合作与发展组织（OECD）国家中能源密集度最低的国家。一次能源供应总量（TPES）在2010年至2015年期间有所下降，但在2016—2017年略有反弹。化石燃料对TPES的贡献率大幅下降，从2005年的82%降至2017年的60%。在此期间，可再生能源在TPE中的份额翻了一番多，从15%增至35%。化石燃料在能源供应中所占的份额已显著下降。2005年至2016年间，最终总消费量下降了8%。除住宅区外，其他地区的房价都有所下降，而住宅区的房价相对保持不变。下降幅度最大的是工业部门。在2016年，住宅和交通部门二者都占到了消费的三分之一，而商业和工业部门的份额分别约为15%。目前住宅和交通部门仍然是最大的能源消耗者。丹麦在整合可再生能源方面处于领先地位。尽管没有水电，但就可再生能源在TPES中的份额而言，丹麦有着与其他领先国家相比的潜力。丹麦实现了在2020年欧盟制定的截止日期前将可再生能源占能源消费总量30%的目标，并有望在2020年实现国内电力供应中风能占50%的目标，到2030年实现地区供热中可再生能源占90%的目标，到2020年实现交通燃料中可再生能源占10%的欧盟可再生能源计划的目标。过去20年来，风力和生物能源的发电发生了根本性的变化，他们在很大程度上取代了煤炭。在其灵活的家庭电力系统和高水平的互联互助的支持下，丹麦现在被广泛认可为在电力系统的集成可变可再生能源的整体领导者，同时建立和维护了高度安全可靠的电网。随着2017年风能在电力供应中所占份额超过40%，丹麦正在实现2020年风力发电占50%的目标。丹麦进口了大量的固体生物质，其中超过40%的用于能源的供应。2006年至2016年间，木质颗粒的使用量增加了187%，2016年木质颗粒的进口份额占固体生物质进口份额的94%。生物能源在可再生能源组合中的主导作用引发了环境可持续性供应问题，由于只有记录在案的共中性生物量应被视为可再生资源，所以丹麦应终止其优惠待遇。此外，在加热领域增加生物质的使用将增加空气污染物的排放。包括PM2.5、多环芳烃（PAHs）和二噁英。为了解决这些问题，丹麦工业界在2014—2015年引入了自愿可持续性标准。

　　运输部门是第二大能源消费部门（公路运输约占该部门能源消费的四分之三）和温室气体排放部门。尽管基础设施发达，但2014年丹麦的铁路在欧盟内陆货物运输中所占份额最低，丹麦生产力委员会的主要信息是扩大车辆所有人的费用，以减少交通拥堵，但在2005年至2018年期间，每100人乘用车数量从35辆增加到44辆。柴油车在乘用车总车队中的份额从2005年的10%上升到2017年的31%。随着现有的重税负担（例如注册税）的减少，个人汽车数量的增长趋势将继续下去，尽管运输中与能源相关的二氧化碳排放量在过去十年有所下降，但下降速度比能源部门相比较慢。丹麦的气候政策以成本效益和对各部门竞争力的影响为基础进行设计。能源部门的减排计划在一定程度上避免了国际竞争，但事实证明，这是成本最低的解决方案。与几乎所有经合组织国家的情况一样，在体育和农业领域确定的具有成本效益的选择较少。在根据2018年能源协议和气候与空气提案提出新举措之前，丹麦政府预测，2030年，化石燃料仍将占交通相关能源消费的93%以上（相比之下，目前为95%）。因此，运输部门对化石燃料的依赖性降低需要持续努力。交通运输业的二氧化碳排放量正在下降，但仍然显著，而且速度低于其他行业二氧化碳排放量趋势。

　　零排放汽车被认为有很大潜力支持丹麦到2050年实现碳中和社会的目标。丹麦政府提出2030年停止销售新柴油和汽油车以及2035年停止销售混合动力车。该提案包括对绿色汽车的激励措施，例如投资建设电动汽车的高速充电站、对绿色公司汽车的税收激励措施、对绿色汽车优先的廉价停车场，以及允许绿色汽车在公共汽车道上行驶。成本低于40万丹麦克朗（54 000欧元）的电动和混合动力汽车在2019年和2020年免征注册税等。丹麦可再生能源生产的增加也支持清洁汽车的普及，尽管到2030年达到100万辆电动汽车和插电式混合动力的成本可能很高。同时丹麦正在进行主要铁路线的电气化改造，通过建造新线路、升级现有线路的方式来提升丹麦铁路的效率，通过从柴油机切换到电动列车，即缩短旅客旅行时间也达到支持环境的目标。

（四）丹麦为减缓和适应气候变化的主要政策和措施

丹麦为减缓和适应气候变化的主要政策和措施包括丹麦国家目标和努力以及对国际和欧盟义务。当前构成政策框架体系的文件包括2008年丹麦适应气候变化战略（紧随其后的2012年公布的丹麦气候保护行动计划）、2012年公布的2012—2020年能源协议、2018年公布的2020—2024年能源协议和2018年气候与空气提案。丹麦的《气候法》规范了政府气候年度报告的编制，概述了制定国家气候目标的过程，并建立了一个独立的、以专家为基础的气候委员会，由相关部长任命的六名成员（任期为四年）于2018年10月提交了《气候与空气提案》，概述了截至2030年非欧盟ETS部门温室气体排放和空气污染物减排措施，并指出这些紧密相关的问题需要协同措施。该提案同样支持实现2050年碳中和社会的目标，并规定了38项活动。宣布到2030年逐步停止销售新的柴油和汽油汽车，到2035年逐步停止销售混合动力汽车（目标是到2030年实现100万辆电动汽车和插电式混合动力汽车），并采取措施实现公共交通的绿色化；环保航运；绿色农业（例如1200万欧元用于低温室气体农业的研发，1400万欧元用于丹麦农田和森林的碳捕获和储存）；以及更环保的建筑和企业。政府已开始实施《气候与空气提案》。将该提案中关于农业和运输方面的政策的实施，这是丹麦履行非欧盟减排承诺的关键。

考虑到成本效益，丹麦为2030年的实现80%的预期温室气体减排量的目标选择了充分利用柔性机制。其中三分之二的减排目标将通过土地利用、改变土地利用和林业信贷实现，三分之一通过取消欧洲经济贸易体系配额实现。2016年，由于经济活动和气候条件的增加，能源和工业部门的排放量有所增加，但2017年再次下降，主要原因是丹麦的可再生能源的显著增加。温室气体排放量在2005—2017年间显著下降。下降是由一项支持可再生能源扩张的积极政策推动的，部分是通过对电力消费征收附加税来实现的。丹麦需要采取更有力的措施减少温室气体排放，以满足除土地利用的变化和林业以外的长期碳排放目标。2005—2017年，丹麦的森林生物量、枯落物和土壤的碳储量均增加。能源部门是温室气体排放的最大来源，超过70%，但也是2000年至2017年间减少最显著的一个，超过30%。减少的主要原因是从煤炭向天然气和可再生能源的转变，自2010年以来大部分发生了变化，而对于其他排放源（农业、工业和废物），排放量自2010年以来几乎没有变化。

1. 大气排放和空气质量主要政策和措施

丹麦政府于2019年1月宣布实施《国家空气污染控制计划》，并于4月提交欧洲委员会批准。它是基于2018年气候和航空计划的倡议出台的，包括针对低排放谷仓的公共财政支持和对尿素基化肥的监管。其他有助于改善空气质量的国内措施：包括禁止使用塑料板施用肥料，减少PM2.5的措施集中在更清洁的运输和加快旧住宅火炉的更换。其他解决丹麦空气质量问题的方法包括国家空气质量监测和遵守相关的多边环境协定。丹麦使用经济手段减少排放，比如通过征收氮氧化物税的方式减少碳氢化物的排放。自2008年起，丹麦对民用柴火炉具制定了排放标准，并对污染较重的船只的船用燃料的硫含量和新船的氮氧化物排放量提出更严格的要求。虽然空气排放量有所下降，但2030年目标的前景并不明朗。空气污染的主要来源是农业、机动化运输、木材燃烧和工业。近几十年来，随着主要空气污染物排放量的减少，丹麦已将排放量与经济增长脱钩，其中最令人印象深刻的是，排放量比2005—2016年下降了61%。然而，到2014年，空气污染物的减少趋势已经减缓甚至逆转，这主要是由于经济活动的增加。然而，丹麦在2020年和2030年实现其对欧盟承诺的污染颗粒物和碳氢化物的目标有些困难，尽管它们的排放量已经较之前减少了很多。根据2018年气候和空气提案，丹麦将成立一个委员会，为实现既定的碳氢化物减排目标采取行动，并启动了加速更换旧木材燃烧炉的举措，这将有效减少PM2.5的排放量。丹麦还需要解决可能致癌的多环芳烃排放问题，1990年至2016年间，多环芳烃排放量增长了58%。2016年，大部分多环芳烃（68%）来自住宅燃烧木头取暖。住宅供暖燃烧的木材也直接导致了PM2.5排放的增加。为减少木材燃烧产生的PM2.5排放量而采取的措施也将有助于实现多环芳烃排放目标。丹麦的估计表明，在2014—2017年间，环境空气污染平均导致3200人过早死亡，尽管这一数字正在下降。约90%的病例与接触PM2.5有关，与PM2.5暴露相关的福利成本估计为GDP的3%。

2. 丹麦对化学品的管理政策

丹麦有一个全面的化学品管理监管框架，其国家规则有时比欧盟法律更为宽泛和严格。政府、行业和其他利益相关者之间形成了良好的合作关系。公共卫生和环境保护问题是丹麦化学品管理政策的核心，该政策特别关注危险化学品的替代和消费品中化学品的安全性。一个挑战是如何在用于预测性风险评估的来源和各种基于风险的监测之间取得正确的平衡。如果丹麦更加重视识别有问题的化学品，并在发现对人类或环境的负面影响之前对其进行监管，它将避免人类不得不应对这些化学品对自然和人类造成的风险的情况的出现。

丹麦的资源生产力低于经合组织平均水平。在 2016 年，丹麦的资源生产率达到每公斤 1.95 美元，而经合组织为 2 美元。2017 年，国内人均材料消费量约为 24 吨，远高于经合组织人均 16 吨的平均水平。大约一半的国内材料消耗与建筑部门有关（2010 年至 2016 年间，石材、砾石和砂石提取废料的总产生量增加了 30%，达到约 2000 万吨）。这一增长与建筑和拆除废物的增长有关，2016 年，建筑和拆除废物占废物产生量的 60% 以上，城市垃圾产生量因此在 2005 年至 2016 年间增加了 12%。丹麦的回收水平非常高。工业、建筑和拆除、包装、电气和电子设备以及报废车辆产生的废物以 70% 至 90% 的速度循环。然而，约有一半的城市垃圾没有被回收利用。

2014—2020 年欧盟共同农业政策（CAP）是丹麦农业环境政策的支柱，特别是 CAP 农村发展计划（RDP）支持了将有机农业面积从 2007 年的 15 万公顷增加到 2020 年的 30 万公顷的目标。截至 2018 年年中，5% 的农业面积在 RDP 提供的公共财政支持下进行有机农业。同时有机产品的消费需求增加是有机农业增长的关键因素。2017 年，丹麦拥有全球最大的有机产品市场份额，占食品总市场的 13.3%。2015 年丹麦通过的一个食品和农业一揽子计划，制定了针对硝酸盐污染风险的农业措施的法规。其目的是提高成本效益，将减少硝酸盐的努力集中在会流入富营养化威胁严重的沿海水域的土地上，使其他土地的农民有机会通过施肥达到经济最优，使政策更有针对性。2005 年至 2016 年间，农业部门适度减少了温室气体排放，但要实现 2050 年的碳中和目标仍需努力。2018 年能源协议包括扩大沼气和其他绿色气体使用的条款，例如在运输和工业过程中将制定一项天然气战略，重点利用丹麦的天然气基础设施，并审查沼气和其他绿色气体竞争性扩张的框架条件。2018 气候和空气提议也包含相关的措施，例如检测和减少现有的沼气池泄漏。

3. 丹麦自然资产的政策

农田覆盖了约 60% 的丹麦地区，剩余的部门为 13% 的森林、9% 的浅海、沙丘、草甸和沼泽等开阔栖息地，其余 18% 为人工表面（城市化地区）和内陆水域。高比例的农田再次说明了确保农业政策与环境保护的一致性的重要性，而森林和开放栖息地的覆盖率为 22%，这表明有必要加强对其生态系统的管理。丹麦有 30000 种动植物和真菌，大约 15% 的哺乳动物、鸟类和淡水物种受到环境的威胁。丹麦的生物多样性和生态系统面临严峻的威胁。濒危物种红色名单上超过一半的物种（54%）依靠森林栖息地生存。因为水质的高氮沉积有一半的鱼类受到威胁。约有 15% 的哺乳动物、鸟类和鱼类成为高危物种。

针对以上问题，丹麦出台了《自然保护法》（2013年）。该法律的出台有三个目标：保护自然，恢复或创造野生动物和景观的兴趣区，并让公众接触自然。同时执行欧盟关于鸟类和栖息地的政策。出台2014—2020年国家生物多样性战略，也称为丹麦自然政策，旨在改善自然栖息地的连通性，加强野生动物保护举措，并通过户外活动培养社区民众保护意识。《2016—2019自然一揽子计划》概述了将"生物多样性森林"的面积从2016年的11700公顷增加到2066年的28300公顷的计划，主要是恢复现有的森林资源。2015年和2017年对《规划法》进行的管理修订，制定了丹麦的绿色地图。丹麦环境保护署已经开发了一个规划工具，帮助市政当局确定受威胁的物种、高自然价值的栖息地和潜在的森林栖息地，以便列入绿色地图。完成后，绿色地图为保护自然区域提供更准确高效的信息。《自然保护法》指出禁止对国家划定的沼泽、森林、湖泊等区域生态环境完整性产生直接负面影响的所有活动，例如，使用化肥、杀虫剂和耕作。生态栖息地的面积在2006—2016年期间增加了9%。环境与食品部（MEF）在2019年4月估计，丹麦陆地栖息地和内陆水域有15%的土地受到法律保护。丹麦自然局对陆地保护区的范围和类型进行了更严格的计算，直到2008年，丹麦还没有国家公园，目前丹麦已成立了五个国家公园。但丹麦的自然栖息地状况仍然很差，2007年和2013年栖息地和物种保护状况的评估结果都很差。由于森林面积自2005年以来仅略有增加，因此需要采取措施加快造林速度并实现NFP的长期目标。来自2016年的一份报告估计，至少需要75000公顷的生物多样性森林来阻止生物多样性的下降。

4. 丹麦对沿海水域和淡水的管理政策

丹麦有许多海岸和峡湾，使用未经化学处理的地下水生产饮用水。丹麦的东部湖泊、河流和地下水生态状况有所改善，但在满足欧盟水框架指令要求方面仍有一定差距，根据《水产行动计划三》（2005—2009）和《河流流域管理计划》（RBMP）2009—2015采取的措施使丹麦的农业氮盐在2005—2007年和2013—2015年期间减少7%。根据2009—2015年限制性商业计划，氮排放量比最初减少27%，向沿海水域的氮排放量仅减少10%。在2017年制定的2015—2021年限制性商业计划下，情况没有明显改善。仅1.7%的沿海水域、20%的湖泊和30%的河流能够达到良好的生态状态。正在讨论中的海洋战略将于2021年通过，重点是沿海水域的营养化风险管理。目前欧盟不到一半的国家地下水处于良好的状态。丹麦的地下水水质低于欧盟的平均水平，但优于北欧其他集约农业国家，如荷兰、比利时和德国。丹麦预计到2021年实现其沿海水域中50个的世界粮食发展目标。为此目的，丹麦政府出资8.3亿欧元

（超过2015—2012年度限制性生产计划预算的一半）用于创造土地、植树造林、留出农业用地、种植作物和生态区（禁止农业生产）。根据目标，到2027年，丹麦将不得不将排入沿海水域的氮排放量减少到每年44700吨，而2013年则为每年60000吨。地下水中农药及其代谢物的存在仍然是令人担忧的问题。在2017年之前，丹麦通过在全国实施硝酸盐行动计划，对所有农民适用同样的规则。自2017年以来，这一监管基础一直由有针对性的捕捞作物计划和2019年的有针对性的监管提供支持。该一揽子计划现在规定，根据沿海水域污染的风险，有针对性地管理农业做法。这是朝着正确方向迈出的一步，因为根据WFD的规定，丹麦将工作重点放在易受伤害的沿海地区，从而提高了成本效益，尽管丹麦在硝酸盐指令方面仍采取全面的国家做法。有针对性的法规旨在将氮化物减排工作的重点放在受氮污染威胁的流域，让农民在其他流域中农业生产中化肥的使用比非目标管理前的情况更具灵活性。

三、丹麦的环境治理与管理

丹麦有一个运作良好的环境治理和管理体系，这得益于高度的合作和共识。特别的优势包括一个正式的跨党派政治协议体系、民间社会对决策的强烈参与和高质量的独立咨询机构。在中央一级，与环境有关的政策在不同部门间协调是很好的。丹麦还有一个全面的基于风险的检查系统，不仅包括大城市，还包括中小型城市。2007年改革以来，丹麦98个城市共同负责了环境管理的大部分方面的工作。它还根据另一项建议，将国家环境行动计划的监测纳入国家水和陆地环境监测和评估方案中，并且根据2017年更新的社会经济评估指南可以看出在进行环境监测和评估中丹麦广泛使用成本效益和成本效益分析。然而，丹麦还没有强制要求在政府做出涉及环境或监管影响评估的决策时，必须应用指南经济评估。虽然其基于风险的检查制度是有效的，但该国尚未充分利用检查数据来了解公司之间的违规行为。最后，市政当局面对环境的挑战仍然需要如何实施和使用执法措施上更多的帮助和指导。

（一）机构框架

丹麦拥有一个分散的环境治理体系，在该体系中，国家、地方政府和小范围的区域三级共享对环境的管辖权。国家一级制定法律框架并提供实施指导，根据国际贸易法制定国家计划、方案和战略。地方当局负责市政和地方规划；执行政策、计划和方案；颁发大多数环境许可证和相关检查。2007年，丹麦为了筹备2009年12月在哥本哈根举行的联合国气候变化框架公约缔约方会议15届会议，将原属于环境部的应对气候变化的职能划出成立了气候和能源部。气候和能源部门的合并促进了能源政策的改革，2012年和2018年丹麦雄心勃勃颁布的能源协议所证明了这一点。在2015年丹麦又对职能部门的权责进行了划分。成立了气候能源和设施部（MCEU），环境部、食品和农业部合并成立环境和食品部（MEF），类似于英国环境、粮食和农村事务部。其基本原理是帮助平衡环境和农业政策有时相互竞争的利益。同时，工商业和金融事务部（MIBFA）负责《丹麦规划法》和《空间规划国家指南》，MEF和MCEU对废水和水部门拥有共同管辖权。MEF负责与这些部门相关的环境标准。同时，MCEU监督其经济监管，包括制定关于使用水服务和废水收集服务收费的规则。这样的职责分工于2015年生效，将所有公用事业部门统一到一个部门，从而有助于集中精力提高其在整个经济中的效率。此外，2018年7月，MCEU成立了一个公用事业监管机构。该机构成立的主要目的是确保能源使用效率，消费者以尽可能低的价格使用能源，并且保证能源供应的稳定和安全，成本效益高的技术开发能有序进行以及电力、地区供暖方面的绿色转型。工商业和金融事务部下的竞争和消费者管理局的公用事业秘书处负责水和废水制定价格上限和对于交通、建筑和住房方面提高能源利用效率提出相关政策。税务局负责与税收有关的立法和税收，而财政部则通过年度财政法案来制定公共部门预算。丹麦在部门之间政策协调工作方面表现突出。政府财政委员会负责批准所有对公共财政或经济有重大影响的政策，其中包括许多环境政策。财政部领导每周召开的委员会和由总理领导的一个协调委员会，在讨论被视为高度优先事项、具有重大外交政策影响或影响格陵兰岛和法罗群岛的环境提案时，会邀请在该环保领域负责的部长参加提案的审议工作。如果委员会的决定与文件中建议的不同，为了使政府了解其决定对环境的影响，会在相关和修订时，将环境影响评估包括在最终的文件中。

（二）政策的严格性

政策的严格性已被证明是改善公司环境绩效的一个关键因素。最近于2017年修订的《环境保护法》是丹麦污染防治立法的核心部分。它规定了空气、水、废物、土壤（地上和地下）和噪音的一般质量要求。该法规定了基本的环境保护目标和实现这些目标的手段。这是一项框架法，由《环境目标法》（上一次修订于2016年）发布的指导方针和法定命令补充，管辖保护区。根据该法，环境部指定了国际保护区，并为每一个自然保护地区制定了一个计划。市政府负责为每个地区制定行动计划，以便在当地实施国家计划。最近于2016年修订的《土壤污染法》要求各地区测绘和管理受污染的土壤。该法案甚至在一定程度上改变了欧盟关于环境适应性和工业排放的相关规定。上一次修订于2017年的《环境损害法》是主要规定环境责任的法律。它采用了"谁付费"的原则,规定责任方必须承担与预防或补救生态损害有关的费用。丹麦在欧盟环境保护的承担速度和质量方面有着良好的记录,投诉和侵权案件很少。丹麦在欧盟层面对许多环境文件也展示了自己的影响力,比如欧盟关于化学品注册、评估、授权和限制的立法的更新。2014年丹麦按照《气候法》的规定设立了一个独立的气候委员会,就如何以成本效益实现气候目标等事项向政府提供咨询。政府必须在一份年度气候报告中对气候委员会的建议做出回应,至少每五年制定一次减排目标,并由一个为期十年的家庭燃气议会负责。该法要求政府制定国家协议。2013年,议会通过了一项修订的《水资源规划法》,改变了欧盟水框架指令,并建立了河流管理的法律框架。它规定民间社会通过参加市政管理的水资源委员会的方式积极参与到水资源管理中,该委员会主要由负责评估环境成本效益的团体和农业团体的代表组成。为了促进他们的工作,政府在2015年通过了食品和农业一揽子计划。对《化肥法》和《畜牧业法》进行了修改,促进了丹麦粮食的生产和食品安全管理工作的开展,同时在立法上坚持尊重环境的原则,采用更有针对性的方法,促进污染缓解工作。

丹麦于2018年修订了《空间规划法》,为空间规划提供了一个国家框架,该法案旨在平衡环境保护与经济发展和增长的需要。市政当局负责将国家的整体指南转化为具体的空间规划。为此,他们每四年发布一次市政规划,期限为12年。地方规划是最详细的空间规划,他们制定了关于如何使用和开发土地的规则。同时MIBFA可以拒绝没有充分考虑国家指导方针的市政计划。市政计划必须满足气候适应需要,并将其反映在丹麦的绿色地图中。这项法案的这次改革使市政当局在持续尊重自然和环境方面有了更大的灵活性,促进了丹麦经济可持续的增长和发展,比如可以在农村和沿海地区有更灵活的建设方式。

农田占丹麦全国表面积的60%以上。农业对环境造成的压力很大,特别是对泥炭地(排干的泥炭地是温室气体的净来源)或靠近敏感的自然区域和水体。自1990年以来,土地整理和土地储备对于提高农业生产力和自然保护都是必不可少的。然而,自2006年停止实施结构调整政策以来,用于土地再分配的公共资金大幅减少。2018年,多功能土地再分配基金(MLRF)成立,预算为3300万欧元。2019年2月,丹麦的两个主要环境和农业利益团体联合建议将其至少提高1.3亿欧元。其目的是抓住机会购买对环境有重大影响的农业用地,如靠近敏感区或饮用水的泥炭地和土壤,将其转售给自然保护区或草地，通过这样的方式支持农村发展，同时获得自然景观并实现泥炭地的自然转换。经测算这种方式可通过碳固存减少约 15% 的农业温室气体排放。然而，欧盟的政策限制了这种方式的可能性。农业泥炭地转为自然区后，农民在共同农业政策下失去了收入支持。此外，欧盟 2030 年气候和能源框架规定了成员国可以使用多少碳固存来满足欧盟排放交易体系以外部门的减排目标。扩大泥炭地的转换将有助于丹麦到 2050 年实现碳中和的目标。它还将为生物多样性、水和空气质量以及气候适应带来共同利益。最近的研究表明，公共行为体可以利用一系列干预措施吸引对低碳基础设施的投资。其中可能包括 MLRF 设想的土地购买。

（三）政策评估框架

2004 年，欧盟战略环境评估（SEA）指令被纳入丹麦法律。最后于 2016 年修订的环境评估法要求政府部门实施可能对环境产生重大影响的计划和方案时要进行环境评估。比如在《粮食和农业一揽子计划》中对农民使用化肥的规定在制定时，相关政府部门就这条政策对海洋的影响进行了评估，以及 2012 年能源许可后海上风力涡轮机位置的选择上对海洋环境的影响评估。由于丹麦的许多环境目标是在欧盟层面而不是在国家层面上制定的，因此相比于成本效益分析，成本效益评估被更为广泛地应用。欧洲货币基金组织和其他部门加大了成本效益分析的力度。2017 年，财政部发布了一套经修订的《社会经济评估重大举措成本和效益指南》。统计寿命的价值从 1800 万丹麦克朗（240 万欧元）增加到 300 万丹麦克朗（420 万欧元），使空气污染措施的效益更有可能超过了成本。最近一个成本效益分析的例子是，政府提议在最大的城市加强对绿色地带车辆的限制，这项提议被纳入了 2018 年气候和空气污染提案，并在 2014 年晚些时候获得批准，政府部门责成学术界对其中可能采取的措施进行事前成本效益分析。丹麦的在空气污染的治理措施上的评估，选择了丹麦内外的影响分别量化，这为政治家们提供了更多的信息，同时也便于在国家或国际基础上评估政策选择。通过具有强制性的社会经济评估准则的利用影响对具有重大环境影响的政府决策，也可以进一步加强政策的制定。这不仅有利于丹麦的环境治理，对丹麦的邻国的环境治理尤其是空气污染措施上也带来了好处。2017 年丹麦修订了《环境影响评估法》，其规定在授予承包商开工许可之前，必须对建筑和施工项目进行环境影响评估。2015 年，将环境法纳入许可程序，同时修订了《环境保护法》和《空间规划法》，缩短了环境许可的办理时间，减轻了企业和主管部门的行政负担，同时保持了环境法的严格性。修正案是在 2014 年就粮食增长计划和一揽子增长计划达成政治协议之后颁布的。后者的目的是将中央政府处理环境批准文件的时间减少20%,将市政处理时间减少33%。政府估计,从2017年起,节省的时间将意味着每年为企业启动新生产、加快工业生产带来430万丹麦克朗(60万欧元)的行政收益,并导致每年增加600万丹麦克朗(820万欧元)的营业额。《环境许可令》最近于2018年修订,覆盖了大约4400家公司。在开始生产或显著改变或扩大其活动之前,他们必须申请环境许可证。畜禽养殖场受一项关于畜禽环境许可的单独命令管辖。它考虑到地下水、湖泊和沿海水域营养过剩的风险,以及氨气排放对保护区的不利影响等问题。

(四)合规保证

1. 环境检查

市政当局使用环保署的指导方针进行大多数环境检查。环境保护局关注的是对环境影响最严重、最复杂的公司,其中包括能源厂、金属和矿物生产商和加工者、化学工业、碎纸机废物管理者、垃圾填埋场、危险废物管理者和焚化炉。丹麦98个市的大约700名市政检查员在2017进行了大约17 000次环境检查。市政督察员不是根据其教育背景和专业经验聘用的,而是通过丹麦地方政府培训的。大约50名环保局雇员负责对300个工业排放指标所涵盖的工业场所和大约30个《SevesoⅡ指令》所涵盖的场所进行许可和检查。他们每年进行250到300次检查。2010年,环保部成立了第二个企业委员会,其工作对简化和更新企业环境监管体系产生了影响。这些建议导致环境检查工作重新进行了组织。丹麦现在对环境检查采取基于风险的方法,根据工业排放指标,根据五个不同权重的参数为公司分配风险分数:环境管理系统的使用(20%),以前的规则符合性(30%),化学品或其他有害物质的储存(16.5%),排放到空气、土壤或水(16.5%)和接近环境敏感区域(17%)。根据委员会提出的要求,对环境危害最大的公司至少每三年检查一次,而对环境危害最小的公司至少每六年检查一次。2016年,丹麦建立了一个中央数据库,收集所有检查的数据。2017年,在对最具潜在环境危害的公司进行的7106次检查中,发现了3054起违规行为。在10501次对潜在危害企业的检查中,共发现3293起违规行为。这些数字表明丹麦的检查制度是有效的。基于风险的方法有助于当局确定可能违反环境法规的公司。研究结果还表明,对环境构成最大潜在风险的企业,应采取最严格的合规促进和执法措施。丹麦从2020年开始在制定战略层面的目标时使用该数据库,以改进其检查工作。更充分地利用数据库有助于丹麦更好地了解公司间的违规行为和信息,检查制度在发现违规行为方面是有效的。

2. 环境教育

丹麦当局利用广泛的宣传运动提高公众对环境问题的认识。近年来，环保部门专门制定了一系列的有关自然的教育材料。基础教育（0到9年级）的所有级别都有不同的教材。针对四到六年级的学生重点是传播不同类型的自然知识。在8年级和9年级，引入了更为困难的概念，如生物多样性和物种栖息地与人类活动之间的取舍。教育部、环境部和丹麦农业食品理事会联合为学生制作了关于食物垃圾的资料，旨在提高学生的认识并学习如何减少食物浪费。

三、丹麦的绿色增长

丹麦小型开放型经济发展良好，自2015年以来国内生产总值（GDP）增长强劲，尽管生产率增长缓慢仍是一个挑战，580万居民享有高收入水平和高生活水平、低就业率和广泛的福利待遇。总体而言，丹麦雄心勃勃的环境和能源政策目标有助于将温室气体和空气污染物排放以及其他环境压力与经济活动脱钩。在实现到2050年使经济脱碳的目标方面，特别是在能源部门，已经取得了良好的进展。致力于解决与清洁技术（尤其是可再生能源）出口相关的环境挑战和经济问题，丹麦是绿色经济增长的领跑者。

从2005年以来，丹麦在将环境因素纳入经济政策和促进绿色增长方面取得了显著进展。丹麦利用税收和其他定价手段追求环境目标，以及在消除对环境有害的补贴方面取得积极进展。丹麦在环境保护、低碳能源投资、交通基础设施和服务、促进绿色增长方面付出了努力。丹麦在环境政策的国际层面也积极发力，特别是将环境保护主义纳入发展合作方案和贸易的情况较其他国家领先了一大步。

《可持续发展和绿色增长行动框架》在制定2030年议程方面发挥了领导作用，丹麦的目标是推动可持续发展目标的实施。其于2017年3月通过的实施2030年议程和可持续发展目标的行动计划包括37项国家指标支持的目标。进度报告每年公布并提前发送，每四年补充一次更全面的报告，其中也包括政策措施。丹麦是最早于2017年对可持续发展目标进展情况进行自愿国家审查的国家之一，并承诺到2030年再进行两次审查。这项审查得到了第一份指标报告的发表的支持，该报告主要基于现成的数据和指标。丹麦统计局旨在扩大未来报告的统计基础，以便将进展情况与国际计量框架进行比较。统计数据的协调是一个关键问题，因为目前只有三分之一的指标可与其他欧盟和经合组织国家的指标相媲美。2009年绿色增长协议确立了农业和食品工业环境政策的长期战略。《2012—2020年能源协议》为能源行业脱碳设定了远大的目标,该目标已在2018年通过的《2020—2024年能源协议》中得到确认,其中包括到2030年实现100%的绿色电力和到2050年实现全经济零排放的目标。2018年,气候和航空提案解决了在欧盟排放交易体系之外的运输和农业等领域排放问题,对该计划进行了补充。2014年《气候变化法》确定了实现低碳社会的总体框架。一些市政当局制定了实现本地低碳绿色增长目标。例如,首都哥本哈根的目标是最快在2025年实现碳中和,尽管这一目标将很难,比预期的成本更高。政府最近加大了对绿色增长措施的成本效益的重视,确保其在解决环境和气候问题的同时有利于提高就业率和国家竞争力。例如,2018年的能源协议旨在根据市场情况扩大可再生能源的生产和使用并降低成本。同时,对一些技术的补贴以及对企业的税收优惠仍在进行,这降低了整体的成本效益。但占温室气体排放总量20%的农业部门仍然没有直接的监管或征税,丹麦认为这是合理的,因为该部门存在的高价格竞争和成本效益提高的相关技术的局限性。

(一)丹麦农业中的气候缓解

农业占丹麦温室气体排放量的20%。自2005年以来,排放量略有下降,主要是由于丹麦在生产效率的提高和限制水体硝酸盐污染上付出的努力。丹麦没有直接管制农业排放,理由是该部门成本效益高的缓解技术和高价格竞争有限,对农业温室气体减排措施的成本效益进行的碳泄漏事前评估表明,到2030年,该部门的排放量可减少13%至26%。将高有机质土壤(如泥炭地)转化为自然区域是被认为最有利的缓解碳排放的措施,同时有着相对较低的成本。其他选择包括增加沼气的产量、持续性地对泥浆进行管理、改变现有的饲料以及向肥料和泥浆中添加化学品。调查结果与国际农业生态学者对缓解措施效果的估计大体一致,缓解每吨二氧化碳当量碳排放成本从273丹麦克朗(37欧元)到1588丹麦克朗(213欧元)。

丹麦可支持农业的土地和农田占总土地面积的一半以上,这对环境造成了压力,尤其是在泥炭地或靠近敏感自然区和水体的地方进行的耕作。根据欧盟共同农业政策(CAP),农民获得农业支持主要是通过现金直接支付的。这些款项包括基本支持和额外支持,特别是所谓的绿色支持,比如如果农民改变种植的作物,保持永久性草原和保持5%的土地作为生态重点地区,那么农民将通过丹麦和欧盟共同资助的农村发展计划(RDP)获得支持。该发展计划在经济、环境或领土优先的基础上,为农村地区的农村或活动提供资金。总的来说,在该计划中有四分之三的款项用于了与环境有关的目标,即每年20亿丹麦克朗（1.48亿欧元）。在RDP中，从单纯的支持农场层面的投资到有机农业和解决水环境营养污染的活动进行了转变。这一转变在一定程度上是为了支持对农民进行氮调节的方法。在生物多样性方面的支出更为有限。由于土壤碳分解程度较低，将泥炭地转化为湿地或永久草地具有相当大的气候排放潜力，有可能将农业温室气体排放减少约15%。然而，欧盟的政策限制了这一潜力，因为当农业用泥炭地转换为自然区时，农民失去了补贴收入的支持。此外，欧盟2030年气候和能源框架规定了成员国利用碳固存达到非欧盟ETS部门减排目标的程度。根据丹麦发展政策，丹麦资助农民将泥炭地转化为永久性自然区。2016—2019年，每年为此目的拨款6500万丹麦克朗（900万欧元）。此外，丹麦还设立了一个多功能土地再分配基金（MLRF）。该基金的目的是在农业对环境有重大影响的地方获得和分配农业用地，并将其转变为自然区或草地；例如，购买对靠近氨水敏感自然区或饮用水钻孔的泥炭地和土壤。2009年2月，丹麦两个主要的环境和农业利益集团联合建议将MLRF的资金规模至少增加1.3亿欧元，以购买有环境价值的农业用地，从而支持到2050年实现净零排放的目标，并实现生物多样性、水和空气质量带来共同利益。

（二）绿化税费和价格体系

丹麦的公共财政状况良好，以接近平衡的预算和较低的公共债务而闻名。2017年其公共债务只占GDP的50%。在全球金融危机和长期复苏期间，由于财政政策支出的需求，财政平衡出现赤字，但近年来有所改善。政府的中期经济计划设想在2020以后实现结构平衡。从国际比较来看，丹麦整体的税负很高。丹麦在2017年的税与GDP比率达到46%，远超大多数欧盟国家，部分原因是丹麦的个人所得税过高。自2014年以来，几次减税导致税收/GDP比率下降了2.5个百分点。丹麦长期以来一直在推广与环境有关的税收，在将环境因素纳入其税收体系方面处于领先地位。丹麦与大多数经合组织国家一样，能源税在税收中所占份额最大。然而，丹麦与其他国家不同的是，它对车辆征收的税很大。污染税和自然资源使用税只占全部绿色税收的一小部分，尽管这一水平高于许多其他国家。丹麦在能源税和碳定价方面有着悠久的历史，是最早实行碳税的国家之一（1992年），也是电力行业二氧化碳排放交易的先驱（2000年）。2016年，能源产品税占GDP的比率达到了2.2%。能源税是预算收入的一个重要来源，2005年以来，能源相关税收实际下降了116%，占税收总额的5%。二氧化碳税和汽油及天然气能源税的收入减少推动了这一下降，而这反过来反映了化石燃料的消耗和相关的二氧化碳排放的下降。随着化石燃料消耗量的预计下降、逐步取消二氧化硫税和降低电费税，收入可能会继续下降。

丹麦对于运输车辆的征税较多，有运输税和车辆关税。车辆税包括一次性购买税（注册税）、年度拥有税（通常称为绿色所有者税）和柴油车的反补贴费用。此外，还要对汽车保险费征税。虽然近几年来，对小客车的税收已经减少了几次，但从国际比较来看，仍然很高，主要是因为登记税很高。相比之下，对卡车、公共汽车的征税额较高，这阻碍了消费者对这类车辆的购买，导致车辆拥有率相对较低，这些车辆更新缓慢。平均乘用车使用年限为8.9年，高于欧盟7年的平均水平。同时，高额的登记税（以车辆价值为基础）鼓励人们购买更便宜的车辆，这些车辆往往排量小而且省油。此外，注册税和绿色所有者税都与燃油效率有关。这一组合对消费者的消费行为产生了重大影响，更小、更节能、二氧化碳排放量更低的汽车销量更高。过去十年，新车的平均排放量一直低于欧盟平均水平。从环境角度来看，免除卡车的登记税和降低用于商业目的的汽车和货车的年税率是不合理的，应重新考虑将税收负担从汽车所有权转移到车辆和道路的使用来提高运输税收效率。在这方面丹麦取得了一些进展。2017年，丹麦降低了购买第一辆车的注册税，同时增加了年度车辆税。自2010年起，柴油车和未安装颗粒过滤器的新商用车（2009年3月后注册）的附加费为1000丹麦克朗（134欧元）。柴油巴士每年支付1230丹麦克朗（165欧元）的固定反补贴费用，卡车和拖拉机免税。从环境角度来看，这一豁免是不合理的，应当重新考虑。总的来说，卡车税未能将其外部环境成本内部化以促进电动汽车和氢动力汽车的销售，在2015年之前，卡车免征注册税和绿色所有者税。政府旨在逐步对此类汽车征收注册税（2016年为20%，2017年为40%，2018年为65%，2009年为90%，2020年为100%），但与此同时，注册税普遍下降，导致电动汽车销售瘫痪。因此，政府决定将电动汽车的注册税维持在20%的税率，再延长两年。

丹麦没有针对颗粒物或挥发性有机化合物的具体税率，但对垃圾填埋和焚烧征税。垃圾填埋税于1987年开始征收，2015年从2012—2014年的每吨160丹麦克朗上调至每吨475丹麦克朗。该税有助于减少垃圾填埋，但对垃圾的回收率的影响有限。2009年，丹麦将焚化税从按重量计算的税改为按能源和二氧化碳含量计算的税。采用新的焚化税征收方式目的是提供一个更强有力的激励来回收最耗能的废物，如塑料。2010年废除了对危险废物的豁免，用于发电和供热的废物焚化在丹麦的废物处理中占有很大份额。丹麦还对不属于废物回收系统的几种类型的饮料容器、包装袋和一次性餐具提出了基于体积的包装废物税。在农产品中,基于重量的包装税被取消。

丹麦是少数征收农药税的国家之一。它于1996年推出,从基于价值的税收重新设计为经合组织环境绩效评估的基于数量的税收。自开征该税以来,动物饲料中矿物磷酸盐的使用量下降了约15%,植酸酶的使用量也有所增加。因此,人们认为,这项税收提高了动物饲料的整体使用效率。2017年出台的一项新的磷法规允许高效喂养,例如使用高剂量植酸酶,以满足磷的减少要求。丹麦率先在农场层面建立营养账户。农户的用氮量由一个配额制度来管理,允许的用氮量基于作物选择和土壤类型等标准进行确定。丹麦最近通过了一项新的政治协议,根据流域脆弱性和土壤固氮能力的地理差异,对农业氮排放目标进行更有针对性的监管。营养核算系统促进了这种新的监管模式。自2018以来,营养核算系统也被用于管理农场的磷消耗。

(三)对绿色产业的投资

投资于能够促进绿色增长的基础设施是任何绿色增长战略的一个关键要素,是具有改善环境绩效、促进经济增长和确保适应气候变化弹性的重大战略方向。丹麦拥有现代化和高质量的基础设施。政府为绿色经济转型设立了资金和专项资源。2014年绿色投资基金成立,共同资助对环境有积极影响的商业可行项目。国家资本分配为8000万丹麦克朗(1070万欧元),国家提供担保贷款限额为20亿丹麦克朗(2.68亿欧元)。后者可增加至50亿丹麦克朗(6.71亿欧元),资本出资2亿丹麦克朗(2700万欧元),而大多数支持的项目涉及可再生能源或能源效率,该基金最近还支持生物经济项目(例如生产替代性蛋白质),该基金的业绩尚未得到评估。设立气候投资基金是为了支持促进丹麦对发展中经济体和新兴经济体绿色转型投资的举措。2018年能源协议指定了新的资金,用于支持可再生能源开发和能源效率。气候和航空计划署宣布了新的资金,用于农业和运输缓解方案。

1. 环境保护支出

过去十年,公共环境保护支出平均约为300亿丹麦克朗(40亿欧元),与大多数经合组织国家一样,支出主要用于废物管理和废水处理。政府一般支出主要用于生物多样性和景观保护、空气和气候以及土壤和水的保护。随着废水管理费用的下降,2017年公共环境保护总费用为328亿丹麦克朗(40亿欧元),占GDP的1.5%。公共部门的经常性和资本性支出以及环境领域的最终消费支出保持相对稳定。截至2016年,在欧盟国家中家庭环境保护服务支出最高,占消费支出总额的1.6%。这反映了消费者对废物和废水处理等环境服务的税率较高。这一数据,可能反映了高服务质量和全成本回收,但同时也反映了服务提供的低效率。例如，在废物部门，由于大多数城市外包服务，废物收集成本降低。然而，现在，市政当局越来越希望直接管理，不必与私营公司竞争，这无助于提高效率。

2. 对可再生能源和能源效率的投资

（1）可再生能源资源。

过去十年是可再生能源发展的繁荣时期。可再生能源现在占一次能源供应的三分之一左右，占发电量的三分之二。其中风能发电和生物量发电尤其强劲，其主要原因是地方和国家层面的强烈和广泛的政治意愿，有针对性的支持政策和基层社区的积极参与。丹麦主要的支持政策包括直接补贴（一个馈入溢价系统）、税收（包括免除各种能源税的生物物质）、发电入网的补贴和平衡成本，以及针对可再生能源的电厂的补贴。过去十年，可再生能源在能源需求翻了一番，在2017年达到了35％，这使丹麦有望在2030年前实现可再生能源占总能源需求一半的目标。2012年能源协议规定了当前的支持政策，此后多次调整。2018年能源协议中商定了2020年后的新措施。丹麦的激励结构在可再生能源领域取得了不同程度的成功。海上风电招标创造了该领域创纪录的低价格，加上技术进步，2010年至2016年间海上风电成本降低了48％。这些投标具有许多成功的经验可以借鉴，包括提供有保证的电网连接和电力输出，以及一个主要的许可和许可入口（一个中转站），这两个都为投资者提供了确定性，并降低了驱动成本。丹麦已成为整个供应链中风能技术的全球领导者。2017年，能源委员会就丹麦2020年后的能源政策发表了建议。它估计，到2030年达到50％可再生能源目标的成本是可控的，前提是丹麦可以减少对可再生能源部署补贴的需要，并使发展市场长期受到驱动。2018年能源协议旨在确保市场驱动经济的绿色转型。

（2）对提高能源效率的投入。

迈向绿色增长能源效率标志着通过国家能效目标和各种措施实现了GDP增长与能源消费增长的脱钩，这是值得称赞的。2014年发布了一项全面的节能战略，供应方面的主要措施是启动的电力、天然气、地区供热和石油部门电网和配电公司的能效义务，这是一个以市场为导向的体系，参与者可以选择最具成本效益的措施来实现节约。该系统由最终用户的能源账单提供资金。2018能源协议宣布，该计划将于2021年底到期，取而代之的是基于公开招标的市场体系，在公开招标中，投标者可以以给定的价格提供能源节约。节约的目标是工业和服务业以及建筑业的过程能源。在丹麦新建筑的建筑标准在绿色环保方面已经大大加强。近几年来，尽管已有大量的启动，但现有建筑物的改造比例仍很低,是未来丹麦要面对的重大挑战。需要注意的一个领域是建筑物的能源标签,这可能会对销售价格产生影响。能源协议承诺建立一个长期的建筑翻新战略,包括2030年、2040年和2050年三个时间节点。在铁路基础设施投资显著增加的推动下,2005—2016年期间,政府运输支出在房地产领域的投资增长了50%以上。这一增长反映了2012年《运输协定》中所作的改善公共运输的承诺,其中包括在哥本哈根、伊纳胡斯和奥登塞开发一条新的地铁线路,以及对铁路网络供电和改善信号的投资。前政府同意285亿丹麦克朗的投资计划,建造新的铁路,升级现有线路。公路投资和维护支出在2005—2016年期间有所下降,但仍高于铁路投资。2018年气候和空气提案提出了减少运输部门温室气体排放的目标和措施。其中包括停止销售新型柴油和汽油车,到2035年实现1432030辆电动汽车和混合动力汽车的绿色增长。提高旧柴油车报废的保险费,投资于环境友好型沥青,并将汽油和柴油中所需的生物燃料含量提高到8%。该提案还宣布对丹麦水域船舶的硫排放进行监测。从长期来看,到2030年和2035年,政府成立了一个专家和政府官员委员会,提出关于汽车运输过渡的措施。铁路基础设施投资在运输基础设施投资和维护支出上增加了投资。政府和丹麦人民党于2019年3月商定了一个长期结构投资计划,包括2021—2020年共投资112亿丹麦克朗,其中54%用于公路,46%用于铁路。主要公路核心路段升级、新建公路和走廊、连接中心公路走廊升级等措施将有望缓解拥堵。还计划投资提高区间铁路的速度和运力。为了推广电动汽车,丹麦开始在注册税、销售税和流通税方面提供折扣,并提供地方激励措施,如免除通行费、停车费和渡轮费。由于担心政府收入水平,决定逐步对电动汽车征收注册税,这导致新电动汽车销量较2015年大幅下降。2018年末,议会通过了一项法案,在2019年和2020年免除价值40万丹麦克朗以下的电动汽车和混合动力汽车的注册税。丹麦公路局在主要公路沿线安装了快速公共电动汽车充电点,使用这种公共充电点的电动汽车可享受50%的电价折扣。丹麦是北欧唯一一个对私人收费基础设施进行财政支持的国家:安装电动汽车充电点的房主可以从其所得税中扣除安装成本。到2020年,在家充电的消费者将获得0.94丹麦克朗/千瓦时(0.14美元/千瓦时)的退税,几乎可以削减一半的电费。丹麦为充电的基础设施提供的资金中所占份额最大,总计超过4700万欧元,开发了150多个公共充电点。它的目标是到2020年建成3000个公共无障碍充电站,网络覆盖率达到每60公里一个充电点。

3. 在水和卫生投资方面

丹麦有87个市政公用事业和100个市政污水处理厂,以及2000多个私人自来水厂。公共供水和污水处理的投资和运营完全靠对用户进行的收费。对所有用水者（家庭和工业）进行计量，公共供水和废水处理均按消费的数量进行收费。在经合组织国家中，是家庭平均水价最高的国家。水费和废水费是OECD国家中水费和废水服务费中最高的。自2009年以来，相关税费保持相对稳定，投资（尤其是废水公用事业）有所增加，而饮用水和废水公用事业的运营费用都有所下降。在长期运行中，运营费用的减少率预计会降低，因此将更加注重降低投资成本。向用户收取的饮用水（几乎全部来自地下水）价格包括地下水保护、抽取、处理和输送的成本。废水收费的组成部分包括下水道的运行、维护、改造和扩建，以及废水处理厂的运行和检查。2013年，政府决定从2018年起逐步降低大型用水户的废水收费。这将给屠宰场、炼油厂和啤酒厂等大型用水户带来每年高达7亿丹麦克朗的可观的折扣。

（四）丹麦是生态创新的领导者

丹麦的创新体系在欧盟国家中目前仅次于瑞典。商业、创业和创新环境是经济合作与发展组织中最有利的一个。丹麦有灵活和良好运作的劳动力市场、低监管壁垒和高公共支出。在2016年绿色增长方面，丹麦国内研发支出总额占国内生产总值的2.9%，企业研发支出占GDP的1.9%。企业研发主要集中在制药和生物技术方面。丹麦在环境相关技术方面发展呈现高度的专业化。2015年，17%的高价值发明与环境有关，低于2010年的近25%，但仍然是经合组织国家中最高的份额之一。丹麦的人均收入在经合组织国家中排名第二，仅次于韩国。大多数专利是在风能和与能源相关的减缓气候变化技术领域申请的。2018年政府环境研发预算拨款占政府研发预算总额的1.1%；能源相关研发预算占3%，农业研发预算占2.7%，而能源相关研发预算比2013—2016年减少一半，作为使命创新的一部分，丹麦承诺增加对清洁能源创新的投资，从2015—2016年度的2.92亿丹麦克朗增加到2020年的5.8亿丹麦克朗，为丹麦能源技术开发和示范计划（EUDP）提供两倍的资金。这将带来总预算支出，尽管没有达到2015年前的水平，但2018年能源协议宣布，2024年国家对能源和气候相关研究开发和示范（研发）的资金将逐步增加到10亿丹麦克朗，其中最重要的研发计划是MEF下的丹麦生态创新计划，自2007年以来，该公司一直支持环保高效技术的开发、测试和示范。大多数支持的项目侧重于减少水体中的氮负荷和减少二氧化碳排放。丹麦最大的支持项目是欧盟发展计划，该计划为清洁能源技术提供资金支持，这些技术具有商业潜力，可以出口到增长中的其他市场。2018年能源协议承诺到2024年将能源和气候相关研发的资金增加到100万丹麦克朗。气候和空气提案为气候相关研发分配了额外资源，包括 9000 万丹麦克朗，用于开发与其他环境政策协同作用的低温室气体农业实践，以及 1 亿丹麦克朗用于农田和森林的碳捕获和储存。提供补贴，支持将农业开发中的泥炭地转为永久性自然区。虽然与农业增加值相比，农业研发是高附加值的，但鉴于目前该行业成本效益有限的解决方案和缺乏减排法规，气候技术的附加资源是受欢迎的，这使丹麦有望成为提供气候友好型农业产品的领军者。

（五）环境商品和服务市场环境商品和服务（EGS）对丹麦经济的贡献

2016 年 EGS 部门的生产总值为 2140 亿丹麦克朗，比 2014 年名义增长 23%。这种增长与可再生能源技术的生产和出口密切相关，特别是风力涡轮机。尽管竞争激烈，但风电行业的表现依然良好，并在 2012—2016 年实现了跨越式增长。总体而言，2016 年 EGS 部门中生产总值的 52% 与环境足迹和可再生能源有关，其次是能源效率。EGS 部门提供了 71000 个工作岗位，占劳动力的 3%。绿色技术仍然是环境、气候和农业的一个重点领域，并为其提供了大量补贴。近年来，采用 ISO 14001 环境管理体系的丹麦公司数量在 800 至 1000 家之间波动。丹麦的许多公司使用欧洲生态管理和审计计划，该计划制定了比 ISO 14001 更严格的环境目标和公司绩效标准。清洁技术是近年来丹麦增长最快的出口行业。强劲出口业绩背后的一个主要驱动力是丹麦在绿色解决方案、出口融资框架、创新和商业活动国际化援助等领域的国际领先地位。预计到 2030 年，能源技术出口将从 2015 年的 700 亿丹麦克朗增加到至少 1400 亿丹麦克朗。丹麦为可再生能源发电项目提供了比任何其他经合组织国家都多的出口信贷，这要归功于对可再生能源发电项目的广泛支持。EKF 是全球风力发电项目融资的领导者，在过去 20 年里，它为全球 100 多个风电场提供了资金，价值超过 1000 亿丹麦克朗。2017 年，风力发电项目占 EKFS 总投资额的 48%。利用发展合作中的公私伙伴关系，丹麦气候投资基金于 2012 年成立，旨在促进对发展中国家和新兴市场的气候相关投资，将商业和环境目标与减少全球变暖和促进发展中国家适应气候变化的目标结合起来，同时促进丹麦气候技术的转让。该基金资本金为 13 亿丹麦克朗，其中 40% 为公共资金，60% 为私人资金。该基金现已全部投入使用。它最大的项目是在肯尼亚开发一个 300 兆瓦的风力发电场，这是非洲最大的风力发电场。预计这些项目将为丹麦带来丰厚的回报。丹麦农业综合企业基金成立于 2016 年，为发展中国家和新兴国家的农业和食品投资提供风险资本，并促进丹麦技术和诀窍的销。IFU 预计该基金的年回报率为 12%。在其 8 亿丹麦克朗的总资本中，37% 来自公共资源（国家和政府），63% 来自丹麦养老基金。

第二节　澳大利亚环境治理和绿色发展的经验

澳大利亚是国土面积在世界上排第六的国家，也是地球上最干旱的大陆之一。它拥有多种重要的自然资源，也是经合组织中被列入长期低碳战略和实施2030年可持续发展议程计划的十大温室气体排放国之一。澳大利亚尽管在将主要环境压力与经济增长脱钩方面取得了进展，但它仍然是资源和碳排放密集型的经合组织经济体之一。对生物多样性和水资源的压力仍然是一个重要的问题。虽然该国有望实现2020年的气候目标，但这个目标的实现还需要澳大利亚为之付出巨大的努力。澳大利亚需要特别关注被环境威胁的物种的保护和生物多样性的可持续利用。设立土著保护区和土著游骑兵方案是土著居民参与生物多样性保护的世界领先模式。然而，生物多样性的状况是在不断恶化的。只有不到40％的国家级濒危物种从澳大利亚的恢复计划中受益；此外，澳大利亚出台的各类保护计划的实施受到资金短缺和协调不力的制约。澳大利亚应该从国家层面整体协调，鼓励州、地区和联邦政府进行深入合作，以解决环保方面的数据缺口，衡量随着时间的推移各类计划取得的进展，并确定行动的优先事项。此外，澳大利亚正在进行的化学品管理改革虽然有助于保护人类健康和环境，但澳大利亚仍然面对如何能够有助于更好地确定、评估管理与化学品生产、使用和处置相关的压力等问题。

一、澳大利亚环境治理和绿色发展的概况

（一）加强气候政策和提高资源效率是关键的优先事项

澳大利亚是经合组织十大温室气体排放国之一。在过去的十年里，它设法使GDP增长与主要环境压力脱钩。然而，澳大利亚是资源和碳密集型经济体。尽管天然气和可再生能源的使用日益增加，电力供应仍然严重依赖煤炭。澳大利亚超过了京都2008—2012年的目标，并有望达到2020年的气候目标。尽管如此，它仍需要加紧努力，以实现其《巴黎协定》的目标。采用2030年能源和气候综合政策框架，并为电力部门设定减排目标，预计将避免温室气体排放量的上升。正如澳大利亚所承诺的那样，制定一项长期的低排放战略，将有助于推动这个过渡。

澳大利亚是最干燥的有人居住的大陆。在降水量预计将减少的地区，要满足迅速增长的人口对水的需求，就需要重新承诺实施2004年国家水计划，该计划旨在提高水资源的利用效率和可持续性。改善水质是大堡礁集水区的一个

优先事项,这些集水区由于沉积物、营养物和杀虫剂的大量流入而受到影响。澳大利亚的垃圾回收工作取得了一定的进展,但仍有一半的城市垃圾被填埋。中国和其他国家最近决定限制废物进口,这是澳大利亚转向循环经济的机会。

(二)良好的做法正在出现,但各级政府之间的协调仍然是一个挑战

在澳大利亚,联邦政府、六个州和两个地区,以及560个地方政府共同承担环境责任。为了避免重复,政府承诺采取一站式环境审批政策,各州/地区可与联邦政府签订双边协议,联邦政府将项目的评估和批准工作全权委托给州政府。虽然在各级政府之间的协调和指导方面取得了进展,但还需要付出更多努力,减少国家和地方之间权利的重叠。

国家政府可以尝试与地方政府和司法机构分享权利。例如,澳大利亚缺乏一个完全一体化的许可证制度,但一些州现在做出了积极尝试,他们根据既有的规定推出了综合许可证,涵盖多种环境影响的审批工作。此外,一些司法管辖区还制定了一种计算和追回因违反行为而产生的经济利益的方法。其他州和地区也可以尝试使用这种工具。

在加强土著社区在管理国家公园和海岸公园等这些所有权不属于土著区域的一体化取得了一定的进展,但是,土著社区需要更加系统和有效的从事土地及海洋规划的策略性工作。例如,可以在规划的早期时期寻求更多的当地投入。

(三)低碳发展需要更强的价格信号

在过去十年中,澳大利亚与环境有关的税收收入占GDP的比重下降,主要是由于能源税对税收的贡献减少。能源税并没有反映出气候成本:燃料在运输行业之外基本上是免税的,而煤炭则是完全免税的。随着汽车数量的增长,车辆税带来了收入越来越多,但它们通常没有考虑二氧化碳和其他排放物的排放问题。由于首都城市的交通拥堵将继续加剧,扩大道路收费能更好地解决道路运输的紧急情况。在水和废物部门,促进资源有效利用的经济手段仍然有很大的政策空间。

澳大利亚2017年在绿色经济方面进行了大额的投资,这确保了澳大利亚2020年可再生能源目标的实现,并使该国在太阳能光伏发电领域处于全球领先地位。澳大利亚是全世界少数几个拥有国家绿色投资银行的国家之一,该银行加大了对清洁能源开发和提高能源效率方面的投资。澳大利亚拥有一支高技能的劳动力队伍和强大的科学基础来发展农业排放技术,但还需要更多的研发支持。在公共投资不断增加的同时,改进成本效益分析,特别是在交通和水资源部门,将有助于政府投资时选择社会回报最高的项目。将资金重新用于公共

交通，这将使城市系统更加可持续。

（四）改善受威胁物种的状况需要大规模、协调一致的努力

澳大利亚是 17 个多元化国家之一。尽管知识的差距阻碍了人们对生物多样性的评价，但生物多样性的总体状况是逐步恶化的。来自农业、林业、城市发展、基础设施、采掘业、海岸活动、入侵物种和气候变化的压力日益相互作用，加剧了对受威胁物种的挑战。

澳大利亚在扩大保护区方面取得了显著进展，超过了 2020 年爱知目标的要求。然而，约三分之一的陆地生物区只有其中的不到 10% 的区域被提供了有效的保护，而联邦管辖区的海洋保护区并没有缓解国家控制的沿海地区的压力。不到 40% 的濒危物种已经制定了恢复计划，而计划的实施受到缺乏资金和联邦与地区之间缺乏协调的制约。在过去的十年里，各种各样的生物多样性保护计划来来往往出台很多，但结果大多并不理想。最近的《大堡礁 2050 年长期可持续发展计划》可作为其他领域的典范。

（五）正在进行的化学品管理改革可以帮助保护人类健康和环境

尽管化学品在澳大利亚市场很小，但它们对健康和环境造成压力。1990 年颁布的化学品管理立法改进了化学品评估的方式，但未评估化学品目录的积压问题仍然很大。澳大利亚正在修订其化学品立法和政策框架。特别是，国家工业化学通报和评估计划的改革和工业化学品环境风险管理国家标准将为今后化学品管理指明方向。

澳大利亚和其他国家一样面临一项特殊的挑战，就是要尽早确定新兴地区的污染物。环境监测和人体生物监测是帮助识别的重要工具，因此可以为风险评估和风险管理活动提供信息。为了更好地利用现有数据和改进对扩散的化学排放源的监测，需要更多的资金。此外，在澳大利亚建立健康和环境状况的标准将有助于评估改革对人类健康和环境的影响。

二、澳大利亚的环境治理和绿色发展

（一）澳大利亚的环境治理表现和最近的发展

澳大利亚是世界第六大国家。它拥有丰富的自然资源，是世界 17 个多样性大国之一，也是经合组织十大温室气体排放国之一。因此，它在实现《可持续发展议程》《巴黎公约》和《生物多样性公约》的目标方面发挥着重要作用。澳大利亚经历了很长时间不间断的经济增长。过去十年中，凭借强大的资源基础和在机构的支持下，澳大利亚的经济在加速增长，出口规模不断扩大，投资不断增加。虽然全球金融危机减缓了经济增长，但并未导致澳大利亚经济衰

退。预计国内生产总值（GDP）增长将继续保持积极的增长趋势。尽管不平等现象略有增加，澳大利亚仍然是生活水平高、福利高，失业率低的国家。

1. 澳大利亚已设法使国内生产总值增长与主要环境压力脱钩

各州和各地区在若干环境领域的表现有所改善，但经济仍然高度依赖天然气的开采。澳大利亚是资源和碳密集型经济体。经济活动和人口增长对环境，特别是水资源和生物多样性造成持续的压力。同时气候变化适应是一个日益严峻的挑战。

2. 低碳和节能经济转型

过去十年中，由于结构变化，澳大利亚的经济已经逐渐向低能源密集度转型。然而，由于其对煤炭的依赖，尽管天然气和可再生能源（特别是太阳能和风能）的使用日益增加，但澳大利亚的经济仍然是高碳能源密集型。可再生能源发电的份额仍低于经合组织的平均水平，但该国有望实现 2020 年大规模使用可再生能源的目标。温室气体的排放（不包括土地利用、土地利用变化和林业的排放）的情况下略有减少，最大的排放部门——能源行业的排放量大体上保持不变，发电排放量的下降被天然气生产排放量的迅速增加所抵消。第二大排放源交通运输业的排放量增加，而农业的排放量下降。澳大利亚需要加大减排力度，以实现 2030 年的目标温室气体排放量。联邦政府和地区应在澳大利亚于 2016 年批准《巴黎协定》之前制定长期低排放战略，并应进行审查，以整合澳大利亚 2030 年的气候目标。但很遗憾澳大利亚并没有做到。

气候问题是过去十年澳大利亚政治不稳定的催化剂。2017 年，政府在一系列专家的支持下进行了一次气候政策审查。在考虑了多个具有成本效益的电力部门的碳排放政策后，政府提出一个基于市场的国家能源保障机制（NEG）。该机制要求电力零售商签订低碳排放和可调度的电力合同。然而，各方就这个机制最终未达成共识，这也失去了为目前不受减排限制的电力部门提供稳定政策框架的机会。

澳大利亚已采用了零散的减排方法，比如采用了各种手段，如减排基金、可再生能源目标、清洁能源等能源金融公司和建立澳大利亚可再生能源署。联邦政府和地区有自己的政策和工具，如自己的入网电价和拍卖等工具，以促进可再生能源和白色证书计划的能源。政府需要精简方法，并明确如何扩大现有政策和工具的规模，以实现《巴黎协议》的目标。

自 2014 以来，联邦政府缓解气候变化的主要工具是 ERF。ERF 是一个自愿抵消方案。政府委员会向环境基金会拨款 25.5 亿元，通过竞争性拍卖购买碳排放指标。环境基金向所有部门开放，但目前交付的大部分碳排名指标都是由植被捕获和垃圾填埋场气体减排的。ERF 已经被证实在激励碳减排是成功的。然而，这项方案受限于联邦预算的拨款金额的多少。虽然 ERF 有强有力的治理和完整的措施，但重要的是要确保项目是商业活动之外的附加项目，并且减排是永久性的。由于 ERF 的资金即将耗尽（剩下 2.5 亿澳元）。目前尚不清楚其他措施是否会推动土地部门国内信贷需求。

澳大利亚特别容易受到气候变化的影响。海平面上升、洪水、热浪、森林大火和干旱预计将对经济、社会和生物多样性产生越来越不利的影响。气候变化已被确定为对澳大利亚安全和繁荣的关键威胁。该国具备评估气候风险和未来影响的良好条件，其在南半球气候科学方面的工作受到高度重视。然而，政府继续为提供和传播气候信息提供资金对于管理风险至关重要。

澳大利亚的颗粒物和臭氧的污染程度普遍较低，一些城市中心（悉尼、墨尔本、珀斯）由于汽车的集中使用而暴露在较高水平的空气污染物中。其他来源包括家庭取暖和森林火灾，因地区和时间而异。据估计，由空气污染导致的过早死亡造成的损失在 2016 年占国内生产总值的 1.2%。根据《国家清洁空气协定》，该国加强了对颗粒物的报告要求，澳大利亚于 2017 年出台了《产品排放标准法》，向高效资源管理过渡。

3. 向有效的资源管理过渡

澳大利亚是世界上最大的铁矿石、铀、煤炭、黄金和天然气出口国之一。用于出口的金属和化石能源的开采量比 GDP 增长更快。中国和其他国家最近决定限制废物进口，澳大利亚面临着与废物流（塑料和纸、煤层气、电子产品）管理有关的挑战。这是一个朝着增加再利用和循环利用层次发展的机会，这将扩大当地再生材料市场，创造更多的当地就业机会，并以此为契机改进废物管理方式。澳大利亚环境部长最近同意更新 2009 年废物战略，纳入循环经济原则。他们重申了到 2030 年将澳大利亚食物浪费减半的承诺。所有州和地区都采用了废物管理战略，废物在各个管辖区内的管理日益增多。人均城市固体废物产生水平有所下降，但仍高于经合组织的平均水平。国家农业竞争力白皮书呼吁通过提高资源效率来提高农业部门的生产力和盈利能力。在过去十年里，化肥和杀虫剂的使用显著增加，农业对水质和土壤侵蚀的影响检测不足。

4. 自然资产的管理

澳大利亚的土地使用受欧洲移民、水的可利用性、土壤和气候类型的影响。澳大利亚一半以上的土地用于农业，尽管该地区自 2005 年以来有所下降。森林主要分布在昆士兰州和新南威尔士州，占全国的 16%。尽管森林覆盖率随着植被的再生而增加，但用于畜牧业的土地仍然是生物多样性的主要关注点。尽管城市密度不断增加，但大城市仍在向自然区域扩张。全国水资源紧张程度在世界上排名靠后，但资源利用差异较大，部分地区水资源紧张程度较重。在预计降水量将下降的情况下满足快速增长的当地人口的需求，这将是一个挑战。2004年国家水倡议旨在通过持续的市场改革、监管和规划，提高效率和可持续性。2007年《水法》旨在解决穆雷达林盆地环境和消费用途之间的分配失衡问题。尽管在实施西北水权方面取得了进展，但北部领地和西澳大利亚州尚未引入基于法定的水权，而西诺斯特拉利亚州仍需要建立具体机制，让当地人民参与水资源规划。澳大利亚在提供安全饮用水方面取得了良好进展。除少数偏远地区外，大多数公共设施完全符合饮用水指南。

（二）环境的管理和制度框架

1. 管理制度框架

澳大利亚是一个联邦国家，联邦（联邦）政府、六个州和两个地区以及560多个市政府共同承担环境责任。政治周期相对较短，这会妨碍长期的政策规划。自1992年《政府间环境协定》以来，各州和各地区在环境保护方面发挥了主导作用，该协定规定了联邦和国家以下各级之间的责任。联邦政府在环境问题上的作用是规范所谓的"具有国家意义的事项"，包括遗产地（自然、历史和本土地区）、湿地、濒危物种和某些海洋区。虽然这几年，澳大利亚在各级政府之间的协调和指导方面取得了进展，但仍然需要付出更多努力，加强社区联邦政府与各州、各地区之间的纵向协调。沿海地区和其他一些问题是通过有重叠和差距的多层次方法来管理的。目前墨累－达令流域的机构和治理安排存在重大缺陷，导致盆地计划的实施存在差距。

2. 监管框架

环境保护和生物多样性保护（EPBC）法（1999年）是环境管理方面的关键法律。它为环境和遗产保护以及生物多样性保护提供了一个国家框架。联邦政府使用监管影响报告进行事前监管评估，这些报告或多或少的取决于措施的预期影响。

社会和环境影响。国家和领土也定期进行事前评估。联邦机构对那些对经济有重大影响的立法进行实施后的审查。为了避免重复，政府承诺对环境审批实行一站式政策。各州可与联邦政府签订双边协议，联邦政府将项目的评估和/或批准全权委托给州政府。该政策有助于减少联邦和州/地区之间的重叠，并在减少监管负担方面实现经济效益。

澳大利亚缺乏一个完全一体化的许可制度，尽管一些州（南澳大利亚州）根据涵盖多种形式环境影响的既定条件推出了综合许可证。这种整合并不总是考虑到最佳可用技术的应用，因此可能会妨碍对生产过程进行更全面的管理。

各州和地区对土地规划和管理负有主要责任。他们通常都有专门的法律和部门来规范土地使用。在人口最多的新南威尔士州，这两个土地规划工具都有一些海洋元素。在当前的大都会和区域规划倡议中，对生态环境要素的依赖是显而易见的。

2007年，澳大利亚环境保护局建议澳大利亚在自然资源管理中加强土著民族的融合。政府越来越多地让当地社区参与管理国家公园和海洋公园等非本地所有的地区。土著人民广泛参与了海洋公园管理计划的制定。此外，该国还有123个由联邦资助的土著游骑兵团体，以及一些由州/地区资助的团体，在土著土地区域进行巡逻、管理和监测。南威尔士西南部有一些举措，包括联合管理国家公园和让地方土著土地委员会参与空间规划。2018年初，新南威尔士州制定了土著文化遗产法案草案，旨在促进土著遗产管理。尽管如此，还可以进一步加强努力，在战略土地和海洋规划方面更系统、更有效地吸引土著社区。

3. 环境民主

《信息自由法》（1982年）及其后的立法实现了政府开放、更好地获取和使用政府持有信息的承诺。州和地区允许获得关于其管辖范围内具体问题的环境信息。环境状况报告在联邦和州/地区两级进行。国家以下各级的报告在州/地区之间的长度和内容不同，而且常常与国家报告不一致。为更及时的披露环保信息，澳大利亚应将国家污染物清单进行更新。可加强公众对环境决策的参与，为利益相关者特别是土著社区提供更大的机会。此外，非政府组织（NGO）和商业协会还担心，2018年提交议会的三项法案旨在规范外国对选举过程的干预，将间接限制公共组织的参与。

（三）澳大利亚的绿色增长

1. 可持续发展框架

澳大利亚关于可持续发展目标执行情况的《2018年可持续发展目标执行情况报告》（SDG）是关于《2030年可持续发展议程》首个自愿披露的国家。然而，澳大利亚没有对进展情况进行量化的综合分析，也没有确定执行时间表。该国可以在这一审查的基础上恢复和更新1992年国家生态可持续发展战略，但有些例外情况（如基础设施计划）、主要部门战略（如能源白皮书、农业竞争力白皮书、外交政策）中没有突出环境问题，主导决策的仍然存在倾向于经济利益。尽管在经济与碳排放脱钩方面取得了进展，但澳大利亚自然资本是否有能力继续提供长期支持其经济和福祉所需的服务仍存在疑问。澳大利亚在环境经济核算方面处于全球领先地位，在这一领域采用共同的国家方法方面取得了进展。澳大利亚将采取进一步措施，更广泛地改善与环境有关的信息。这将有助于加强公众对环境政策的信任，这些政策经常受到高度政治化的争。

2. 税费和价格体系中的绿色因素

尽管澳大利亚的财政状况良好，税收/GDP比率较低，但税收结构正在从直接征税转变成扭曲程度较低的能源消费税。在能源产品征税，可以支持经济增长，帮助应对气候变化和其他环境挑战。2005年至2016年间，由于能源税对税收的贡献减少，与环境相关的税收收入在GDP中所占份额下降。总体而言，澳大利亚的能源税不反映燃料使用的气候成本。虽然原则上，能源消费税适用于所有部门的道路用天然气和石油产品，但实际上在退税的情况下，燃料在运输之外基本上是免税的。如果燃料用于发电，其能源的消费税会全额退税，而煤炭是完全免税的，澳洲是少数几个以相同名义税率征收柴油和汽油的经济合作与发展组织国家之一。各州和地区适用不同的注册费和印花税税率。这些通常随车辆大小和价格而变化。联邦豪华车税对汽车的销售或进口有一个更高的门槛，无论是哪种类型的燃油效率汽车。实际上，这项税收有利于柴油车，柴油车的燃油效率更高，但每升燃油排放的二氧化碳和有害空气污染物更多。固定费率是该国16条收费公路的主要收费形式。根据有关重型车辆的最新政策，道路收费试点计划将有助于改革方案的设计。直到2011年，边缘福利税无意中鼓励了汽车的使用，因为它的使用率随着行驶公里数的增加而下降。现行的制度，无论行驶公里数如何，都采用单一税率，这将继续鼓励民众多开车。

3. 环境保护投资促进绿色增长。

政府环保支出从2005年占国内生产总值的0.6%上升到2013年的1.0%，2015年由于公共财政支出下降而下降到0.9%。自2008年以来，城市供水支出增加了50%，反映了运营支出的上升。通过公共事业公司化，将城市供水服务从政策制定和监管中分离出来，并在许多主要城市地区引入独立的经济监管，提高了效率，增加了投资决策的透明度，促进了更有效的定价。普遍采用基于消费的定价有助于提高用水效率。然而，整个大陆的发展各不相同。在新南威尔士州、昆士兰州和塔斯马尼亚州，有证据表明以上地区水价定价过低。虽然自千年干旱以来，城市供水基础设施的大规模扩建需求已经下降，但气候变化和人口增长将需要大量投资。需要改进规划和决策，以确保未来的投资具有成本效益，但这种情况从来没有发生过。分散的供水方式可以为集中的系统提供有价值的替代方案。2017可再生能源的记录投资将帮助澳大利亚实现

2020年国家大规模可再生能源目标，并使澳大利亚成为新安装太阳能光伏发电能力的全球领先者。推动这一成绩的因素包括降低成本、制定可再生能源目标、相关配额制度以及通过清洁能源金融公司和澳大利亚可再生能源署提供的州政府激励和联邦支持。澳大利亚是经合组织中少数几个拥有国家绿色投资银行的国家之一，该银行致力于扩大对清洁能源和能效的投资。而在可再生能源在减少排放方面的作用和贡献方面，需要更多的关注。澳大利亚将大多数风能和太阳能都部署在南澳大利亚，这种地理上不平衡的可再生能源部署提高了弱互联国家电力市场的集成度。澳大利亚需要进一步努力提高能源效率。《国家能源生产率计划》没有具体说明其措施的预期节约或对具有巨大潜力的温室气体减排措施的贡献，例如反映社会和环境成本的能源价格。《国家建筑规范》中最新的能源效率要求仍有待实施。过去十年，四分之三以上的交通投资已用于2016年的道路建设，将资金转向公共交通将使城市更具可持续性。尽管取得了进展，但澳大利亚城市的公共交通出行仍然有很大的发展空间。为应对这一挑战，需要认真规划和优先投资交通基础设施，州政府和地方政府一直在积极制定大都会规划。随着燃油消费税收入的下降，维持和发展公路网将给政府预算带来越来越大的负担，更广泛地使用公路定价将更好地解决公路运输问题，并为基础设施争取长期资金。

4. 促进生态创新

澳大利亚拥有高技能的劳动力和强大的科学基础，拥有多所世界一流大学和高质量的科学出版物。但是，改善研究与工业之间的合作和加强国际合作还有很大的发展空间。研发税收激励是促进创新的关键手段。国内大型企业，尤其是初级和资源型行业的企业是创新的重要来源。气候变化和相关风险，加上对创新的投资不足，被前任政府评为对澳大利亚繁荣的最大风险。2017年低排放技术路线图确定了应对澳大利亚挑战和帮助其他国家碳排放的机会。这些技术包括解决日益增长的有害排放的技术（如通风、空气、甲烷减排、碳捕获和储存），以及加速使用可再生能源（如地热、波浪能）。总体而言，实施路线图和推动生态创新将需要一个明确的长期政策框架、明确的价格信号和政府对研发的支持，政府对能源研发的支持在2013年前呈上升趋势，然后显著下降。自2009年以来，环境研发支出持续下降，作为国际创新计划使命的一部分，澳大利亚承诺在2015年至2020年间将清洁能源研发的公共投资翻一番。然而，这与历史水平相比只是小幅增长。自2013年以来，CCS的研究、开发和部署预算一直在下降，澳大利亚可再生能源机构的预算在2014年有所减少。与其他IEA国家相比，对能源效率的支持在联邦预算中所占份额很小。总的来说,澳大利亚在全球范围内对环境相关技术的专利贡献不大。该国在发展碳捕获和封存技术方面具有战略利益,其示范项目也很出色,但缩减的政府资助使其执行该项目的能力备受怀疑。

5. 解决绿色增长转型的社会经济影响

绿色增长转型需要预测和解决其经济和社会影响。要了解潜在的挑战和机遇,就需要一个坚实的证据基础,比如有关废物管理和可再生能源活动方面的就业信息。然而,澳大利亚没有监测环境产品和服务部门的经济活动和就业情况,决策者需要确定绿色增长转型中的赢家和输家。这导致利益相关者之间意见不一致,澳大利亚应该定义一个过渡计划,包括目标明确的支持措施,如民众的就业技能的培养。澳大利亚通过教育和培训促进与环境有关的就业,并通过环境、贸易和发展利用当地的自然资源管理知识和技能。澳大利亚签署的大多数自由贸易协定仅包括一般环境条款。作为世界贸易组织环境商品协定谈判的主席,该国的重点是消除环境商品和服务的贸易壁垒。澳大利亚已经将环境产品的关税减至亚太经济合作组织成员国所商定的5%或更低。尽管2017年外交政策白皮书强调环境退化和气候变化使该地区的繁荣面临风险,但将这些问题纳入援助计划的主流是有限的,除了保障措施之外,没有任何战略能够在足够的资源支持下,将环境和气候纳入援助计划。

(四)威胁到物种保护和生物多样性的可持续

1. 利用生物多样性现状和趋势

澳大利亚约占世界生物多样性的10%,是17个巨大多样性国家之一。澳大利亚有超过50万种动植物,其中许多是世界上其他地方找不到的。这种丰富的生物多样性支持了强大的旅游业、自然资源部门和不断增加的天然石油和药品出口。它还帮助提供支持澳大利亚人福祉的关键生态系统服务,包括清洁空气和水、植物授粉、鼠疫控制和废水处理。除了物质利益,生物多样性是澳大利亚文化的重要组成部分,特别是对土著居民来说。

生物多样性的状况是贫穷和恶化的。澳大利亚是世界上生物多样性恶化程度第二高的国家,仅次于印度尼西亚。被列为受威胁的生态系统有81个。共有34种濒危物种,511种陆生和水生动物被列为受威胁物种,55种被认为已灭绝。就植物种类而言,1355种被列为受威胁物种。在东南部和西南部发现的濒危物种的数量最多。澳大利亚北部的哺乳动物数量也有所下降。如果没有重大政策措施,生物多样性的流失将继续下去,给不可替代的世界自然遗产、独特的物种和关键的生态系统服务带来风险。澳大利亚标志性的大堡礁在2014—2017期间已经遭受了前所未有的白化、冠状海星爆发和严重的飓风,造成了严重的珊瑚损失。

生物多样性面临的主要压力来自：土地清理和栖息地破碎化放弃；城市发展、基础设施和采掘业；改变水道、用水和沿海压力；物种入侵，如野猫、狐狸和杂草；火灾、污染、疾病和气候变化。这些压力相互作用，加剧了对生态系统的脆弱性。物种状况和趋势的监测是零散的、有时间限制的和普遍不足的。2010年国家生物多样性保护战略中关于建立国家生物多样性监测和报告系统的承诺基本上没有实施。以前的监测工作，如河流健康计划和湿地名录也已停止。澳大利亚需要付出更多的努力，包括提供资金，以逐步建立一个全国性、综合性的监测和报告系统，该系统可为联邦、州和地区的政策决定和环境绩效的评估提供信息。

2. 生物多样性的战略和制度框架

由于在生物多样性政策和资源方面的有限性，联邦政府和州政府的协调和合作就显得更加至关重要，只有协调和合作才能确保国家在面临生物多样性的挑战时能够给予更强力的反应。2010年，联邦、州和地区环境部长联合会发布了新的《2010—2030年国家生物多样性保护战略》，作为各级政府、私营部门和社区的指导性总体框架。该战略为初始的五年制定了十项临时目标，包括建立国家长期生物多样性监测和报告系统。2016年的一次审查发现，只有一项目标最终得到了实现，其他目标由于执行方面缺乏透明度而无法实现或无法测量，数据分析部门修订战略草案《2018—2030年澳大利亚自然战略》试图解决审查问题，但初稿似乎同样不太可能推动重大进展。它转向了高层次的、模糊的目标和目标，以及已经在进行的行动的记录。相比之下，2015年联邦威胁物种战略确定了优先事项、具体的可衡量目标和实现这些目标的行动。然而，它的不足之处还在于，它只针对公益性政府，它的适用范围太窄，无法有效地解决生物多样性丧失的规模问题，而且它采用非正式的方式确定优先事项，执行专用财政资源有限。州政府和地方当局在将政策和方案转化为实地行动方面发挥着重要作用，但许多地方缺乏必要的能力或资源。澳大利亚努力改善其生物多样性和受威胁物种战略，它可以考虑国际上采取的办法。例如，新西兰开发了一个系统，以便在生态学家和社区的咨询中为受威胁的物种和生态系统管理确定优先事项。它还开发了生物多样性监测的三层方法，以收集决策和报告所需的数据。新南威尔士州将这一模式作为其拯救物种计划的基础，尽管该计划后来有了不同的发展。独立机构，如维多利亚州环境可持续性委员会，在保持跨政治周期政策的连续性方面也发挥了重要作用。联邦濒危物种专员帮助提高了人们的警惕性。但我们可以看到如果没有更大的独立性、额外的财政和人力资源以及与州和地区政府的有效伙伴关系,不太可能对生物多样性的结果产生重大影响。

澳大利亚有一个强有力的立法机构《环境保护法》框架,但仅适用于被确定具有国家环境意义的事项,而其他问题属于不同的州和地区立法。两级政府都改善了对新立项大型项目的环境影响评估要求,并越来越多地将生物多样性考虑纳入基础设施评估、区域计划和战略评估。然而,在许多领域,澳大利亚还没有达到一种充分考虑所有形式的现有和新发展的累积效应的方法,而经济利益仍然倾向于支配决策。城市扩张和基础设施扩张也越来越令人担忧,人口的高增长集中在脆弱的沿海地区,并建设新的港口和码头以支持出口增长。例如,东昆士兰州2017年区域规划似乎缺乏对现有和新发展的所有来源的综合考虑,也没有明确具体行动来限制累积的环境影响和生物多样性的关键压力,而且强有力的计划也可能执行不力。最好的计划是由足够的生态系统和物种的局部数据来支持的。

3. 澳大利亚的保护区

澳大利亚在扩大保护区方面取得了显著进展。陆地保护区系统分为政府保留区5%、土著保护区(45%)、非营利组织管理区(4%)和农民保护区(6%)。保护区相对均匀地分布在限制性更强的保护类别(47%)和允许可持续使用的保护类别(51%)之间。土著人民通过合作治理安排和成功的提供就业和培训的土著护林员方案,在保护区管理方面发挥着越来越大的作用。然而,澳大利亚在陆地保护方面仍然存在差距,澳大利亚89个生物区(由普通气候、地质、地貌、原生植被和物种定义)中,三分之一以上的保护率低于10%,新南威尔士州和昆士兰的陆地保护率最低。联邦政府和所有国家和领土政府都同意,根据国家储备系统2009年至2030年的战略,在2030实现完全有效的储备系统,但现有储备管理和新储备的建立缺乏资金。2012年澳大利亚新建40个海洋公园,是海洋生物多样性保护的重大进展。然而,围绕管理计划细节的争议推迟了整个计划的实施,并导致了最初提出的保护措施最终发生了改变。

4. 其他政策工具

除保护区之外,澳大利亚政府利用各种保护方案、经济手段和其他工具进行物种保护和可持续的生物多样性利用。主要的联邦计划是国家土地保护计划,该计划为组织、私有土地所有者和社区团体的保护和可持续利用行动提供资助。总的来说,该计划有助于减少生物多样性的损失,但也有人批评政府经常改变政策方向和资金水平,更注重行政成果而不是生物多样性成果。随着时间的推移，资金一直在减少，虽然新的招标过程可能会改善总体成果，但小型社区和组织可能缺乏起草高质量提案的能力。相比之下，大堡礁的长期可持续发展计划由于是国际社会高度关注备受瞩目的世界遗产区，因此投资显著增加。生物多样性经济手段的一个突出运用是通过与私人土地所有者签订保护契约，这些契约提供税收优惠、税率减免或赠款等利益，以换取保护具有较高保护价值的土地。然而，根据土地所有者管理保护区的能力和各州维持保护的程度，该计划的结果好坏参半。例如，昆士兰已批准在先前受保护的土地上采矿。

作为联邦和州两级环境评估过程的一部分，生物多样性补偿政策也在增加。然而，不同的司法管辖区对补偿的要求各不相同，人们对设立的永久不变的基准线基和缺乏确保实现环境目标的监测等提出了批评。加强国家在确保补偿一致性和最佳做法方面的作用，以及与国家保护优先事项保持一致，将有助于提高人们对该方法及其作为减少生物多样性损失工具的使用的信心。澳大利亚还可以通过确定并逐步取消鼓励有害生物多样性活动的超额拨款和税收激励措施来改善生物多样性成果。在这方面可以考虑对采掘业的财政支持、对环境责任的收费不足以及有利于灌溉农业的水分配制度。例如，法国在 2012 年发布了一份报告，详细说明了对生物多样性有害的措施，强调了诸如工业免除水费和农业低污染税等政策。

5. 为生物多样性地区提供资金

虽然很难掌握生物多样性保护资金的全国的投入情况，但从 2010 年起，生物多样性支出每年保持在 4 亿至 5 亿澳元之间（低于 GDP 的 0.05%）。其他地区的共享管辖权的领域相比生物多样性已收到明显更多的联邦资金。例如，交通基础设施在 7 年内获得 700 亿澳元，国家土地保护计划的资金正在减少，联邦科学和工业研究组织和国家气候变化适应研究设施的生物多样性研究也被削减。大堡礁是一个获得了大量新资金的地区，英联邦和昆士兰州政府为实施 2050 年珊瑚礁计划而进行了超过 20 亿澳元的非预期投资。为改善澳大利亚各地的生物多样性成果，许多行动都需要实实在在地增加资金，包括改进长期监测、野生动物管理和生态恢复。预计 2017 年受威胁物种将吸引来自工业和慈善部门的融资，虽然已经完成了 600 多万澳元规模的早期投资，但如果没有更大的公共资金的杠杆力量，很难吸引更多大量私人融资。此外，考虑到与生物多样性保护和储存有关的公共利益，有充分理由在研究、开发和创新方面增加公共资金投资，这在了解生物多样性现状和趋势方面将产生明显的促进作用，并有助于保护。一些国家、州和地区研究方案支持大学和非政府组织有关生物多样性的研究。然而，投资规模仍然太低，无法超过生物多样性丧失和压力增长的速度，学术研究和政策制定之间的联系也不够，技术创新投资有可能提高可行性和长期生物多样性监测的成本效益，同时为澳大利亚企业提供机会。

（五）化学物质管理

化工塑料（含化肥、农药）行业是澳大利亚仅次于食品制造业的第二大制造业。化学品的生产和使用对健康和环境造成了巨大的压力。这种压力今后随着化学品和塑料产品进口的增加可能会加剧，特别是那些可能进入澳大利亚市场的物品中的化学品潜在的风险。化学品对健康和环境的压力需要得到适当的识别、评估和管理，以便在发生化学品事故的情况下能够及时加以报告。

澳大利亚化学品监管框架是一个跨越三个政府层级的复杂体系，每一类化学品使用都有不同的制度。化学管理体系的主要政策目标是保护人类健康和环境，其他目标涉及保护贸易和确保国家安全。化学品风险评估和风险管理是明确分开在不同的政府级别进行的，前者由联邦政府进行，后者由州/地区负责。这就出现有时缺乏协调的问题，特别是从一个州或地区到另一个州或地区，因为每个地方都有自己的治理和法定安排，可以独立实施规章。监管框架的复杂性被视为延缓批准《斯德哥尔摩公约修正案》和《水华公约》的条约制定程序的因素，它还可能阻碍未来条约修正案的批准。虽然澳大利亚各地有关公共卫生和工人健康与安全的法律已得到一致执行，但人类通过环境间接接触化学物质的风险尚未得到系统的解决。在保护环境方面，似乎并非所有监管制度都进行与化学品有关的环境风险评估。该条例用于工业、农业和兽药方面，但并不适用于药品制造方面。然而药物污染地表水是一个需要关注的环境风险问题，澳大利亚目前还没有一个管理工业化学品环境风险的国家框架。

生产委员会 2008 年出具了一个关于化学物的报告，其中一项改革的目标是通过制定国家标准和制定决策框架的规定来解决工业化学品环境风险管理方面的差距。根据拟议的改革方案，教育部将成为国家标准决策者。该框架为每种化学品提供了预先确定的环境保护管理措施，涵盖了化学品生命周期的所有阶段。因此，这项改革是迈出国家协调的一步，尽管现在评估是否将在各州和各地区持续实施还为时过早。此外，应用标准和对市场上数千种化学品进行分类所需的资源也存在不确定性。现阶段尚未完全确定国家和领土的作用，也不需要建立监测和评估系统，以确保化学品风险得到妥善管理。正在进行的化学品管理系统的其他重大改革涉及国家工业化学品通报和评估计划。改革实施后，政府的市场前评估工作将集中在高风险化学品上，其基础是按行业自分类为介绍类别。

大多数关于化学品管理的立法是在 20 世纪 90 年代出台的。它改进了化学品评估的方式，但是 20 世纪 90 年代以前在市场上销售的未经评估的化学品仍然很重要。尽管在过去六年中，计划大大减少了澳大利亚库存中未经评估的工业化学品的数量，但市场上一半以上的工业化学品，即几千种仍然未经评估。根据重新制定的方案，在给定的期限内，没有对化学品数量进行评估的法定目标，也没有完成每次评估的任何时间框架。因此，该方案旨在为评估范围的调整提供灵活性。大约 20 年前在实施国家农业和兽医化学品管理计划之前获得授权的农业和兽医化学品（在澳大利亚称为 ASAGVT）可能需要进行筛选，以便对重新评估的优先清单进行潜在的更新，鉴于科学方面的进展，NICNAS 改革将通过减少引入低风险化学品给工业带来的财政负担，鼓励开发更安全的化学品。它还将通过促进使用其他国家形成的评估来提高效率和减少重复。根据改革后的计划，政府将不保留将所有化学品引入市场的做法。其目的是减少对低风险化学品的市场管制，并在新安排下更加注重市场后监测和执法。重建计划应解决潜在的数据差距与当前法规要求的一些毒理学差别。特别是，对具有内分泌干扰特性的化学品的筛选需要在各种化学品管理计划中得到更一致的解决。

第三节 对我国环境治理和绿色发展的启示

一、构建运作良好的环境治理和管理体系

通过丹麦、澳大利亚的对比我们可以看出，丹麦有一个运作良好的环境治理和管理体系，虽然其政治体制是松散的，但在环境保护方面有着高度的合作和共识。特别是有着一个正式的跨党派政治协议体系，民间社会对环保决策有着强烈参与的意愿，并且民间存在高质量的独立咨询机构。这为丹麦的环保政策的高效推进奠定了基础。

（一）构建分工明确的机构框架

在环境治理和绿色发展中，很容易出现国家和地方政府层面和不同部门之间的多重审查或者是管理存在缺失的情况。这都将降低环境治理的效率，阻碍绿色经济的发展。由于环境治理是一项需要整个社会共同协调推进的工作，再加上其本身绩效计量的难度，尤其是很多问题比如土地管理、空气污染治理是需要不同地方政府共同努力的。通过中央政府的整体筹划，系统科学的设立职

能机构，明确划分各项职责，建立一个从中央到地方的纵向的框架体系，保证政策能够从中央层面传递到地方。尤其对于国家战略层面的环境保护计划，是需要各地政府积极配合并且持续推进的。政府应该成立专门的监督部门监督相关工作的开展情况，同时对于涉及不同部门之间协调的政策的出台，应成立相应的工作组或者机构来负责政策的出台，防止出现互相推诿的情况，或多重管理的问题。比如对于空气污染的治理工作，涉及交通、工商、税务环保等多个部门，出台的政策不仅要考虑各地的环境实际也要考虑当地的经济情况和全国的经济情况，全国一刀切的方式势必降低政策的经济效益，提高环境保护的成本。

（二）加强绿色治理的法制体系建设，严格执法力度

我国目前有关环境治理相关的法律法规呈现出体制上的割裂状态，建立健全统一的法律体系来强化生态文明的建设显得尤为迫切。通过体系的健全、统一推动保护环境的基本国策的有效落实，保障社会经济的绿色、循环、低碳发展。当前的《环境保护法》无论是从立法的理念、还是其目标来看，都已无法满足我国大力推动生态文明建设的现实需要。一些相关的具体法规中也存在着上述问题，具体表现在，目前出台并实施的一系列环境保护法规条例绝大多数都是有关各类具体的自然资源的开发利用和保护，从整体性和综合性来说比较欠缺。由此可见，若想充分发挥《环境保护法》作为一部基本法的法律保障作用，就必须在原有法律规定的基础上充分结合当今中国生态文明建设现状、趋势的要求进行补充、拓展与修订。新修改的防治大气污染法、防治水污染法、海洋环境保护法等，也都顺应时势地提出了生态文明的立法目标。

提高环境违法成本，严格执法力度。一些企业因违法成本远远低于遵守法律所能获得的利益，在受利益驱使下铤而走险，违法违规排放污染物，破坏生态环境。在这种情况下，只有提高排污收费标准和罚款额度才能遏制这股不正之风。

（三）建立网络信息平台，发挥不同治理主体间的协同作用

推动绿色发展，要有畅通的信息作为保障。一个能够起到交流沟通的信息平台，能够及时调度相关所需资源，形成不同主体高效联动机制。网络信息平台的建立从具体措施上来说有三个方面内容：第一，建立一个全国上下一盘棋齐心协力围绕绿色治理的生态环境治理网络，经过相关法律法规与政策的制定、公开、实施，促使不同治理主体之间进行信息互通共享，尽最大努力降低因信息流通不畅和不及时带来的负面影响，从而进行高效协同运转。第二，通过开展网络协作平台建设，大力推行相关信息公开，对一些关注度高的热点问

题及时做出跟踪报道，强化各主体之间的互动。第三，建立应急响应机制，定期对绿色治理实施情况进行讯息公开，起到预报预警作用。

二、加大对绿色产业的投入，发展绿色金融

无论是绿色产业和绿色治理上，是否有足够的资金都是其中的关键因素。澳大利亚的计划最终没有得到很好的效果，就是因为虽然计划出台了，但是除了个别受世界关注的项目，比如大堡礁保护计划，能得到足够的资金顺利进展下去，大多计划都因为资金不到位而最终结果喜忧参半。对于绿色产业来说，投资对于绿色增长是一个关键的要素，是具有改善环境绩效、促进经济增长和确保适应气候变化弹性的重大战略方向。而本身绿色产业存在早期风险大，投入大的问题，对于民间资金的吸引比较有限。尤其是一些需要大量前期研发支出的项目。这便需要政府为绿色经济转型提供资金和相关的政策支持。目前我国在绿色经济上的融资渠道非常有限和单一，主要是依靠国家财政的大量投入，虽然吸引了部分社会财富，但在利用社会财力上仍然有很大的发展空间。

（一）继续加大对环保事业的政府投资力度

政府应该不断加大对环境治理方面的投入力度。通过政府的引导作用，引导绿色产业的发展。鼓励绿色创新，创造更多的就业。尤其加大在生物多样性和景观保护、空气和气候以及土壤和水的保护的资金投入。同时要积极推进政府环境保护投资机制的创新，政府单独投资环境保护设施固然也能发挥引导作用，也采取了一些和私人合作的方式，但总体缺乏杠杆效应。比如在城市污水处理厂的建设上，目前大多采用了PPP的模式进行，但实际上该模式并没有得到充分的运用，政府财政资金引导的杠杆效果差强人意。要充分利用税收政策、贷款贴息、财政奖励等方式的财政投入，激发企业和居民参与环境治理的积极性，形成社会的内推力。

（二）加大发展绿色金融助推绿色经济发展

想在中国大力发展绿色经济，金融行业应该在里面发挥关键作用。因为绿色经济需要大量的资金的投入，并且只有资金准备投入相关领域和位置，绿色经济才能高效快速的发展。而金融行业能通过发挥自身的优势解决这个问题，为绿色经济提供更多的融资方案和资金。所以我国为解决绿色经济投资不如的问题，应该加快推进绿色金融的发展。首先应该加快立法和制度建设，建立健全的绿色金融制度框架，完善绿色金融体系，发挥金融对绿色企业的引导和配置作用。

1. 建立完善绿色金融制度框架

相关金融机构管理部门，应该协调好各方利益，加强对金融机构开展绿色金融活动的监管。绿色金融的创新的主体还是金融机构本身，金融机构应该根据绿色经济发展具体的产业现状和行业特点，制定绿色政策，并出台详细的具有可操作性的实施细则以便分支机构具体开展业务。保证每个金融机构在考察绿色经济项目，进行绿色投资时有章可循，有法可依。其次，利用互联网建立绿色信用共享平台。一是在金融系统中建立绿色项目数据库。将绿色农业、节能减排技术研发、清洁能源推广、节水技术、风光电等有利于绿色经济发展的项目列入数据库中，定期进行评估、认定和筛选，为符合标准的绿色项目提供更多的融资渠道，使其享受更优惠的融资服务。二是建立金融机构与财政、环保部门之间的信息共享平台，实现信息对接，统一数据口径，使得相关部门都能够及时准备的获取企业在污染排放、环保技术创新等方面的信息，从而对企业实施差异化的融资服务，以此推动绿色企业的发展。

2. 建立并完善绿色金融市场体系

构建完善的绿色金融体系是为了动员更多的社会资本和金融机构投入到绿色产业中去，加快培育绿色产业的发展，促进经济绿色化的转型。引导各类银行、证券、保险、基金等金融机构参与绿色投资，合力助推绿色经济发展。各类金融机构应合理定位自身在绿色投资中扮演的角色，结合优势，制定合理有效的绿色投资体系。

第一，鼓励银行业发展绿色信贷。将绿色信贷完成情况这一指标纳入银行监管和业绩评价体系中，形成对绿色投资的激励机制和对高污染行业投资的约束机制，加快对绿色金融产品的创新，对绿色项目的投入。第二，推动证券市场对绿色投资的支持。首先，证券市场应为绿色债券的发行创造良好的环境，绿色债券是弥补绿色转型资金缺口的最重要的融资方式，非常适合一些周期长，投资大的绿色项目，缓解了绿色企业的融资压力，如绿色基础设施建设、环境治理工程、清洁能源开发、绿色交通等。证券市场应统一绿色债券的认定标准和披露要求，支持符合标准的机构发行绿色债券，提高核准效率，通过增信或担保机制来降低融资成本。其次，强制要求上市公司在年报中加入对环境信息进行详细披露，并聘请独立的第三方专业机构来采集、研究和披露企业环境信息，引导投资者参考绿色评估报告进行投资，倒逼企业提高绿色绩效。最后，可以开发绿色证券指数，引导投资者对绿色企业的投资。第三，加快绿色保险的普及。利用保险业市场化的风险治理机制来抑制污染性投资，设计绿色保险产品，强制环境污染风险大的企业参加绿色保险能够将参保企业的污染成本显性化，推动绿色保险的普及，从而有效并在控制企业对高风险污染项目的投资。推动各地进行环境污染保险责任试点，未来进一步扩大应用范围。另外，还可以根据地区绿色发展需要，创新绿色保险产品和服务，如农牧业灾害保险，环保产品的质量安全保险等。第四，建立绿色发展基金。鼓励地方政府与社会资本共同发起区域绿色发展基金，支持地方绿色产业发展，引导社会资本的投入，形成市场化运作，提高绿色效益。另外，政府可以通过放宽市场准入、健全收益成本风险共担机制、发展特许经营模式等措施来支持绿色发展基金所投资的项目。

三、充分发挥公众参与和监督的作用

（一）加强环境保护方面教育，培养公众环保理念

普通民众是绿色治理中有着广泛影响的群体，其是否积极参与到环境保护中对于环保政策的推行至关重要。要广泛的动员普通群众参与到环境保护和绿色治理中，对民众进行环保宣传和教育非常的重要。

可以学习丹麦的方式，从小培养民众的环保意识。根据不同的年龄阶段的接收能力编制学生的教材或者课外阅读资料。通过社区、公益广告、公众号等多种多样的方式科普环境保护的相关知识。宣传内容上的选择根据宣传对象进行适当选择。在向公司宣传时，选择环境保护的政策法规和企业应该履行的责任与义务等。向普通民众更多的宣传节水节电、垃圾分类等环保知识。要多运用新的媒体宣传平台，在微信、抖音等年轻人聚集的软件平台进行宣传。相应的媒体平台也应该切实的履行自己的社会责任，传播正确的价值导向和正确的环保知识。形成全社会普遍认同的环保意识，并且在这种意识的驱动下使每一个普通民众都参与到环境治理与保护的活动中来。

（二）发挥群众的监督作用，在环境治理上做到群防群治

在监督政府的行政权力行使和企业经济行为上，单纯靠政府进行自我监督，政府对企业进行检查监督肯定是远远不够的。民众的监督是推进环境治理和保护顺利进行的重要环境。必须要重视普通民众作为生态文明建设的主体地位，充分发挥群众的监督作用。

为保证民众充分发挥其监督权力，就必须对现有的环境保护相关的法律法规进行完善。创造更多民众可以发声的途径和场所，继续建立和完善环保项目的听证会制度，保证尤其是有着重大环境风险的项目上马时，民众有足够的知情权和充分的意见表达的自由。与此同时，完善信息披露制度。不仅要建立政府相关部门披露相关环保信息和数据的制度，还应该建立企业履行环境保护社

会责任情况的披露制度。通过网站等公众容易获取信息的渠道公布信息，方便民众了解本地政府的相关环境治理成果和本地企业的社会责任的履行情况。其次，政府要正视民众这一主体在环境保护中的重要性，为其参与环境保护活动提供足够的制度保障。与此同时，要积极构建多元化参与平台，将民众的意见囊括到政策的制定重大决策中去。比如通过互联网征集意见和民众解读，切实拓宽民众提出意见和建议的参与渠道。也可通过座谈会、问卷调查、专家访谈等多种方式为民众提供发声机会。

参考文献

[1] 徐春秀. 环境审计风险模型研究[D]. 贵阳:贵州财经学院,2011.

[2] 吴丝丝. 基于战略管理下的企业审计风险模型研究[D]. 昆明:云南大学,2015.

[3] 陈宇. 山西省污染企业环境责任审计问责机制研究[D]. 太原:山西财经大学,2018.

[4] 王蓓. "两型社会"建设中的企业绿色审计改进研究[D]. 长沙:湖南大学,2014.

[5] 潘颖,张宇舟. 绿色审计促进生态文明建设[J]. 现代审计与经济,2019(04):31-34.

[6] 蔡春,郑开放,陈晔,等. 政府环境审计对企业环境责任信息披露的影响研究——基于"三河三湖"环境审计的经验证据[J]. 审计研究,2019(06):3-12.

[7] 郑石桥,甄馨. 财政报表审计:一个理论框架[J]. 商业会计,2020(01):9-13,55.

[8] 郑石桥,韩金煜. 财政绩效审计:一个理论框架[J]. 商业会计,2020(02):8-13.

[9] 李琦玥,刘思敏,田瑞婷,等. 资源环境绿色审计——以淮河流域水质为例[J]. 区域治理,2019(44):29-31.

[10] 于连超,张卫国,毕茜,等. 政府环境审计会提高企业环境绩效吗?[J]. 审计与经济研究,2020,35(01):41-50.

[11] 张国风,岳宏志,何炼成. 绿色审计视角下我国环境规制创新激励策略探索[J]. 审计与理财,2018(05):46-48.

[12] 武献杰. 绿色审计内外共振推动行业高质量发展——访全国政协委员、中审众环会计师事务所首席合伙人石文先[J]. 财务与会计,2018(08):10-11.

[13] 赵小平,李亚鸽,方艳. 开展领导干部生态责任审计的探索与思考[J]. 审计

月刊,2017(06):20-22.

[14] 张翔.绿色审计促进珠海经济发展与生态文明之路研究[J].现代国企研究,2018(14):121-122.

[15] 李园园,刘琳.雾霾经济链下政府生态责任审计[J].现代经济信息,2015(14):266.

[16] 王庆娟.生态文明视角下的企业经济责任审计[J].商业会计,2014(10):47-48.

[17] 杨丽.生态环境视角下旅游绿色审计的困境与对策[J].市场研究,2017(08):58-59.

[18] 王金涛.企业生态审计研究[D].青岛:中国海洋大学,2015.

[19] 黄雅萍.环境审计在内部审计中的应用研究[D].杭州:浙江工商大学,2015.

[20] 范静静.基于生态文明建设视角的政府环境审计研究[D].蚌埠:安徽财经大学,2015.

[21] 郑石桥,吕君杰.领导干部资源环境责任审计界定:理论框架和例证分析[J].会计之友,2018(20):154-160.

[22] 邱吉福,高绍福,常莹莹.构建绿色审计应用框架:基于组织合法性视角[J].东南学术,2018(06):162-169.

[23] 汪芳.信息化环境下政府审计风险研究[D].开封:河南大学,2011.

[24] 李晓冬,卢亚贤.略论绿色审计[J].商,2016(02):148.

[25] 管亚梅,李园园.低碳经济下企业生态责任审计评价体系构建与实施——以宝钢股份为例[J].财会月刊,2016(31):79-82.

[26] 王松艳,薛颖,钱向祎.基于区域绿色发展的绿色审计探索[J].审计月刊,2016(09):13-15.

[27] 郑石桥.基于审计主题的审计实施框架研究[J].新疆财经大学学报,2018(03):44-55.

[28] 姜海鹰,翟传强.世界审计组织环境审计工作组第16次会议综述[J].审计研究,2015(03):3-8.

[29] 冷云霓.环境管理会计法律制度研究[D].济南:山东师范大学,2015.

[30] 陈晓芳.以风险导向审计模型重新解读军队审计风险[J].生产力研究,2011(10):206-208.

[31] 云宇龙.党政主要领导干部生态责任离任审计与追究机制研究[D].湘潭:湘潭大学,2016.

[32]陈文慧.我国生态文明建设制度的环境审计问题研究[D].济南:济南大学,2016.

[33]孟繁悦.生态文明视角下农村环境资源审计基本理论研究[D].青岛:中国海洋大学,2015.

[34]王世静.基于协同理论的环境审计评价体系研究[D].青岛:中国海洋大学,2015.

[35]吴勋,郭娟娟.国外政府环境审计发展现状与启示——基于WGEA全球性环境审计调查[J].审计研究,2019(01):31-40.

[36]汪翔,丁璐.绿色审计研究:动因、现状与对策[J].财会通讯,2012(27):39-41.

[37]赵璐,徐琳瑜,王凯.企业环境审计研究:文献综述与建议[J].中国人口·资源与环境,2017,27(S2):83-86.

[38]沈琦.基于重大错报风险审计风险模型的应用研究[D].沈阳:东北大学,2008.

[39]王凤敏.低碳经济视角下环境审计目标及其实现机制研究[D].沈阳:中国海洋大学,2014.

[40]邵丽.现代风险导向审计思想下的环境审计风险模型[J].科技信息,2008(26):575,531.

[41]张娜.国家审计在国家治理中的作用机制和实现路径研究[D].天津:天津财经大学,2015.

[42]林静娴.可持续发展背景下的政府环境审计研究[D].昆明:云南财经大学,2013.

[43]龚至柔.地方政府环境法律责任研究[D].长沙:中南林业科技大学,2015.

[44]罗杰.推行注册会计师绿色审计的探讨[J].审计月刊,2008(12):44-45.

[45]陈登彪.金字塔结构下双层内部资本市场中的利益攫取与财务流动性[D].北京:北京交通大学,2015.

[46]高洁.政府环境绩效审计现状分析与政策建议[D].呼和浩特:内蒙古大学,2013.

[47]张娟.我国环境审计法律制度研究[D].长沙:中南林业科技大学,2014.

[48]杨蕾.领导干部自然资源资产离任审计评价指标体系研究[D].昆明:云南财经大学,2017.

[49]李雪娇.绿色发展视域下中国农村生态环境问题的政治经济学研究[D].西安:西北大学,2018.

[50]黎倩.论我国自然资源资产审计法律制度的构建[D].长沙:湖南师范大学,2016.

[51]陈香.企业环境绩效审计体系的构建[D].北京:首都经济贸易大学,2014.

[52]谢露露.我国环境审计人员专业胜任能力问题探讨[D].南昌:江西财经大学,2014.

[53]招燕.企业内部控制环境审计风险评价指标体系的构建[D].南宁:广西大学,2015.

[54]周雪.市政工程环境影响的制度分析[D].南京:南京林业大学,2013.

[55]陈炜.自然资源资产离任审计框架体系研究[D].济南:山东师范大学,2017.

[56]郭嘉.生态文明建设背景下北京市政府资源环境审计对策研究[D].北京:首都经济贸易大学,2015.

[57]宋传联.和谐社会视阈下中国环境审计制度研究[D].长春:东北师范大学,2015.

[58]张春平.绿色审计:为绿色经济保驾护航[J].中国管理信息化,2010,13(02):54-56.

[59]郑秀梅.绿色审计的内容及实施方法探讨[J].漳州职业技术学院学报,2006(04):76-77.

[60]曲国华,张汉鹏,刘增良,等.基于环境信息和金融市场不对称博弈模型分析[J].中国管理科学,2015,23(12):53-62.

[61]王嗣亮.森林资源资产责任审计评价指标体系研究[D].贵阳:贵州财经大学,2016.

[62]季瑶.绿色经济背景下水环境治理绩效审计研究[D].蚌埠:安徽财经大学,2017.

[63]付健,史朋彬,付雅.略论我国绿色审计制度的创建[J].社会科学家,2010(12):59-62.

[64]郑石桥,周天根,王玮.组织治理模式、机会主义类型和审计主题——基于行为审计和信息审计视角[J].中南财经政法大学学报,2015(02):80-85.

[65]李银香,张惠.中国环境审计研究:现状与未来——基于2010—2015年研究的分析[J].会计之友,2017(03):112-115.

[66]张颖燕.我国生态建设资金绩效审计评价研究[D].杭州:浙江工商大学,2014.

[67]朱珠.水资源环境绩效审计指标体系研究[D].南京:南京审计学院,2015.

[68]芦锦心. 领导干部资源环境责任审计研究[D]. 杭州:浙江工商大学,2015.

[69]刘绍枫. 煤炭企业环境绩效审计评价研究[D]. 太原:太原理工大学,2013.

[70]李苗苗. 我国政府环境审计问题及对策探讨[D]. 南昌:江西财经大学,2012.

[71]李盼雅. 我国政府环境审计研究[D]. 北京:首都经济贸易大学,2014.

[72]李子豪,毛军. 地方政府税收竞争、产业结构调整与中国区域绿色发展[J]. 财贸经济,2018,39(12):142−157.

[73]徐薇,陈鑫. 生态文明建设战略背景下的政府环境审计发展路径研究[J]. 审计研究,2018(06):3−9.

[74]林业进. 政府环境审计研究[D]. 昆明:云南财经大学,2015.

[75]李宪海. 基于政策网络理论的我国煤炭地区绿色发展政策研究[D]. 南昌:中国地质大学(北京),2014.

[76]姜楠. 我国政府环境绩效审计相关问题探究[D]. 南昌:首都经济贸易大学,2014.

[77]付惠冉. 生态宜居城市环境绩效审计评价标准研究[D]. 兰州:兰州商学院,2012.

[78]吴萍. 企业内部环境审计实施内容拓展之比较分析[J]. 财会月刊,2017(04):124−128.

[79]胡耘通,何佳楠. 水环境审计评价指标体系构建研究[J]. 干旱区资源与环境,2017,31(08):13−18.

[80]王翔. 我国环境审计存在的问题及对策探析[D]. 南昌:江西财经大学,2014.

[81]黄昌兵. 次级河水环境治理绩效审计评价研究[D]. 重庆:西南大学,2015.

[82]王新媛. 我国环境绩效审计研究[D]. 北京:中国地质大学(北京),2013.

[83]钱忠好,任慧莉. 中国政府环境责任审计改革:制度变迁及其内在逻辑[J]. 南京社会科学,2014(03):87−94.

[84]谢鑫. 政府环境绩效审计研究[D]. 北京:中国财政科学研究院,2016.

[85]刘鑫. 循环经济视角下的工业企业节能减排环境绩效审计评价指标研究[D]. 青岛:中国海洋大学,2014.

[86]付黎莉. 我国政府环境审计问题及对策探析[D]. 成都:西南财经大学,2013.

[87]王娅. 中国共产党绿色发展理念的演进历程与实践研究[D]. 合肥:安徽大学,2017.

[88] 李海龙. 审计风险模型改进及其应用研究[D]. 哈尔滨:哈尔滨理工大学,2011.

[89] 孙榕. 我国推行企业社会责任审计研究[D]. 天津:天津财经大学,2007.

[90] 张攀攀. 武汉绿色发展的综合评价与路径研究[D]. 武汉:湖北工业大学,2016.

[91] 付晗宁. 论绿色发展观[D]. 沈阳:东北大学,2014.

[92] 张万裕. 政府环境审计对环境绩效的影响研究[D]. 成都:西南财经大学,2014.

[93] 季强. 基于层次分析法的MG集团环境绩效审计评价指标体系构建的研究[D]. 蚌埠:安徽财经大学,2017.

[94] 黄祖辉,顾益康,米松华. 我国山区转型发展与绿色发展论要[J]. 农业经济问题,2015,36(02):95-101,112.

[95] 郑莉莉,郑建明. 制度环境、审计声誉机制与收费溢价[J]. 审计研究,2017(05):78-86.

[96] 齐蓓蓓. 生态文明建设视角下的政府环境审计研究[D]. 合肥:安徽大学,2014.

[97] 任琳. 政府环境绩效审计评价体系研究[D]. 西安:西安建筑科技大学,2012.

[98] 吴茵茵. "美丽中国"视野下的绿色发展研究[D]. 成都:西南石油大学,2015.

[99] 吴勋,武月. 政府环境审计实施现状与改进建议——基于2004—2015年审计结果公告[J]. 会计之友,2017(09):120-123.

[100] 黄溶冰. 环境审计制度选择影响因素的实证分析[J]. 中国人口·资源与环境,2013,23(10):134-140.

[101] 厦门市审计学会课题组,花育明,郑生. 福建九龙江流域环境审计研究[J]. 审计研究,2013(02):46-51.

[102] 马春英,周允征. 试论我国环境审计风险模型的构建及应用[J]. 财经问题研究,2011(08):88-94.

[103] 郭衍玮. 基于PSR概念框架的水环境绩效审计评价指标体系构建与应用研究[D]. 昆明:云南财经大学,2016.

[104] 陈玉梅. 促进绿色发展的消费税优化研究[D]. 成都:西南财经大学,2014.

[105] 周一虹,周畅. 政府环境履责审计作用机制与实施路径探索——以兰州市大气污染治理审计为例[J]. 会计之友,2015(14):2-11.

[106]李顺毅.绿色发展与居民幸福感——基于中国综合社会调查数据的实证分析[J].财贸研究,2017,28(01):1-12.

[107]曾鹏.绿色发展理念视阈下美丽中国建设研究[D].武汉:武汉大学,2017.

[108]舒绍福.绿色发展的环境政策革新:国际镜鉴与启示[J].改革,2016(03):102-109.

[109]吴传清,黄磊.演进轨迹、绩效评估与长江中游城市群的绿色发展[J].改革,2017(03):65-77.

[110]李晓慧,庄飞鹏.不同视角和制度环境下非审计业务与审计质量的关系研究[J].审计研究,2015(04):88-96.

[111]谢里,王瑾瑾.中国农村绿色发展绩效的空间差异[J].中国人口·资源与环境,2016,26(06):20-26.

[112]裴育,郑石桥.政府审计业务基本逻辑:一个理论框架[J].审计与经济研究,2016,31(04):3-11.

[113]袁润松,丰超,王苗,等.技术创新、技术差距与中国区域绿色发展[J].科学学研究,2016,34(10):1593-1600.

[114]邢剑锋.2012亚洲审计组织环境审计第四次研讨会综述[J].审计研究,2013(03):11-15.

[115]张玥,乔琦,姚扬,等.国家级经济技术开发区绿色发展绩效评估[J].中国人口·资源与环境,2015,25(06):12-16.

[116]刘西友,李莎莎.国家审计在生态文明建设中的作用研究[J].管理世界,2015(01):173-175.

[117]朱萌.政府环境绩效审计评价指标体系构建及应用研究[D].长青:吉林大学,2015.

[118]郑石桥.国家治理与国家审计:审计主题差异的理论框架和案例分析[J].会计之友,2015(01):122-127.

[119]李雪娇,何爱平.绿色发展的制约因素及其路径拿捏[J].改革,2016(06):90-99.

[120]张金辉.国家审计促进转变经济发展方式的路径探析[J].审计研究,2014(03):33-37.

[121]李世辉,葛玉峰.政府环境绩效审计评价体系的构建及应用——以淮河流域水污染治理为例[J].财会月刊,2017(12):97-101.

[122]杨亚军.国家审计推动完善国家治理路径研讨会综述[J].审计研究,2013(04):14-19.

[123] 涂正革,王秋皓.中国工业绿色发展的评价及动力研究——基于地级以上城市数据门限回归的证据[J].中国地质大学学报(社会科学版),2018,18(01):47-56.

[124] 王立彦,李江涛.环境审计体系多纬度架构与职业化——《领导干部自然资源资产离任审计试点方案》对环境审计的启动[J].中国环境管理,2016,8(01):38-44.

[125] 张乾元,苏俐晖.绿色发展的价值选择及其实现路径[J].新疆师范大学学报(哲学社会科学版),2017,38(02):25-32.

[126] 任胜钢,袁宝龙.长江经济带产业绿色发展的动力找寻[J].改革,2016(07):55-64.

[127] 史丹.中国工业绿色发展的理论与实践——兼论十九大深化绿色发展的政策选择[J].当代财经,2018(01):3-11.

[128] 于成学,葛仁东.资源开发利用对地区绿色发展的影响研究——以辽宁省为例[J].中国人口·资源与环境,2015,25(06):121-126.

[129] 丁镇棠,程书萍,刘小峰.大型公共工程环境审计研究[J].审计研究,2011(06):51-58.

[130] 杨肃昌,芦海燕,周一虹.区域性环境审计研究:文献综述与建议[J].审计研究,2013(02):34-39.

[131] 赵放.关于我国碳审计问题的对策性思考[J].审计研究,2014(04):54-57.

[132] 孙婷.政府审计治理功能研究[D].成都:西南财经大学,2012.

[133] 吕福新.绿色发展的基本关系及模式——浙商和遂昌的实践[J].管理世界,2013(11):166-169.

[134] 审计署驻重庆特派办理论研究会课题组,尹树伟,曾稳祥,等.区域环境审计研究[J].审计研究,2013(02):40-45.

[135] 郑石桥,郑卓如.基于审计主题的审计学科体系创新研究[J].会计研究,2015(09):81-87,97.

[136] 王晓丽.环境保护专项资金绩效审计评价指标体系构建研究[D].青岛:中国海洋大学,2014.

[137] 刘雷.政府审计维护财政安全的实现路径研究[D].成都:西南财经大学,2014.

[138] 甄霖,杜秉贞,刘纪远,等.国际经验对中国西部地区绿色发展的启示:政策及实践[J].中国人口·资源与环境,2013,23(10):8-16.

[139]邢祥娟,陈希晖.资源环境审计在生态文明建设中发挥作用的机理和路径[J].生态经济,2014,30(09):151-157.

[140]程亭,张龙平.环境审计国内外研究综述[J].经济问题探索,2012(11):183-190.

[141]黄娟.科技创新与绿色发展的关系——兼论中国特色绿色科技创新之路[J].新疆师范大学学报(哲学社会科学版),2017,38(02):33-41.

[142]于妍.生态文明建设视域下绿色发展研究[D].哈尔滨:哈尔滨理工大学,2014.

[143]张长江,陈良华,黄寿昌.中国环境审计研究10年回顾:轨迹、问题与前瞻[J].中国人口·资源与环境,2011,21(03):35-40.

[144]程月晴.自然资源资产离任审计评价指标体系构建研究[D].蚌埠:安徽财经大学,2015.

[145]李志霞.绿色发展评价及实证研究[D].济南:山东师范大学,2013.

[146]牛鸿斌,崔胜辉,赵景柱.政府环境责任审计本质与特征的探讨[J].审计研究,2011(02):29-32.

[147]陈海嵩.绿色发展中的环境法实施问题:基于PX事件的微观分析[J].中国法学,2016(01):69-86.

[148]王素梅.环境绩效审计的发展研究:基于国家治理的视角[J].中国行政管理,2014(11):62-65.

[149]杨宜勇,吴香雪,杨泽坤.绿色发展的国际先进经验及其对中国的启示[J].新疆师范大学学报(哲学社会科学版),2017,38(02):18-24,2.

[150]于法稳.新时代农业绿色发展动因、核心及对策研究[J].中国农村经济,2018(05):19-34.

[151]李璐,张龙平.关于我国开展水环境审计的理论与实践探讨[J].中南财经政法大学学报,2012(06):72-77,144.

[152]谢志华,陶玉侠,杜海霞.关于审计机关环境审计定位的思考[J].审计研究,2016(01):11-16.

[153]赵领娣,张磊,徐乐,等.人力资本、产业结构调整与绿色发展效率的作用机制[J].中国人口·资源与环境,2016,26(11):106-114.

[154]李兆东.环境机会主义、问责需求和环境审计[J].审计与经济研究,2015,30(02):33-42.

[155]于法稳.习近平绿色发展新思想与农业的绿色转型发展[J].中国农村观察,2016(05):2-9,94.

[156]刘笑霞,李明辉.苏州嵌入领导干部经济责任审计的区域环境审计实践及其评价[J].审计研究,2014(06):10−15.

[157]竺效,丁霖.绿色发展理念与环境立法创新[J].法制与社会发展,2016,22(02):179−192.

[158]杨志江,文超祥.中国绿色发展效率的评价与区域差异[J].经济地理,2017,37(03):10−18.

[159]李璐,张龙平.WGEA的全球性环境审计调查结果:分析与借鉴[J].审计研究,2012(01):33−39.

[160]黄溶冰,赵谦.环境审计在太湖水污染治理中的实现机制与路径创新[J].中国软科学,2010(03):66−73,151.

[161]康沛竹,段蕾.论习近平的绿色发展观[J].新疆师范大学学报(哲学社会科学版),2016,37(04):18−23.

[162]邬晓霞,张双悦."绿色发展"理念的形成及未来走势[J].经济问题,2017(02):30−34.

[163]黄跃,李琳.中国城市群绿色发展水平综合测度与时空演化[J].地理研究,2017,36(07):1309−1322.

[164]张梅.绿色发展:全球态势与中国的出路[J].国际问题研究,2013(05):93−102.

[165]王兵,唐文狮,吴延瑞,等.城镇化提高中国绿色发展效率了吗?[J].经济评论,2014(04):38−49,107.

[166]刘长翠,张宏亮,黄文思.资源环境审计的环境:结构、影响与优化[J].审计研究,2014(03):38−42.

[167]黄茂兴,叶琪.马克思主义绿色发展观与当代中国的绿色发展——兼评环境与发展不相容论[J].经济研究,2017,52(06):17−30.

[168]李琳,楚紫穗.我国区域产业绿色发展指数评价及动态比较[J].经济问题探索,2015(01):68−75.

[169]张欢,罗畅,成金华,等.湖北省绿色发展水平测度及其空间关系[J].经济地理,2016,36(09):158−165.

[170]郝栋.绿色发展道路的哲学探析[D].北京:中共中央党校,2012.

[171]王海芹,高世楫.我国绿色发展萌芽、起步与政策演进:若干阶段性特征观察[J].改革,2016(03):6−26.

[172]张春霞,王海风,张寿荣,等.中国钢铁工业绿色发展工程科技战略及对策[J].钢铁,2015,50(10):1−7.

[173]颜剩勇.企业社会责任财务评价研究[D].成都:西南财经大学,2006.

[174]黄志斌,姚灿,王新.绿色发展理论基本概念及其相互关系辨析[J].自然辩证法研究,2015,31(08):108-113.

[175]刘斌,王雷.制度环境、审计市场集中度与审计质量[J].审计与经济研究,2014,29(04):22-29.

[176]郭永杰,米文宝,赵莹.宁夏县域绿色发展水平空间分异及影响因素[J].经济地理,2015,35(03):45-51,8.

[177]卢风.绿色发展与生态文明建设的关键和根本[J].中国地质大学学报(社会科学版),2017,17(01):1-9.

[178]马志娟,韦小泉.生态文明背景下政府环境责任审计与问责路径研究[J].审计研究,2014(06):16-22.

[179]黄道国,邵云帆.多元环境审计工作格局构建研究[J].审计研究,2011(03):31-35,41.

[180]刘纪远,邓祥征,刘卫东,等.中国西部绿色发展概念框架[J].中国人口·资源与环境,2013,23(10):1-7.

[181]苏利阳,郑红霞,王毅.中国省际工业绿色发展评估[J].中国人口·资源与环境,2013,23(08):116-122.

[182]王淡浓.加强政府资源环境审计促进转变经济发展方式[J].审计研究,2011(05):18-23.

[183]李明辉,张艳,张娟.国外环境审计研究述评[J].审计与经济研究,2011,26(04):29-37.

[184]王永芹.当代中国绿色发展观研究[D].武汉:武汉大学,2014.

[185]胡丹,冯巧根.信息环境、审计质量与IPO抑价——以A股市场2009—2011年上市的公司为例[J].会计研究,2013(02):78-85,95.

[186]周曦.基于经济责任的环境审计路径选择——浅析经济责任审计中的环境保护责任审计[J].审计研究,2011(05):24-27,44.

[187]徐薇.国家审计监督全覆盖的实现路径研究[J].审计研究,2015(04):6-10.

[188]马志娟,梁思源.大数据背景下政府环境责任审计监督全覆盖的路径研究[J].审计研究,2015(05):28-34.

[189]陈波.论产权保护导向的自然资源资产离任审计[J].审计与经济研究,2015,30(05):15-23.

[190]黄建欢,吕海龙,王良健.金融发展影响区域绿色发展的机理——基于生态

效率和空间计量的研究[J].地理研究,2014,33(03):532-545.

[191]张宏亮,刘长翠,曹丽娟.地方领导人自然资源资产离任审计探讨——框架构建及案例运用[J].审计研究,2015(02):14-20.

[192]李晓西,刘一萌,宋涛.人类绿色发展指数的测算[J].中国社会科学,2014(06):69-95,207-208.

[193]蔡春,毕铭悦.关于自然资源资产离任审计的理论思考[J].审计研究,2014(05):3-9.

[194]胡鞍钢,周绍杰.绿色发展:功能界定、机制分析与发展战略[J].中国人口·资源与环境,2014,24(01):14-20.

后　记

本书由韦彩霞、翟路萍、刘虹雨、丁波、刘倩合作完成,其中绪论、第一章、第二章、第五章、第六章由韦彩霞完成;第三章、第四章由翟路萍完成;第七章由刘虹雨完成。丁波和刘倩在整本书数据搜集和资料整理方面也做出了大量工作。

本书在写作过程中参考了最高审计机关国际组织(INTOSAI)、中华人民共和国审计署、国际标准化组织(ISO)以及美国审计署(U. S. GAO)等诸多的研究成果,并参阅了大量的国内外相关文献,这些文献对本书的写作提供了很多思路和启迪,在此致以诚挚谢意!参考引用的文献都已尽可能在参考文献中列出,若有遗漏还望谅解!